"新商科"电子商务系列规划教材

电子商务法律法规

◎主　编　姜吾梅
◎副主编　伍小美
◎主　审　沈凤池

电子工业出版社
Publishing House of Electronics Industry
北京·BEIJING

内 容 简 介

本书围绕高职高专人才培养目标，以"能力本位、边学边做、边做边学，学中做、做中学"的教学要求为准则，对电子商务法律法规的内容进行了优化，突出了案例教学，构筑出较新颖、充实的内容体系，可以激发学生的学习兴趣，更好地培养学生的专业法律技能，为今后的专业工作打下良好基础。

本书共分 12 章，主要内容包括电子商务法概述、电子商务经营主体法律制度、电子签名与电子认证法律制度、电子商务合同法律制度、电子支付法律制度、快递物流与交付法律制度、电子商务数据信息法律制度、电子商务知识产权法律制度、电子商务消费者权益保护法律制度、电子商务争议解决法律制度、跨境电子商务法律制度、电子商务法律责任。为便于学习，每章均配有引导案例，并附有同步实训和同步测试题。

本书编写紧密结合最新法律、法规，注重理论联系实际，突出实务性；内容安排上贴近教学，通过重点与难点、知识与技能点分析、引导案例、想一想、同步阅读、本章小结等形式帮助学生更好掌握重点知识。

本书既适用于高职高专、成人教育院校作为教材，也可以作为国家经济管理机关、企事业单位相关工作人员的参考用书。

未经许可，不得以任何方式复制或抄袭本书的部分或全部内容。
版权所有，侵权必究。

图书在版编目（CIP）数据

电子商务法律法规 / 姜吾梅主编. —北京：电子工业出版社，2019.6

ISBN 978-7-121-33355-2

Ⅰ．①电… Ⅱ．①姜… Ⅲ．①电子商务—法规—中国—高等职业教育—教材 Ⅳ．①D923.99

中国版本图书馆 CIP 数据核字（2017）第 320387 号

责任编辑：张云怡　　特约编辑：安家宁　齐美叶
印　　刷：北京盛通数码印刷有限公司
装　　订：北京盛通数码印刷有限公司
出版发行：电子工业出版社
　　　　　北京市海淀区万寿路 173 信箱　邮编　100036
开　　本：787×1 092　1/16　印张：16　字数：409.6 千字
版　　次：2019 年 6 月第 1 版
印　　次：2025 年 8 月第 12 次印刷
定　　价：48.00 元

凡所购买电子工业出版社图书有缺损问题，请向购买书店调换。若书店售缺，请与本社发行部联系，联系及邮购电话：（010）88254888，88258888。
质量投诉请发邮件至 zlts@phei.com.cn，盗版侵权举报请发邮件至 dbqq@phei.com.cn。
本书咨询联系方式：（010）88254573，zyy@phei.com.cn。

序言

2017年5月19日至20日，全国电子商务职业教育教学指导委员会在常州召开高等职业教育电子商务类专业教学改革研讨会。来自全国高职院校的近400位院校负责人和专业负责人参加会议。在经济全球化的时代背景下，为适应商业、技术和人文愈发深层次融合的新商业时代特征需求，会议提出了高职"新商科"人才培养的理念和倡议。

"新商科"人才培养理念体现新的商业思维。商业、技术和人文愈发深层次融合的新商业时代，商业人才需要逐步构建起"计算思维""数据思维""交互思维""哲学思维""伦理思维"和"美学思维"，这些思维的交叉融合是商业创新的动力源泉。

"新商科"人才培养理念探索新的商业规律。新的基础设施、新的商业模式、新的商业组织、新的价值观正在悄然地以"非中心化"的模式构建起新的社会生活，也产生了新的商业规律，比如信用成为资产、数据成为生产资料等。这些新的规律逐渐形成并产生广泛而深刻的影响。

"新商科"人才培养理念融合新的知识与技能。经济学、管理学、传播学、计算机科学技术、智能科学、数据科学等在新商业中的交叉融合应用，以及新的劳动工具使用所产生的新的技术技能积累。需要我们对财经商贸专业大类中绝大多数专业内涵与外延进行再思考。

"新商科"人才培养理念推动新的教育教学模式。基于新商业特征的新商科人才培养，要实事求是地调整人才培养结构，重构专业内涵与外延，反思培养规律与培养方法，创新培养内容与培养载体。探索跨专业的专业群建设模式和教学研究方法。

"新商科"人才培养理念提出后，得到了各界的积极响应。2017年9月11日至12日，在全国电子商务职业教育教学指导委员会的倡议下，来自联合国教科文组织等22个国际组织和国家的负责人在广西共同发起成立"新商科国际职教联盟"。中国商业经济学会职业教育分会设立了32项新商科应用人才培养专项研究课题。电子工业出版社率先组织编写了这套融入新商科人才培养理念的系列教材。

"新商科"教育是新商业时代的客观需要和必然趋势。高等职业教育要把握时代机遇，主动拥抱新商业时代！

全国电子商务职业教育教学指导委员会副主任

"新商科"电子商务系列规划教材编委会名单

主　　任：沈凤池

总主编：胡华江

副主任：（按拼音顺序）

　　　　陈　明

　　　　嵇美华

　　　　李玉清

　　　　商　玮

　　　　谈黎虹

　　　　杨泳波

通过长期教学，我们认为经济类专业（尤其是电子商务专业）的学生学习电子商务法律法规主要是为其将来的专业工作服务，重在对电子商务活动中各类风险防范意识和能力的培养。因此，我们在编写本教材的过程中力求围绕对学生专业法律技能培养的思路进行，其特点主要体现在以下几方面：

（1）新颖性。全书的编撰均以新颁布或者修改的法律、法规以及国家最新出台的电子商务政策为蓝本。

（2）针对性。明确每章教学的重点与难点，学生应掌握的知识与技能，使教师教有目标，学生学有目标，以强化教学的针对性。并配有引导案例，激发学生学习兴趣。

（3）操作性。依据"必需、够用"原则，对基本法律知识进行了精简，以能力为本位，注重学生专业法律基本技能的培养。为此，每章配有同步实训和同步测试，主要考核学生对基本经济法律知识的掌握，以及运用所学的电子商务法律知识分析实际问题的能力，即是否已达到知识目标和能力目标的要求。

（4）实用性。本书运用大量电子商务纠纷案例。除每章的引导案例，在同步阅读、同步实训和同步测试都配有案例，在帮助学生消化所学电子商务法律知识，避免类似纠纷发生的同时，也使学生摆脱枯燥的理论学习，提高教学效果。

本书将电子商务法律知识与实际经济生活紧密结合，深入浅出，重点突出，不仅可以作为高职高专和成人高等院校的专用教材，也可以作为企业的培训教材和参考资料以及国家经济管理机关、企事业单位相关工作人员的参考用书。

本书共分12章，各章的分工如下：第1章由姜吾梅编写；第2章、第3章由余友飞编写；第4章、第5章、第6章由伍小美编写；第7章、第8章、第9章、第10章由姜吾梅编写；第11章由王伟明编写；第12章由屠铁君编写。

本书由姜吾梅对全书篇章进行结构设计，并进行修改、整理，沈凤池审阅全书。

本书在编写和修订过程中，得到了浙江省高职教育工商管理类专业教学指导委员会电子商务分指委的大力支持，在此深感表谢。写作过程中，我们参阅、引用了大量的有关文献,在此谨向诸多作者及相关组织、个人表示由衷的感谢!

由于编写时间仓促,作者水平有限,书中难免存在疏漏之处,敬请专家和广大读者不吝赐教。

编 者

2019 年 1 月

目 录

第1章 电子商务法概述

引例 ·· 1
第1节 电子商务法的概念和基本原则 ······ 2
　1.1.1 电子商务法的概念 ·············· 2
　1.1.2 电子商务法的基本原则 ·········· 4
第2节 电子商务立法概况 ···················· 6
　1.2.1 国际电子商务立法概况 ·········· 6
　1.2.2 我国电子商务立法概况 ········· 10
同步阅读 ···································· 11
第3节 《电子商务示范法》 ················ 14
　1.3.1 《电子商务示范法》概述 ······ 14
　1.3.2 《电子商务示范法》主要内容 ·· 15
同步阅读 ···································· 19
同步实训 ···································· 23
本章小结 ···································· 24
同步测试 ···································· 24

第2章 电子商务经营主体法律制度

引例 ·· 26
第1节 电子商务经营主体的一般规定 ······ 27
　2.1.1 电子商务经营主体的内涵 ······ 27
　2.1.2 电子商务经营主体的分类 ······ 28
　2.1.3 电子商务经营者的法律义务 ···· 30
第2节 电子商务平台内经营者 ·············· 31
　2.2.1 电子商务经营者登记管理 ······ 31
　2.2.2 电子商务平台经营者与
　　　　平台内经营者的关系 ·········· 32
第3节 电子商务平台经营者 ················ 33
　2.3.1 电子商务平台的设立 ············ 33
　2.3.2 电子商务平台经营者的义务 ···· 33
　2.3.3 电子商务平台经营者的
　　　　法律责任 ························ 35
同步阅读 ···································· 37
同步实训 ···································· 39
本章小结 ···································· 39
同步测试 ···································· 40

第3章 电子签名与电子认证法律制度

引例 ·· 42
第1节 数据电文 ···························· 43
　3.1.1 数据电文概述 ·················· 43
　3.1.2 数据电文书面形式 ·············· 44
　3.1.3 数据电文发送与接收 ············ 46
第2节 电子签名的法律制度 ················ 47
　3.2.1 电子签名概述 ·················· 47
同步阅读 ···································· 48
　3.2.2 可靠电子签名的要件 ············ 49
　3.2.3 电子签名的法律效力 ············ 50

第 3 节　电子认证法律制度 ·············· 53
　　3.3.1　电子认证概述 ··················· 53
　　3.3.2　电子认证机构 ··················· 55
同步阅读 ····································· 56
　　3.3.3　电子认证各方的法律责任 ········ 57
同步阅读 ····································· 58
同步实训 ····································· 61
本章小结 ····································· 62
同步测试 ····································· 62

第 4 章　电子商务合同法律制度

引例 ··· 65
第 1 节　电子商务合同概述 ················ 66
　　4.1.1　电子商务合同的定义 ············ 66
　　4.1.2　电子商务合同的特征 ············ 66
　　4.1.3　电子商务合同的分类 ············ 67
第 2 节　电子商务合同的订立 ············· 68
　　4.2.1　电子商务合同的书面形式 ········ 68
　　4.2.2　电子商务合同订立的程序 ········ 69
第 3 节　电子商务合同的成立与生效 ····· 72
　　4.3.1　电子商务合同的成立 ············ 72
　　4.3.2　电子商务合同的生效要件 ········ 73
第 4 节　电子商务合同的履行 ············· 74
　　4.4.1　电子商务合同履行的原则 ········ 74
　　4.4.2　电子商务合同履行的基本模式 ··· 74
　　4.4.3　信息产品合同的履行 ············ 75
第 5 节　电子商务合同的违约责任 ······· 76
　　4.5.1　违约责任的归责原则 ············ 76
　　4.5.2　免责事由 ························· 76
　　4.5.3　违约救济 ························· 77
　　4.5.4　电子错误 ························· 78
同步阅读 ····································· 80
同步实训 ····································· 82
本章小结 ····································· 84
同步测试 ····································· 84

第 5 章　电子支付法律制度

引例 ··· 87
第 1 节　电子支付概述 ······················ 88
　　5.1.1　电子支付的概念和特征 ·········· 88
同步阅读 ····································· 89
　　5.1.2　电子支付的形式 ·················· 91
　　5.1.3　电子支付的运行环境 ············ 92
第 2 节　电子支付法律关系 ················ 93
　　5.2.1　电子支付法律关系的主体 ········ 93
　　5.2.2　电子支付法律关系的内容 ········ 93
　　5.2.3　电子支付法律关系的客体 ········ 94
第 3 节　第三方电子支付法律规范 ······· 94
　　5.3.1　第三方电子支付的概述 ·········· 94
　　5.3.2　第三方电子支付的主要风险 ····· 97
　　5.3.3　第三方支付监管的基本思路 ····· 98
同步阅读 ····································· 100
同步实训 ····································· 101
本章小结 ····································· 102
同步测试 ····································· 103

第 6 章　快递物流与交付法律制度

引例 ··· 105
第 1 节　快递物流与交付概述 ············· 107
　　6.1.1　快递的概念 ······················ 107
　　6.1.2　物流的概念与模式 ·············· 107
同步阅读 ····································· 108
　　6.1.3　电子商务产品交付的类型 ······· 110
第 2 节　快递物流与交付法律规范 ······· 112
　　6.2.1　安全要求 ························· 112
　　6.2.2　信息处理 ························· 114
　　6.2.3　电子商务产品的交付 ············ 114
第 3 节　快递物流服务提供者、接受者的
　　　　 义务与责任 ······················· 115
　　6.3.1　快递物流服务提供者的
　　　　 义务与责任 ······················· 115

6.3.2 快递物流服务接受者的义务与责任 …………………… 116	本章小结 ………………………………… 117
同步实训 ………………………………… 116	同步测试 ………………………………… 118

第 7 章　电子商务数据信息法律制度

引例 …………………………………… 120	7.3.1 电子商务经营主体信息侵权行为 …………………… 124
第 1 节　电子商务个人信息 …………… 121	7.3.2 电子商务经营主体信息侵权责任 …………………… 125
7.1.1 电子商务个人信息的概念 … 121	同步阅读 ………………………………… 126
7.1.2 个人信息的分类 …………… 122	同步实训 ………………………………… 129
第 2 节　电子商务数据信息主体权利与义务 ……………………… 123	本章小结 ………………………………… 131
7.2.1 电子商务用户信息权利 …… 123	同步测试 ………………………………… 131
7.2.2 电子商务经营主体信息义务 … 124	
第 3 节　电子商务经营主体信息侵权责任 … 124	

第 8 章　电子商务知识产权法律制度

引例 …………………………………… 134	8.4.1 域名概述 …………………… 147
第 1 节　电子商务知识产权概述 ……… 135	8.4.2 域名管理的法律规定 ……… 148
8.1.1 知识产权概述 ……………… 135	8.4.3 域名法律保护 ……………… 154
8.1.2 电子商务知识产权 ………… 136	第 5 节　电子商务专利权保护 ………… 156
第 2 节　电子商务著作权保护 ………… 137	8.5.1 专利权概述 ………………… 156
8.2.1 著作权概述 ………………… 137	8.5.2 电子商务专利权保护 ……… 159
8.2.2 电子商务著作权保护 ……… 140	同步阅读 ………………………………… 159
第 3 节　电子商务商标权保护 ………… 142	同步实训 ………………………………… 163
8.3.1 商标权概述 ………………… 142	本章小结 ………………………………… 164
8.3.2 电子商务商标权保护 ……… 146	同步测试 ………………………………… 164
第 4 节　域名法律保护 ………………… 147	

第 9 章　电子商务消费者权益保护法律制度

引例 …………………………………… 167	9.3.2 电子商务经营者义务 ……… 173
第 1 节　消费者权益保护法和电子商务消费者概述 ………………… 169	第 4 节　电子商务消费者权益保护 …… 176
9.1.1 消费者权益保护法概述 …… 169	9.4.1 电子商务中消费者权益保护面临的问题 …………………… 176
9.1.2 电子商务消费者概述 ……… 170	9.4.2 国家对消费者合法权益的保护 … 177
第 2 节　电子商务消费者权利概述 …… 171	9.4.3 电子商务消费争议的解决 …… 178
9.2.1 电子商务消费者权利的概念 … 171	第 5 节　电子商务中侵害消费者权益的法律责任 ……………………… 179
9.2.2 电子商务消费者权利 ……… 171	9.5.1 民事责任 …………………… 179
第 3 节　电子商务经营者义务概述 …… 173	
9.3.1 电子商务经营者义务的概念 … 173	9.5.2 行政责任 …………………… 180

9.5.3 刑事责任……………………181
同步阅读……………………………181
同步实训……………………………183
本章小结……………………………184
同步测试……………………………184

第10章　电子商务争议解决法律制度

引例………………………………186
第1节　电子商务争议解决方式概述……187
　　10.1.1　电子商务争议概述……………188
　　10.1.2　电子商务争议解决方式………188
第2节　电子商务争议在线争议解决机制……189
　　10.2.1　在线争议解决机制概述………189
　　10.2.2　电子商务争议在线争议
　　　　　　解决方式…………………190
第3节　电子证据法律问题……………193
　　10.3.1　电子证据概述…………193
　　10.3.2　电子证据的收集与保全………195
　　10.3.3　电子证据的审查………197
同步阅读……………………………198
同步实训……………………………199
本章小结……………………………199
同步测试……………………………200

第11章　跨境电子商务法律制度

引例………………………………202
第1节　跨境电子商务法律制度概述……204
　　11.1.1　跨境电子商务的概念…………204
　　11.1.2　跨境电子商务经营主体………206
　　11.1.3　跨境电子商务海关监管模式…208
第2节　跨境电子商务主要法律制度……210
　　11.2.1　跨境电子商务税收制度………210
　　11.2.2　跨境电子商务检验检疫制度…212
　　11.2.3　跨境电子商务个人信息和
　　　　　　商业数据法律保护…………214
同步阅读……………………………216
同步实训……………………………218
本章小结……………………………220
同步测试……………………………220

第12章　电子商务法律责任

引例………………………………223
第1节　法律责任概述………………224
　　12.1.1　法律责任的概念、特征
　　　　　　及分类…………………224
　　12.1.2　法律责任构成及归责免责……227
第2节　电子商务民事责任概述………228
　　12.2.1　电子商务民事违法行为………228
　　12.2.2　电子商务民事责任……………230
第3节　电子商务行政责任概述………232
　　12.3.1　电子商务行政违法行为………232
　　12.3.2　电子商务行政责任……………233
第4节　电子商务刑事责任概述………234
　　12.4.1　电子商务刑事违法行为………234
　　12.4.2　电子商务刑事责任……………235
同步阅读……………………………237
同步实训……………………………239
本章小结……………………………240
同步测试……………………………240

第1章 电子商务法概述

本章重点/难点

电子商务法的概念与基本原则;国内外电子商务立法概况;通过网络访问,能够熟练查询相关电子商务法律法规,并能够进行比较分析。

本章导图

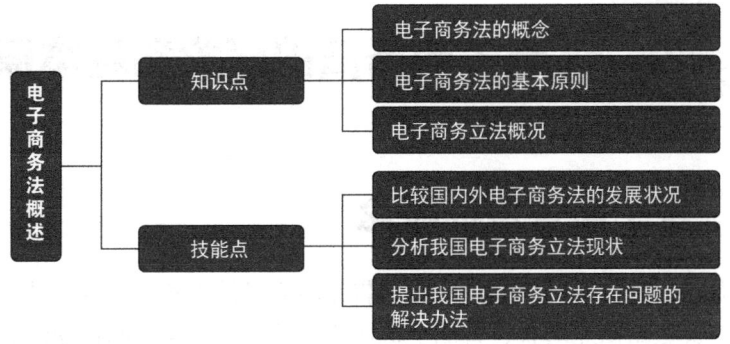

引例

在 2018 年 8 月举行的十三届全国人大常委会第五次会议上,经过四次审议的《中华人民共和国电子商务法》(后简称"《电子商务法》")获得表决通过。自 2016 年 12 月《中华人民共和国电子商务法(草案)》提请十二届全国人大常委会初次审议至今,历时一年多的《电子商务法》正式亮相。那么,《电子商务法》哪些法条与人们息息相关呢?

引例分析

1. 卖家侵权,平台承担连带责任

《电子商务法》规定,电子商务平台经营者知道或者应当知道平台内经营者销售的商品或者提供的服务不符合保障人身、财产安全的要求,或者有其他侵害消费者合法权益的行为,未采取必要措施的,该平台内经营者依法承担连带责任。

2. 未尽到安全保障义务，平台承担相应的责任

《电子商务法》规定：对关系消费者生命健康的商品或者服务，电子商务平台经营者对平台内经营者的资质资格未尽到审核义务，或者对消费者未尽到安全保障义务，造成消费者损害的，依法承担相应的责任。

3. 侵权售假未保障安全的，最高罚200万元

《电子商务法》规定：电子商务平台经营者违反本法规定，对平台内经营者侵害消费者合法权益行为未采取必要措施，或者对平台内经营者未尽到资质资格审核义务，或者对消费者未尽到安全保障义务的，由市场监督管理部门责令限期改正，可以处五万元以上五十万元以下的罚款；情节严重的，责令停业整顿，并处五十万元以上二百万元以下的罚款。

4. 拒绝套路，搭售不得作为默认选项

《电子商务法》规定：电子商务经营者搭售商品或者服务，应当以显著方式提请消费者注意，不得将搭售商品或者服务作为默认同意的选项。

5. 快递员不征求同意不能直接把快递物品放在驿站

《电子商务法》规定：快递物流服务提供者在交付商品时，应当提示收货人当面查验；交由他人代收的，应当经收货人同意。

第1节 电子商务法的概念和基本原则

1.1.1 电子商务法的概念

电子商务是指通过互联网等信息网络销售商品或提供服务的经营活动。随着电子商务的发展，依托网民数量高速增长、智能手机快速普及，以及互联网持续渗透，中国已经成为全球最大的网购市场。对于传统的商业模式，各国早就建立了一套完备的法律制度进行规制和调控。电子商务与传统的商务模式相比，具有交易网络化、虚拟化、全球化、透明化及成本低等特征，特别是跨境电商、农村电商、移动电商的发展，使得许多传统法律制度中的规则不能适用于调整电子商务活动法律关系，即传统的民商事法律对电子商务的发展产生了阻碍。为了保障电子商务各方主体的合法权益，规范电子商务行为，维护市场秩序，促进电子商务持续健康发展，2018年8月31日，中华人民共和国第十三届全国人民代表大会常务委员会第五次会议通过了《中华人民共和国电子商务法》，自2019年1月1日起试行。

 想一想

想象一下，如果没有相应的法律来规范、调整电子商务活动的迅猛发展，电子商务的发展将会是怎样的情形？

1. 电子商务法的概念

电子商务的发展势必带来电子商务法的产生。电子商务法是指调整电子商务活动中所产生的各种社会关系的法律规范的总称。电子商务法有广义和狭义之分。广义的电子商务法与广义电子商务相对应,包括所有调整以数据电文方式进行商务活动的法律规范,其内容涉及广泛,将调整以电子商务为交易形式和以电子信息为交易内容的规范都包括在内。狭义的电子商务法则对应于狭义的电子商务,是指调整以数据电文为交易手段引起的商事关系的法律规范体系,即作为部门法意义上的电子商务法,包括以电子商务法命名的法律、法规,以及其他所有现行制定法中有关电子商务的法律法规,如《合同法》中关于数据电文的规定、《刑法》中关于计算机犯罪的规定等。

2. 电子商务法的调整对象

电子商务法的基础是电子商务活动,电子商务作为一种商务活动,属于商事行为范畴,应当遵循传统商法的一般规则。而之所以要制定和修改相关法律来调整电子商务活动,是因为这些商务活动移至网上进行后,其传导介质、交易手段和交易环境发生了重大变化,导致传统的商法难以解决因采用电子商务方式而引起的相关问题。电子商务法不仅调整交易形式,而且调整交易本身和交易引起的特殊法律问题,如在线货物买卖交易、在线信息产品交易、在线服务、在线特殊交易,以及由此而引起的法律问题。因此,电子商务法不是试图涉及所有的商业领域,重新建立一套新的商业运行规则,而是将重点放在探讨因交易手段和交易方式的改变而产生的特殊商事法律问题。

根据电子商务的本质和特点,电子商务法的调整对象是电子商务交易活动中发生的各种社会关系,而这类社会关系是在广泛采用新型信息技术并将这些技术应用到商业领域后形成的特殊的社会关系,它交叉存在于虚拟社会和实体社会之间,有别于实体社会中的各种社会关系。

3. 电子商务法的特征

(1)程式性。电子商务法一般不直接涉及交易的具体内容,它所调整的是当事人之间因交易形式的使用而引起的权利义务关系,即有关数据电讯是否有效、是否归属于某人;电子签名是否有效、是否与交易的性质相适应;认证机构的资格如何,它在证书的颁发与管理中应承担哪些责任等问题。

(2)技术性。在《电子商务法》中,许多法律规范都是直接或间接地由技术规范演变而成的。例如一些国家将运用公开密钥密码体系生成的数字签名规定为安全的电子签名。这样就将有关公开密钥的技术规范转化成了法律要求,对当事人之间的交易形式和权利义务的行使都有极其重要的影响。另外,关于网络协议的技术标准,当事人若不遵守,就不可能在开放环境下进行电子商务交易。

(3)开放性。从民商法原理上讲,电子商务法是关于以数据电讯进行意思表示的法律制度,而数据电讯在形式上是多样化的,并且还在不断发展。因此,必须以开放的态度对待任何技术手段与信息媒介,设立开放型的规范,让所有有利于电子商务发展的设想和技术都能容纳进来。目前,国际组织及各国在电子商务立法中,大量使用开放型条款、功能等价性条款,其目的就是开拓社会各方面的资源,以促进科学技术及其社会应用的广泛发展。

(4)复合性。电子商务交易关系的复合性源于其技术手段上的复杂性和依赖性。它通常表现为当事人必须在第三方的协助下完成交易活动。比如在合同订立中,需要有网络服

务商提供接入服务，需要有认证机构提供数字证书等。即便在非网络化的、点到点的电讯商务环境下，交易人也需要通过电话、电报等传输服务来完成交易。或许有企业可撇开第三方的传输服务，自备通信设施进行交易，但这样很可能徒增成本，有悖于商业规律。此外，在线合同的履行，可能需要第三方加入协助履行。比如在线支付，往往需要银行的网络化服务。这就使得电子交易形式具有复杂化的特点。实际上，每一笔电子商务交易的进行，都必须以多重法律关系的存在为前提，这是传统的口头或纸面条件下所没有的。它要求多方位的法律调整，以及多学科知识的应用。

 想一想

电子商务法与传统商法有什么联系？

1.1.2 电子商务法的基本原则

电子商务法的基本原则是电子商务立法、司法、执行、解释及研究的基本准则，是所有电子商务主体应遵循的行为准则。电子商务法主要有以下几个基本原则。

1. 电子商务法的一般原则

（1）中立原则。电子商务法的基本目标，归结起来就是在电子商务活动中，建立公平的交易规则。这是商法交易安全原则在电子商务法上的必然反映。电子商务既是一种新的交易手段，同时又是一个新兴产业。面对其中所蕴含的、深不可测的巨大利益诱惑，可以说没有哪个企业是无动于衷的。各种利益集团、各种技术，以及各个利益主体都想参与其中，在这个无比广阔的舞台上施展才华，谋取便利。其具体参与者有硬件制造商、软件开发商、信息提供商、消费者、商家等。而要达到各方利益的平衡，实现公平的目标，就必须做到以下几点。

① 技术中立。电子商务法对传统的口令法、非对称性公开密钥加密法，以及生物鉴别法等认证方法，都不可厚此薄彼，产生任何歧视性要求。同时，还要给未来技术的发展留下法律空间，而不能停滞于现状，以致闭塞贤路。譬如新计算机的问世、新一代高速网络的出现等，都将考验电子商务法的技术中立性。这是在总结了传统书面法律要求的经验教训后而得出的方针。当然，该原则在具体实施时，会遇到许多困难，而克服这些具体困难的过程，也就是技术中立原则实现的过程。

② 媒介中立。媒介中立与技术中立紧密联系，二者都具有较强的客观性，并且一定的传输技术与相应的媒介之间是互为前提的。媒介中立，是中立原则在各种通信媒体上的具体表现，所不同的是，技术中立侧重于信息的控制和利用手段，而媒介中立则侧重于信息依赖的载体，后者更接近于材料科学。从传统的通信行业划分来看，不同的媒体可能分属于不同的产业部门，如无线通信、有线通信、电视、广播、增值网络等。而电子商务法则应以中立的原则来对待这些媒介体，允许各种媒介根据技术和市场的发展规律而相互融合、互相促进。只有这样，才能使各种资源得到充分利用，从而避免人为的行业垄断和媒介垄断。开放性因特网的出现，正好为各种媒介发挥其作用提供了理想的环境，达到兴利除弊，共生共荣。

③ 实施中立。实施中立是指在电子商务法与其他相关法律的实施上，不可偏废，在本国电子商务活动与跨国电子商务活动的法律待遇上，应一视同仁。特别是不能将传统书面环境下法律规范（如"书面形式""签名""原件"等法律要求）的效力，置于电子商务法之上，而应中立对待，根据具体环境特征的需求来决定法律的实施。如果说技术中立和媒介中立反映了电子商务法对技术方案和媒介方式的规范，具有较强的客观性，而对电子商务法的实施中立，则更偏重于主观性。电子商务法如同其他法律规范一样，其使用离不开当事人的遵守与司法机关的监督。

④ 同等保护。此点是实施中立原则在电子商务交易主体上的延伸。电子商务法对商家与消费者、国内当事人与国外当事人，都应尽量做到同等保护。因为电子商务市场本身就是国际性的，在现代通信技术条件下，割裂的、封闭的电子商务市场是无法生存的。

电子商务法上的中立原则，着重反映了商事交易的公平理念，其具体实施将全面展现在当事人依托于开放性、兼容性、国际性的网络与协议而进行的商事交易之中。

(2) 自治原则。允许当事人以协议方式订立其间的交易规则，是交易法的基本属性。因而，在电子商务法的立法与司法过程中，都要以自治原则为指导，为当事人全面表达与实现自己的意愿，预留充分的空间，并提供确实的保障。例如《电子商务示范法》第四条，就规定了当事人可以协议变更的条款。其内在含义是，除了强制性的法律规范外，其余条款均可由当事人自行协商制定。其实，《电子商务示范法》中的强行规范不仅数量上很少，而且其目的也仅在于消除传统法律为电子商务发展所造成的障碍，为当事人在电子商务领域里充分行使其意思自治创造条件。换言之，《电子商务示范法》的任意性条款，从正面确定权利，以鼓励其意思自治；而强制性条款，则从反面摧毁传统法律羁绊，使法律适应电子商务活动的特征，更好地保障其意思自治的实现。可以说是一正一反，殊途同归。

(3) 安全原则。保障电子商务的安全进行，既是电子商务法的重要任务，又是其基本原则之一。电子商务以其高效、快捷的特性，在各种商事交易形式中脱颖而出，具有强大的生命力。而这种高效、快捷的交易工具必须以安全为前提，它不仅需要技术上的安全措施，同时也离不开法律上的安全规范。譬如，《电子商务法》确认强化（安全）电子签名的标准，规定认证机构的资格及其职责等具体制度，都是为了在电子商务条件下，形成一个较为安全的环境，至少其安全程度应与传统纸面形式相同。《电子商务法》从对数据电讯效力的承认，以消除电子商务运行方式法律上的不确定性，以及根据电子商务活动中现代电子技术方案应用的成熟经验而建立起反映其特点的操作性规范，其中都贯穿了安全原则和理念。

(4) 功能等同原则。该原则在《电子商务示范法》《联合国国际贸易法委员会国际商事仲裁示范法》(第七条)和《联合国国际货物销售合同公约》(第十三条)等诸多规范中都有体现，其基本含义为电子单证、票据或其他文件与传统的纸面单证、票据或其他文件具有同等的功能，即肯定其法律效力并在法律上同等对待。按照贸易法委员会《电子商务示范法颁布指南》的说明，《电子商务示范法》依赖一种有时称为"功能等同法"的新方法，这种方法立足于分析传统书面要求的目的和作用，以确定如何通过电子商务技术来达到这些目的或作用。应当注意，关于上述所有书面文件的作用，电子记录亦可提供如同书面文件同样程度的安全。《电子商务示范法》只是挑出书面形式要求中的基本作用，以其作为标准，一旦数据电文达到这些标准，即可与具有相同作用的相应书面文件一样，享受同等程度的法律认可。《电子商务示范法》第六～八条内含的功能等同法是针对"书面形式""签名"和"原件"等概念的。《中华人民共和国电子签名法》也采用了功能等同法，如该法第四条规定："能够有形地表现所载内容，并可以随时调取查用的数据电文，视为符合法律、法规要求的书面形式。"

2. 我国《电子商务法》的基本原则

（1）平等原则。《电子商务法》第四条规定："国家平等对待线上线下商务活动，促进线上线下融合发展，各级人民政府和有关部门不得采取歧视性的政策措施，不得滥用行政权力排除、限制市场竞争。"

（2）自愿、公平、诚信原则。《电子商务法》第三条规定："国家鼓励发展电子商务新业态，创新商业模式，促进电子商务技术研发和推广应用，推进电子商务诚信体系建设，营造有利于电子商务创新发展的市场环境，充分发挥电子商务在推动高质量发展、满足人民日益增长的美好生活需要、构建开放型经济方面的重要作用。"《电子商务法》第五条规定："电子商务经营者从事经营活动，应当遵循自愿、平等、公平、诚信的原则，遵守法律和商业道德，公平参与市场竞争，履行消费者权益保护、环境保护、知识产权保护、网络安全与个人信息保护等方面的义务，承担产品和服务质量责任，接受政府和社会的监督。"

（3）协同管理原则。《电子商务法》第六条规定："国务院有关部门按照职责分工负责电子商务发展促进、监督管理等工作。县级以上地方各级人民政府可以根据本行政区域的实际情况，确定本行政区域内电子商务的部门职责划分。"

《电子商务法》第七条规定："国家建立符合电子商务特点的协同管理体系，推动形成有关部门、电子商务行业组织、电子商务经营者、消费者等共同参与的电子商务市场治理体系。"

（4）自律原则。《电子商务法》第八条规定："电子商务行业组织按照本组织章程开展行业自律，建立健全行业规范，推动行业诚信建设，监督、引导本行业经营者公平参与市场竞争。"

第 2 节 电子商务立法概况

✓ 1.2.1 国际电子商务立法概况

1. 电子商务早期立法

电子商务是随着互联网信息技术的发展而产生的，因此早期的电子商务立法主要是围绕着电子数据交换规则进行的。1979年，美国国家标准协会制定了ANSI/ASC/X12标准。1981年，欧洲国家推出第一套网络贸易数据标准，即《贸易数据交换指导原则》（GTDI）。1984年，联合国国际贸易法委员会向联合国秘书长提交了《自动数据处理的法律问题》的报告，建议审视有关计算机记录和系统的法律要求，从而揭开了电子商务国际立法的序幕。1990年3月，联合国正式推出了UN/EDIFACT标准，并被国际标准化组织正式接受为国际标准ISO9735。UN/EDIFACT标准的推出统一了世界贸易数据交换中的标准，使得利用电子技术在全球范围内开展商务活动成为可能。此后，联合国又先后制定了《行政、商业和运输业电子数据交换规则》《电子数据交换处理统一规则》等文件。1993年10月，联合国国际贸易法委员会电子交换工作组第26届会议全面审议了《电子数据交换及贸易数据通信手段有关法律方面的统一规则草案》，形成了国际电子数据交换的法律基础。

2. 国际组织的立法努力

（1）20世纪90年代初，互联网商业化和社会化的发展，从根本上改变了传统的商业结构和市场运作方式。在商界积极地探索这种新经济模式的同时，国际组织和一些国家也积极地探索规范这种经济运行方式的法律规制，为新经济运行提供安全有序的法律环境。这一立法努力以联合国为先导。

1996年，联合国国际贸易法委员会通过的《电子商务示范法》成为各国制定本国电子商务法规的"示范文本"。

1999年，联合国国际贸易法委员会电子商务工作组颁布了《电子签字统一规则（草案）》，旨在解决妨碍电子交易形式推广应用的基础性问题：电子签字及其安全性、可靠性、真实性问题。之后，该工作组广泛吸取了一些国家已经生效的，或正在起草的立法文件的经验，于2001年3月正式公布了《电子签字示范法》。《电子签字示范法》共十二条，分别规定了电子签字的适用范围；定义；签字技术的平等对待；解释；经由协议的改动；符合签字要求；第六条的满足；签字人的行为；验证服务提供商的行为；可信赖性；依赖方的行为；对外国证书和电子签字的承认。该法为电子签字的使用带来了法律的确定性。"数字签名"是目前电子商务中应用最普遍、可操作性最强的一种电子签名方法，它主要用于鉴定签名人的身份，以及对一项电子数据内容的认可。《电子签字示范法》的制定是对《电子商务示范法》的补充，促进了电子签字所产生的法律效力，有助于各国加强利用现代化核证技术立法，为尚无这种立法的国家提供参考，并对发展和谐的国际经济关系做出了贡献。

（2）国际商会于1997年11月通过了《国际数字保证商务通则》，试图平衡不同法律体系的原则，为电子商务提供指导性政策。为统一有关术语，国际商会于2004年制定了《国际商会2004年电子商务术语》，2005年3月制定了《国际商会有效部署和实施电子商品编码的原则》。

（3）1998年10月，国际经济合作与发展组织（OECD）公布了3个重要文件，即《OECD电子商务行动计划》《有关国际组织和地区组织的报告：电子商务的活动和计划》《工商界全球商务行动计划》，作为经济合作与发展组织发展电子商务的指导性文件。

（4）欧盟于1997年提出《关于电子商务的欧洲建议》，1998年发表了《欧盟电子签字法律框架指南》和《欧盟关于处理个人数据及其自由流动中保护个人的指令》（或称《欧洲隐私保护指令》），1999年又发布了《数字签字统一规则草案》，明确规定了在某一成员国签订的电子商务合同，其效力在其他任何一个成员国都应被承认等重要问题。这些地区性组织通过制定电子商务政策，努力协调内部关系，并积极将其影响扩展到全球。2000年，欧盟将电子商务立法作为它启动欧洲经济发展的重要环节，计划制定完成电子商务的立法，包括对版权的规定、远程金融服务的规定、电子银行的规定、电子商务的规定等。此外，在《布鲁塞尔—罗马条约》中还讨论了合同法、网上争端解决办法等立法程序。

（5）世界贸易组织（WTO）于1997年先后达成了3个协议，即《全球基础电信协议》《信息技术协议》《开放全球金融服务市场协议》，为电子商务和信息技术的稳步有序发展奠定了基础。另外，WTO对于贸易领域的电子商务已提出了工作计划，范围主要包括：跨境交易的税收和关税问题；电子支付问题；网上交易规范问题；知识产权保护问题；个人隐私保护问题；安全保密问题；电信基础设施问题；技术标准问题；普遍服务问题；劳动力问题；政府引导作用问题等。

3. 主要国家的立法努力

（1）美国。美国是全球因特网的发源地之一，20世纪90年代中期以来，美国大力推广以因特网为运行平台的电子商务这种新的交易形式，使之成为国民经济增长的重要支点。为了促进和保障电子商务的全面发展，美国的大多数州都制定了电子商务法，美国国会也正在就全国性的电子商务法案进行审议、辩论。美国的电子商务法立法，是以各州的立法行动为先导的。犹他州1995年颁布的《数字签名法》，是美国乃至全世界范围的第一部全面确立电子商务运行规范的法律文件。截至1999年9月，美国已有44个州制定了与电子商务有关的法律，就是说美国除了有6个州在电子商务立法方面没有正式的法律文件出台外，其余各州都在电子商务立法方面有了实质性进展。从数量上看，美国州一级关于电子商务的法律文件有百部之多，有些州在主干电子商务法之外，还有配套的法规。如伊利诺伊州除了《电子商务安全法》之外，还有《金融机构数字签名法》；佛罗里达州在《电子签名法》之外，还有《数字签名与电子公证法》。这些仅是正式制定、颁布的法律，而目前各州已经提交审议的有关电子商务的法律文件的数目，加起来有数百个。因为在以因特网为运行平台的电子商务环境下，交易当事人的身份认证是其中最关键的环节，如果这一问题能够妥善解决，其他问题也就迎刃而解了，所以美国大部分有关电子商务的法律文件都直接以"电子签名法"或"数字签名法"冠名。美国各州的电子商务立法，不仅名称多样化，而且其内容差别也非常大。有些州的立法内容比较详细，涉及电子商务的各个主要方面：从对计算机网络通信记录的法律效力的确认，到电子签名的基本标准的确定，以及认证机构的建立等，都包括在内，如犹他州、伊利诺伊州就采取了这种对电子商务进行全面调整的方法。而有些州的电子商务法却规定得非常原则，具有对电子商务的形式认可的性质。如加利福尼亚州便采用了这种方式。另外，从调整范围上讲，美国有些州的电子商务法只限于调整与州政府相关的诸如公司注册、税务申报等商务活动，与我国目前在信息化建设中的政府上网工程有些类似，如美国马里兰、阿拉斯加等州的电子商务法就是这样。而有些州的电子商务法不仅调整与商务有关的政府管理活动，还调整私法主体之间的在线商事交易关系，其目的是为电子商务的活动提供一个全方位的规范系统，如华盛顿州即属此类。

美国克林顿政府于1997年公布了《全球电子商务纲要》（下简称"《纲要》"），正式形成美国政府系统化电子商务发展政策和立法规划。《纲要》分为一般原则和问题处理建议两大部分。第一部分：《纲要》提出了五项原则：① 私营企业应在电子商务的发展中起主导作用；② 政府应避免对电子商务的不当干预；③ 政府参与建立和谐的商业法制环境；④ 政府必须承认因特网的特殊性质，制定相关的法律规则；⑤ 应以全球基础促进因特网电子商务的发展。第二部分：对海关和税务、电子支付系统、电子商务法规、保护知识产权、保护个人隐私、信息安全、电信基础建设与信息技术、信息内容、技术标准等问题提出了处理建议。

美国统一州法全国委员会1999年通过了《统一电子交易法》，现在已经为大多数州批准生效。2000年9月美国统一州法全国委员会发布了《统一计算机信息交易法》，并向各州推荐采纳。另外，美国还制定颁布了《国际与国内电子商务签名法》。

（2）新加坡。在亚洲国家里，新加坡是发展信息高速公路及电子商务较早、较快的国家。在联合国国际贸易法委员会颁布《电子商务示范法》之后，新加坡就开始了相应的立法研究与立法起草工作。1998年，新加坡制定颁布了《电子交易法》。《电子交易法》分为序言、电子记录和电子签名的一般规定、网络服务提供者的责任、电子合同、可靠电子记录和电子签字、数字签名的效力、与数字签字相关的一般义务、认证机构的义务、订户的义务、认证机构的规定、政府使用电子记录与电子签字、一般规定,共 12 个部分。

(3) 俄罗斯。虽然俄罗斯的电子商务发展起步较晚,但电子商务立法的重视程度比较高,颁布了一系列法律法规,包括一般性信息化法律法规和专项的电子商务法律法规,以及电子商务发展计划,包括《信息、信息化和信息保护法》《电子商务法》《电子合同法》《电子文件法》《电子商务组织和法律标准》《利用全球互联网实现银行系统的信息化法》《国际信息交流法》《俄联邦电子商务发展目标纲要》《国家支付系统法》《电子签名法》《电子一卡通法》及电子商务税收有关的法律等。对于电子商务发展至关重要的法律有以下几个。

①《电子商务法》,于 2001 年出台。该法明确了电子商务领域的法律调整关系,电子商务中电子信息通信的使用规则,规定了电子商务主体的权利和义务,订立电子合同的规则,并确认了电子文件的法律凭证。

②《2001—2006 年俄联邦电子商务发展目标规划》,于 2001 年颁布。该规划拟采取一系列措施鼓励电子商务的发展,其中包括开展电子商务试点;开发具有示范作用的电子商务系统;在俄联邦各地区建立电子商务系统;通过网络进行国家采购,以带动电子商务的发展;修改民法法典中与《信息、信息化和信息保护法》相抵触的条款;建立电子商务教学、咨询中心等。

③《2002—2010 年俄信息化建设目标纲要》,于 2002 年颁布。其主要目的一是适应世界信息技术发展的潮流;二是为满足国内电子通信、电子政务、电子商务快速发展并尽快与国际接轨的需要。

④《国家支付系统法》,于 2011 年出台。该法确定了支付系统的概念;规定了电子货币汇兑业务的要求,包括对电子货币运营商、货币支付和接收系统运营商,以及电子货币支付基础设施服务商(业务中心、清算和结算中心)的行为进行监管。

⑤《电子签名法》,于 2011 年出台。该法规定了电子签名的使用目的、原则、类型、确认、安全等。

⑥《关于建立 2011—2020 年俄信息发展纲要》。政府将每年拨款 1 231 亿卢布用于实施建立信息社会项目。

(4) 巴西。巴西的电商成长于成熟稳定的传统商业环境中,政府监管严格并制定了专门的法律条款予以规范,旨在保护消费者权益。尽管巴西电商起步较晚,但近几年发展迅猛,已成为传统零售的有益补充。为规范电商市场,巴西早在 2013 年就发布了电商法案,还有《消费者保护法》,适用于实体店和电商企业。例如,巴西法律规定,电商企业要建立巴西域名网站,需要注册一个当地公司,而且入驻的电商平台也被要求注册公司。此外,还规定电商企业在消费者决定购买前应为消费者提供一份简易合同,合同必须对可供选择的商品提供足够的信息,并对任何可能限制消费者权利的条款予以明确说明。当消费者下了订单后电商企业必须立刻给予确认。电商企业的税收也受到严格管控。巴西 IEST 咨询公司总经理介绍说,巴西有完整的税务系统,在巴西,纳税人生产经营信息几乎全部在税务部门监控之下。巴西通过立法,获得纳税人生产经营信息和涉税第三方信息,其做法简单、透明、有效,法律基础稳固。所有电子发票信息输入 SPED 数据库,这样联邦税务局就获得了商业交易信息。不论是实体店还是电商企业在出售物品时都必须开具电子发票,电商企业更要严格遵守巴西的税务制度,电商在线上销售的商品都必须同时寄出发票。

(5) 印度。以软件为代表的印度信息技术产业近年来取得了令世人瞩目的成就,信息技术的迅速发展大大推动了印度软件产业的发展。软件是最适合电子商务的产品，这也极大地推动了印度电子商务的发展。印度政府于 1986 年制定并颁布了《计算机软件出口、软件开发和培训政策》。1998 年颁布的《电子商务支持法》在体例上具有明显的独特性，它不仅清除了以纸面环境为基础的法律对电子商务的障碍，而且涉及证据、金融、刑事责任方面，明确具体，具有很强的可操作性。2000 年，印度政府制定并颁布了《信息技术法》，承认了电子合同、电子签名的法律效力，认证机构的规范，网络民事和刑事违法行为及法律责任，防范并打击计算机和网络犯罪活动，保障电子政务的便捷和安全，以增强电子商务活动的安全性和快捷性。大部分章节旨在保障数字认证，促进印度电子商务的不断发展。2006 年，政府又对《信息技术法》进行了修订，重点解决网络环境下个人数据保护和隐私权保护的问题，同年还出台了《个人数据保护法案》；2008 年 12 月通过《信息技术（修订）法案》，对 2000 年《信息技术法》再次进行修订，融入国际电子商务立法最新发展成果，对不适应印度电子商务发展的规定进行修改或删除，将"数字签名""数字认证"修订为"电子签名""电子认证"，增加了网络犯罪的种类，惩罚网络诱骗、色情、恐怖主义等新型网络违法犯罪行为，为印度电子商务和软件业发展提供法律支持。该法案已于 2009 年 2 月 5 日生效。2000 年，印度政府同时颁布了《信息技术（认证机构）规则》和《网络规制上诉庭（程序）规则》两部不同的规则。2011 年，为了进一步适应信息技术的发展，增强信息技术立法的可操作性，印度政府出台了《合理安全实践与程序及敏感个人数据与信息规则》（简称"《安全程序规则》"）《中介指引规则》《网吧行为规则》《电子服务提供规则》。

（6）澳大利亚。1998 年 3 月，澳大利亚电子商务专家小组公布了《电子商务：法律框架的构造》的报告；1999 年通过了《电子签名法》；1999 年颁布《电子交易法》（ETA），提出在电子商务中的媒体中立性原则和技术中立性原则。

想一想

除以上国家的电子商务立法外，你还想了解哪些国家的电子商务立法？

1.2.2 我国电子商务立法概况

1. 国内电子商务立法现状

我国在 1994 年开始出现电子商务模式，虽然电子商务行业得到了快速发展，但在电子商务的法制建设上，我国仍处于初始阶段。由于电子商务已成为社会经济发展新的增长点，电子商务将改变商业经营的方式，因此，要确保电子商务的健康发展，就必须以健全的法律保障为基础和前提。

目前，我国电子商务的立法现状是：法律规范和多头管理，职能重叠，界定不清。立法层次比较低，除《中华人民共和国电子签名法》外，电子商务法规一般以部门规章、地方性法规和地方政府规章为主，现行法律法规的修订相对滞后。

2. 我国目前主要的电子商务相关法律法规

（1）法律。

①《电子商务法》。经第十三届全国人民代表大会常务委员会第五次会议审议并通过，

自 2019 年 1 月 1 日起施行，成为我国电商领域首部综合性法律。《电子商务法》全文共七章八十九条，主要对电子商务的经营者、合同的订立与履行、争议解决、促进和法律责任几个部分做出规定，使电子商务活动有法可依。

同步阅读

《电子商务法》八大亮点

1. 严格范围。因为电子商务具有跨时空、跨领域的特点，所以电子商务法把调整范围严格限定在中华人民共和国境内，限定在通过互联网等信息网络销售商品或者提供服务，因此对金融类产品和服务，对利用信息网络提供的新闻、信息、音视频节目、出版以及文化产品等方面的内容服务都不在这个法律的调整范围内。

2. 促进发展。因为电子商务属于新兴产业，所以《电子商务法》就把支持和促进电子商务持续健康发展摆在首位，拓展电子商务的空间，推进电子商务与实体经济深度融合，在发展中规范，在规范中发展。法律对于促进发展、鼓励创新做了一系列的制度性性规定。

3. 包容审慎。目前我们国家电子商务正处于蓬勃发展时期，渗透广、变化快，新情况、新问题层出不穷，在立法中既要解决电子商务领域的突出问题，也要为未来发展留出足够的空间。《电子商务法》不仅重视开放性，而且也更加重视前瞻性，以鼓励创新和竞争为主，同时兼顾规范和管理的需要，这就为我们电子商务产业未来的发展奠定了体制框架。

4. 平等对待。电子商务技术中立、业态中立、模式中立。在立法过程中，各个方面逐渐对线上线下在无差别、无歧视原则下规范电子商务的市场秩序，达成了一定共识。所以法律明确规定，国家平等地对待线上线下的商务活动，促进线上线下融合发展。

5. 均衡保障。这些年的实践证明，在电子商务有关三方主体中，最弱势的是消费者，其次是电商经营者，最强势的是平台经营者，所以《电子商务法》在均衡保障三方主体合法权益的同时，适当加重了电子商务经营者，特别是第三方平台的责任义务，适当地加强对电子商务消费者的保护力度。这种制度设计是基于国家的实践，反映了中国特色，体现了中国智慧。

6. 协同监管。根据电子商务发展的特点，《电子商务法》完善和创新了符合电子商务发展特点的协同监管体制和具体制度。法律规定国家建立符合电子商务特点的协同管理体系，各级政府要按照职责分工，根据已有分工，各自负责电子商务发展促进、监督、管理工作。在这种情况下，监管的要义就在于依法、合理、有效、适度，既非任意地强化监管，又非无原则地放松监管，而是宽严适度、合理有效。

7. 社会共治。电子商务立法运用互联网的思维，充分发挥市场在配置资源方面的决定性作用，鼓励支持电子商务各方共同参与电子商务市场治理，充分发挥电子商务交易平台经营者、电子商务经营者所形成的一些内生机制，来推动形成企业自治、行业自律、社会监督、政府监管这样的社会共治模式。

8. 法律衔接。《电子商务法》是电子商务领域的一部基础性法律，但因为制定得比较晚，所以其中的一些制度在其他法律中都有规定，所以《电子商务法》不能包罗万象。电子商务立法中就针对电子领域特有的矛盾来解决其特殊性的问题，在整体上能够处理好《电子商务法》与已有的一些法律之间的关系，重点规定其他法律没有涉及的问题，弥补现有法律制度的不足。比如在市场准入上与现行的《商事法》相衔接；在数据文本上与《合同法》和《电子签名法》相衔接；在纠纷解决上，与现有的《消费者权益保障法》相衔接；在电商税收上与现行《税收征管法》和《税法》相衔接；在跨境电子商务上，与联合国国际贸易法委员会制定的《电子商务示范法》《电子合同公约》等国际规范相衔接。

（资料来源：中国网）

②《中华人民共和国合同法》。1999 年，第九届全国人民代表大会常务委员会第二次会议通过的《中华人民共和国合同法》第十一条规定："书面形式是指合同书、信件和数据电文（包括电报、电传、传真、电子数据交换和电子邮件）等可以有形地表现所载内容的形式。"为了电子商务的发展，我国将数据电文归于书面形式，具有书面形式的法律效力。

③《中华人民共和国侵权责任法》。2009 年，第十一届全国人民代表大会常务委员会第十二次会议通过的《中华人民共和国侵权责任法》第三十六条规定："网络用户、网络服务提供者利用网络侵害他人民事权益的，应当承担侵权责任。网络用户利用网络服务实施侵权行为的，被侵权人有权通知网络服务提供者采取删除、屏蔽、断开链接等必要措施。网络服务提供者接到通知后未及时采取必要措施的，对损害的扩大部分与该网络用户承担连带责任。网络服务提供者知道网络用户利用其网络服务侵害他人民事权益，未采取必要措施的，与该网络用户承担连带责任。"对电子商务经营者的侵权责任做了规定，明确了电子商务经营者承担侵权责任的通知规则和指导规则。

④《中华人民共和国电子签名法》（后简称"《电子签名法》"）。2004 年，第十届全国人民代表大会常务委员会第十一次会议通过了《中华人民共和国电子签名法》（自 2005 年 4 月 1 日起施行）。这是我国电子商务和信息化领域第一部专门法律，该法通过确立电子签名法律效力、规范电子签名行为、维护各方合法权益，从法律制度上保障电子交易安全，为我国电子商务安全认证体系和网络信任体系的建立奠定了重要基础。

⑤《中华人民共和国刑法》。《中华人民共和国刑法》修订后自 1997 年 10 月 1 日起实行，其中明确规定了计算机犯罪的罪名，包括第二百八十五条非法侵入计算机系统罪，第二百八十六条第一、二款破坏计算机信息系统功能罪，第二百八十六条第三款制作、传播计算机病毒等破坏计算机程序罪。上述条款为保护计算机信息系统的安全，促进计算机的应用与发展，保证电子商务的顺利开展提供了有力的法律保障。

⑥《中华人民共和国网络安全法》。2016 年，第十二届全国人民代表大会常务委员会第二十四次会议通过了《中华人民共和国网络安全法》。这是我国第一部全面规范网络空间安全管理方面问题的基础性法律，是我国网络空间法治建设的重要里程碑，是依法治网、化解网络风险的法律重器，是让互联网在法治轨道上健康运行的重要保障。《中华人民共和国网络安全法》将近年来一些成熟的好做法制度化，并为将来可能的制度创新做了原则性规定，为网络安全工作提供了切实法律保障。

（2）行政法规。

①《计算机软件保护条例》，原条例于 1991 年 6 月由国务院发布，新条例于 2001 年 12 月颁布，于 2002 年 1 月 1 日起施行，旧条例同时废止。这一条例对保护计算机软件著作权人的权益，调整计算机软件在开发、传播和使用中发生的利益关系，鼓励计算机软件的开发与应用十分重要，起到了促进软件产业和国民经济信息化发展的目的。

②《计算机信息系统安全保护条例》，于 1994 年 2 月由国务院发布并实施，明确规定由公安部主管全国计算机信息系统安全保护工作；任何组织或个人，不得利用计算机系统从事危害国家利益、集体利益和公民合法权益的活动，不得危害计算机信息系统的安全。

该条例详细规定了计算机信息系统的安全保护制度、安全监察及相关的法律责任。

③《互联网信息服务管理办法》，于2000年由国务院发布。该办法将互联网服务分为"经营性"与"非经营性"两类，并分别实施"许可"与"备案"制度。作为经营性互联网信息服务的电子商务经营者，应当向省、自治区、直辖市电信管理机构或者国务院信息产业主管部门申请办理互联网信息服务增值电信业务经营许可证。与此同时，从事新闻、出版、教育、医疗保健、药品、医疗器械等互联网信息服务的，需要向有关行政部门前置审批。这是电子商务经营者市场准入的基础门槛。

④《信息网络传播权保护条例》，于2006年由国务院发布实施。该条例对包括网络著作权的合理使用、法定许可、避风港原则、版权管理技术等一系列内容做了相应规定，区分了著作权人、电子商务服务商、用户的权益，较好地做到了产业发展与权利人利益、公众权利的平衡，为电子商务中的著作权法律保护奠定了基础。

另外，还有《计算机信息网络国际联网管理暂行规定》（1996年2月由国务院发布实施，1997年5月修正）、《计算机信息网络国际联网管理暂行规定实施办法》（1998年2月由国务院发布实施）、《互联网络域名注册暂行管理办法》（1997年6月由国务院信息化工作领导小组办公室发布实施）、《互联网络域名注册实施细则》。

（3）部门规章、地方性法规、其他规范性文件。

《网上证券委托暂行管理办法》，由中国证券监督管理委员会于2000年3月发布实施。

《网上银行业务管理暂行办法》，由中国人民银行于2001年6月发布实施。

《第三方电子商务交易平台服务规范》，由中华人民共和国商务部于2011年4月发布实施。

《支付机构预付卡业务管理办法》，2012年9月由中国人民银行发布实施。

《网络发票管理办法》，2013年1月由国家税务总局第一次局务会议审议通过，自2013年4月1日起施行。

《网络交易管理办法》，由国家工商行政管理总局于2014年3月发布实施。

《网络商品和服务集中促销活动管理暂行规定》，由国家工商行政管理总局局务会议审议通过，自2015年10月1日起施行。

《互联网广告管理暂行办法》，由国家工商行政管理总局局务会议审议通过，自2016年9月1日起施行。

《广东省电子交易条例》，自2003年2月1日起施行。

《关于在网络经济活动中保护消费者合法权益的通知》，由北京市工商行政管理局发布。

《关于规范网站销售信息发布行为的通告》，由北京市工商行政管理局发布。

《关于对网络广告经营资格进行规范的通告》，由北京市工商行政管理局发布。

《关于对利用电子邮件发送商业信息的行为进行规范的通告》，由北京市工商行政管理局发布。

《经营性网站备案登记管理暂行办法》，由北京市工商行政管理局发布。

《经营性网站备案登记管理暂行办法实施细则》，由北京市工商行政管理局发布。

《计算机信息网络国际联网安全保护管理办法》，于1997年12月由公安部发布实施。

《关于采取有效措施防范金融计算机犯罪的通知》，于1999年1月由中国人民银行发布实施。

《计算机信息系统网络国际联网保密管理规定》，于2000年1月由国家保密局发布实施。

《关于执行〈计算机信息网络国际联网安全保护管理办法〉中有关问题的通知》，于2000

年 2 月由公安部发布实施。

《计算机病毒防治管理办法》，于 2000 年 4 月由公安部发布实施。

《关于维护互联网安全的决定》，于 2000 年 12 月由全国人大常委会第十九次会议审议通过。

《互联网安全保护技术措施规定》，于 2005 年 12 月 23 日由公安部发布。

《广东省计算机信息系统安全保护管理规定》，于 2003 年 4 月由广东省人民政府发布，并自 2003 年 6 月起施行。

《宁夏回族自治区计算机信息系统安全保护条例》，自 2009 年 10 月 1 日起施行。

《徐州市计算机信息系统安全保护条例》，自 2009 年 6 月 1 日起施行。

此外，还有《公安部关于对与国际联网的计算机信息系统进行备案工作的通知》《中国公用计算机互联网国际联网管理办法》《计算机信息网络国际联网出入口信道管理办法》《出版物市场管理暂行规定》《互联网医疗卫生信息服务管理办法》《互联网药品信息服务管理暂行规定》《教育网站和网校暂行管理办法》《互联网站从事登载新闻业务管理暂行规定》《互联网出版管理暂行规定》《互联网上网服务营业场所管理条例》《互联网文化管理暂行规定》《电子出版物出版管理规定》等。

（4）电子商务行业规范。电子商务行业规范是电子商务法律的重要补充，它能够规范和引导电子商务企业走上健康有序的竞争之路。电子商务行业规范主要有：《网络交易平台服务规范》，2005 年由中国电子商务协会组织网络交易平台服务商共同制定，它是首个电子商务领域的行业规范，确立了网络交易平台提供商的责任和权限，对网络交易服务进行了全面的规范；《抵制恶意软件自律公约》，2006 年由中国互联网协会组织会员单位签署。协会采用自律的形式，组织对恶意软件的讨论并加以定义，以避免网民的各种权益受到侵害。

 想一想

我国电子商务立法的模式应如何选择？各模式有什么优缺点？

第 3 节 《电子商务示范法》

1.3.1 《电子商务示范法》概述

电子邮件和电子数据交换等现代通信手段在国际贸易交易中的使用正在迅速增多，并且随着信息高速公路和国际互联网络的技术支持变得更加普及，渴望得到进一步的发展。然而用非书面电文形式来传递具有法律意义的信息，可能会因使用这种电文所遇到的法律障碍或这种电文的法律效力及有效性的不确定而受到影响。《电子商务示范法》正是为了适应使用计算机技术或其他现代技术进行交易的当事人之间通信手段发生的重大变化而拟定的。

《电子商务示范法》是联合国国际贸易法委员会于 1996 年通过的，目的是提供一套世界各国在进行本国电子商务立法时可以参考的并可被广泛接受的国际电子商务统一规则。通过采用这些规则，能够在国内和国际领域内促进电子贸易的发展，克服原法律体系中不适应电子商务发展的障碍；同时，《电子商务示范法》也为企业提供了一个招商性的文件，以便他们在签订合同时有所遵循。

《电子商务示范法》提出了一系列主要原则，明确指出不能因为信息以电子方式存在就否认其法律效力。因此，在《电子商务示范法》中强调电子环境下的"书面形式""签字"和"原件"与传统环境下的概念是完全一致的，并享有同等的法律效力。

《电子商务示范法》还可以帮助矫正由于国内立法的不足而对国际贸易关系所产生的负面影响，其大部分内容都与现代通信技术的使用有关。各国国内立法中关于调整这类通信技术规范的不一致与不确定，很可能会阻碍企业进入国际市场或者限制其经营范围。

从国际上看，《电子商务示范法》在某些情况下也可用来解释现行的国际公约与其他国际文件，这些公约或文件因规定某些文件或合同条款应采用书面形式而给电子商务的使用设置了法律障碍。对这类国际文件的缔约国而言，采用《电子商务示范法》的原则作为其解释规则，能为承认电子商务的使用提供一种手段，从而避免国际法律文件之间不协调或冲突的出现。

《电子商务示范法》为基于纸面的文件与基于计算机信息的应用者提供同等的法律待遇，这对于促成和方便电子商务的应用，乃至促进经济与国际贸易的有效进行，是必不可少的。应用电子商务的国家，通过《电子商务示范法》规定的程序纳入其国内立法，可以创造媒介中立的环境。

在看到《电子商务示范法》的重大意义和不可低估的作用时，还应该看到它的缺陷与不足。从具体规定来看，一方面，《电子商务示范法》所涉及的内容并不十分全面，绝大多数条款仅仅只是解决了电子数据交换在商务领域中的应用所带来的一些基本性的法律问题，并未囊括各种不同的领域和部门中的电子商务所面临的问题，这一点尤其体现在《电子商务示范法》的第二部分。该部分仅包括两个条文，只大体上解决了货物运输中的电子商务的法律问题。不过，《电子商务示范法》并没有涉及电文传输的安全问题、未发出通知或通知错误的责任问题、电子提单问题，并非《电子商务示范法》本身的疏漏，而是因为在它颁布之前，已有其他一些国际组织对此做了规定。例如国际商会 1987 年制定的《电传交换贸易数据统一行动守则》对解决电子商务的安全问题、未发出通知或通知错误的责任问题起到了十分重要的作用。另一方面，有些事项即使做出了规定，但也往往只是给出了一个总的原则，并没给出详细解决方法，而是留待各国国内法去解决。

此外，从法律性质来看，《电子商务示范法》的作用和影响力也受到了一定的限制。因为《电子商务示范法》不具有任何强制性，它既不是国际条约，也不是国际惯例，各国可根据本国的实际情况，考虑是否使用或颁布《电子商务示范法》，而且还可以对《电子商务示范法》中许多条款的适用范围做出限制。《电子商务示范法》仍需在今后的发展中得到进一步修订和完善。

《电子商务示范法》还附有一个实施指南，该指南对《电子商务示范法》的条款进行了解释和澄清，为各国立法者和电子商务的用户理解《电子商务示范法》提供了帮助。

1.3.2 《电子商务示范法》主要内容

联合国国际贸易法委员会通过的《电子商务示范法》共分为两个部分，四个章节，共计十七条。第一部分涉及电子商务总的方面；第二部分为特定领域的电子商务，但它仅仅规定了货物运输中的电子商务问题。对于电子商务贸易过程中所涉及的各种问题和处理细节从法律上给出了严格的界定，它是一个推荐给世界各国在制定各自的电子商务贸易相关法律文件时的法律"示范文本"。

1.《电子商务示范法》的主要内容框架

表 1-1 是《电子商务示范法》的主要内容框架。

表 1-1 《电子商务示范法》的主要内容框架

第一部分 电子商务总则		
第一章 一般条款	第一条	适用范围
	第二条	定义
	第三条	解释
	第四条	经由协议的改动
第二章 对数据电文适用法律要求	第五条	数据电文的法律承认
	第六条	书面形式
	第七条	签字
	第八条	原件
	第九条	数据电文的可接受和证据力
	第十条	数据电文的留存
第三章 数据电文的传递	第十一条	合同的订立与有效性
	第十二条	当事各方对数据电文的承认
	第十三条	数据电文的归属
	第十四条	确认收讫
	第十五条	发出和收到数据电文的时间和地点
第四章 货物运输	第十六条	与货运合同有关的行动
	第十七条	运输单据

2.《电子商务示范法》的主要内容

（1）"一般条款"的规定。

① 关于《电子商务示范法》的适用范围。该法第一条规定，《电子商务示范法》适用于在商务活动方面使用的、以一项数据电文为形式的任何种类的信息。在对该条的解释中指出对"商务"一词应作广义的解释，使其包括无论是契约性还是非契约性的一切商务性质的关系所引起的种种事项，并采用非穷尽列举方法列举了其范围。

② 对一些相关技术术语的定义。该法第二条解释了包括数据电文、电子数据交换、发端人、收件人、中间人、信息系统等术语的含义。《电子商务示范法》首次提出数据电文发端人的概念并对其进行了界定，指出所谓"发端人"是指可认定由其或其代表发送或生成该数据电文然后获准予以储存的人，但不包括中间人。

③ 关于对该法的解释原则和方法。对该法做出解释时，应考虑到其国际渊源，以及促进其统一使用和遵守诚信的必要性；对于由该法管辖的而在该法内并未明文规定解决方法的问题，应按该法所依据的一般原则解决。

④ 经由协议的改动。《电子商务示范法》在第四条中规定了当事人协议的地位问题。该法遵循了当事人合同自由原则，赋予当事人协议以最高效力。该法规定，在参与生成、

发送、接收、储存或以其他方式处理数据电文的当事人之间，除另有规定外，第三章中第十一条以后的条款可经由协商做出改动，但以上所述并不影响可能存在的、以协议方式对第五～十条所述任何法律规则做出修改的权利。

（2）关于数据电文适用法律的规则。《电子商务示范法》第二章是关于数据电文适用法律规则的规定。

① 数据电文的法律承认。该法第五条规定了数据电文的法律效力，即不得仅仅以某项信息采用数据电文形式为理由而否定其法律效力的有效性或可执行性，赋予数据电文同其他法律行为形式同等的地位。

② 其他书面形式的要求。该法第六条规定："如法律要求信息须采用书面形式，则假若一项数据电文所含信息可以调取以备日后查用，即满足了该项要求。"第六条的目的不是确立这样一项要求：在任何情况下，数据电文都应起到书面形式的全部功能。第六条并不注重于"书面形式"的某些特定功能，如在执行《税法》时的证据功能或执行《民法》时的警告功能，而是注重于信息可以复制和阅读这一基本概念。实际上，第六条表达的这一概念提供了一种客观标准，即一项数据电文内所包含的信息必须是可以随时查找到以备日后查用的。使用"可以调取"字样是指计算机数据形式的信息必须是可读和可解释的，使这种信息成为可读所可能必需的软件应当保留。"以备"一词并非仅指人的作用，还包括计算机的处理。至于"日后查用"，则是指"耐久性"或"不可更改性"等会确立过分严格的标准的概念和"可读性"或"可理解性"等会构成过于主观的标准的概念。

③ 签字确认。为了确保须经过核证的电文不会仅仅由于未按照纸张文件特有的方式加以核证而否认其法律价值。该法第七条规定：（1）如法律要求有一个人签字，则对于一项数据电文而言，倘若情况如下，即满足了该项要求：（a）使用了一种方法，鉴定了该人的身份，并且表明该人认可了数据电文内含的信息；（b）从所有各种情况来看，包括根据任何相关协议，所用的方法是可靠的，对生成或传递数据电文的目的来说也是适当的……

《电子商务示范法》第七条采用了一种综合办法，它确定了在何种情况下数据电文即可视为经过了具有足够可信度的核证，而且可以生效执行，视为达到了签字要求，此种签字要求目前构成了电子商务的障碍。第七条侧重于签字的两种基本功能，一是确定一份文件的作者，二是证实该作者同意了该文件的内容。其确立的原则是，在电子环境中，只要使用一种方法来鉴别数据电文的发端人并证实该发端人认可了该数据电文的内容，即可达到签字的基本法律功能。

④ 原件。该法第八条规定，如果一项数据电文能可靠地保证自信息首次以其最终形式生成，作为一项数据电文或充当其他用途之时起，则该信息保持了完整性；当要求将信息展现时，能将该信息显示给观看信息的人，则该项数据电文即满足了原件的要求。

⑤ 数据电文的可接受和证据力。该法第九条规定：（1）在任何法律诉讼中，证据规则的适用在任何方面均不得以下述任何理由否定一项数据电文作为证据的可接受性：（a）仅仅以它是一项数据电文为由；（b）如果它是举证人按合理预期所能得到的最佳证据，以它并不是原样为由。（2）对于以数据电文为形式的信息，应给予应有的证据力。在评估一项数据电文的证据力时，应考虑到生成、储存或传递该数据电文的办法的可靠性，保持信息完整性的办法的可靠性，用以鉴别发端人的办法，以及任何其他相关因素。

⑥ 数据电文的留存。该法第十条规定：（1）如法律要求某些文件、记录或信息须留存，则此种要求可通过留存数据电文的方式予以满足，但要符合下述条件：（a）其中所含信息

可以调取，以备日后查用；（b）按其生成、发送或接收时的格式留存了该数据电文，或以可证明能使所生成、发送或接收的信息准确重现的格式留存了该数据电文；（c）如果有的话，留存可据以查明数据电文的来源和目的地以及该电文被发送或接收的日期和时间的任何信息。

（3）关于数据电文的传递规则。《电子商务示范法》第三章是关于数据电文的传递规则问题，内容如下。

① 合同的订立与有效性。该法第十一条第一款明确规定，就合同订立而言，除非当事各方另有协议，一项要约以及对要约的承诺均可通过数据电文的手段表示。因此，如使用一项数据电文来订立合同，则不得仅仅以使用了数据电文为理由而否定该合同的有效性或可执行性。

② 当事各方对数据电文的承认。该法规定，就一项数据电文的发端人和收件人之间而言，当事各方不得仅仅以一纸声明或其他陈述的数据电文形式为理由而否定其法律效力、有效性或可执行性。

③ 关于数据电文归属确认的规则。一项数据电文是否为发端人所发，如收件人确信为发端人所发，他可否按此推断行事；如收件人知道或理应知道数据电文在传递中出现错误，他是否还可行事。对此，《电子商务示范法》规定了确认数据电文归属的三种方法。首先，如果数据电文是由发端人自己发送的，则该数据电文当然成为该发端人的数据电文。其次，如果数据电文是由有权代表发端人行为的人发送或是由发端人设计程序或他人代为设计程序的一个自动运作的信息系统发送的，则应"视为"发端人的数据电文。最后，就发端人与收件人之间而言，只要满足一定的条件，收件人有权将一项数据电文视为发端人所要发送的电文，并按此推断行事。

④ 确认数据电文收讫的规则。该法第十四条规定，发端人发送一项数据电文之时或之前，或通过该数据电文，要求或与收件人商定该数据电文需确认收讫时的处理办法。如发端人未与收件人商定以某种特定形式或某种特定方法确认收讫，可通过任何自动化传递或其他方式和行为来表明该数据电文已收到；如发端人已声明数据电文须以收到该项确认为条件，则在收到确认之前，数据电文可视为未发送；如发端人未声明数据电文须以收到该项确认为条件，则在一段合理时间内发端人并未收到确认时，可向收件人发出通知，定出确认的时限，在确认的时限内仍未收到则视为从未发送数据电文；如发端人收到收件人的收讫确认，即可推定有关数据电文已由收件人收到。

⑤ 关于发出和收到数据电文的时间和地点规则。由于发出和收到数据电文的时间和地点对确定发端人和收件人行为的生效，以及适用法律上都具有重要意义，所以《电子商务示范法》对发出和收到数据电文的时间和地点有明确规定。

该法第十五条规定，对于数据电文的发出和收到时间，除非发端人与收件人另有协议，否则按下述办法确定：一项数据电文的发出时间以它进入发端人或代表发端人发送数据电文的人控制范围之外的某一信息系统的时间为准，如收件人为接收数据电文而指定了某一信息系统，则以数据电文进入该指定信息系统的时间为收到时间；如数据电文发给了收件人的一个信息系统但不是指定的信息系统，则以收件人检索到该数据电文的时间为收到时间；如收件人并未指定某一信息系统，则以数据电文进入收件人的任一信息系统的时间为收到时间。

对于数据电文的发出和收到地点，除非发端人与收件人另有协议，数据电文应以发端人设有营业地的地点视为其发出地点,而以收件人设有营业地的地点视为其收到地点。但是,如发端人或收件人有一个以上的营业地,则应以与基础交易具有最密切联系的营业地为准,否则以其主要的营业地为准;如发端人或收件人没有营业地,则以其惯常居住地为准。

(4) 电子商务特定领域的法律问题。《电子商务示范法》第二部分主要规定了电子商务特定领域的法律问题,内容如下。

① 与货运合同有关的行动。该法第十六条规定,在不减损该法第一部分各项条款的情况下,本章适用于与货运合同有关或按照货运合同采取的任何行为。

② 运输单据。除将一项权利授予一人或使一项义务由一人获得,必须传送或使用一份书面文件外,其他法律要求以书面形式或用书面文件来执行与货运合同有关的行动,则可使用一项或多项数据电文来执行有关行动;在一项法律规程强制适用于做成书面文件或以书面文件为证据的货运合同的情况下,此种数据电文仍可作为其证据。

阿里巴巴中国网站规则
总　则

第一章　概述

第一条　为促进开放、透明、分享、责任的新商业文明,保障阿里巴巴中国网站用户的合法权益,创建、维护和谐的网络商业环境,制定本规则。

第二条　本规则适用于使用阿里巴巴中国网站任何产品或服务(以下统称"服务")的用户。

第三条　用户在适用规则上一律平等。

第四条　用户应遵守国家法律、行政法规、部门规章等规范性文件,以及与阿里巴巴签署的协议、阿里巴巴中国网站服务条款、网站规则。

第五条　若本规则的规定同用户与阿里巴巴签署的协议的约定相冲突,则优先适用双方协议的约定。协议中未约定的,则适用本规则。本规则尚无规定的,阿里巴巴有权酌情处理,但阿里巴巴对用户的处理不能免除用户应尽的法律责任。

第六条　阿里巴巴有权视需要对本规则做修订,对本规则的修订在阿里巴巴中国网站上公告后生效。

第二章　定义

第七条　阿里巴巴:指阿里巴巴中国网站,所涉域名为 alibaba.com.cn; alibaba.cn; 1688.com; china.alibaba.com。

第八条　用户:指阿里巴巴各项服务的使用者。

第九条　会员:指与阿里巴巴签订《阿里巴巴服务条款》并完成注册流程的用户。一个会员可以拥有多个账号,每个账号对应唯一的会员。

第十条　买家:指在阿里巴巴上浏览或购买产品或发布询价单的用户。

第十一条　卖家:指在阿里巴巴上发布产品信息或公司信息的会员。

第十二条　信用评价:阿里巴巴中国网站会员在成功完成支付宝担保交易后,对每一笔交易，买卖双方均有权对对方交易的情况做评价，即信用评价。

第十三条 投诉方：指发起投诉的符合相关法律规定的自然人、法人、其他经济组织。

第十四条 被投诉方：指投诉方所投诉的阿里巴巴中国网站用户。

第十五条 反通知：被投诉方接到投诉方的投诉通知后向阿里巴巴提交的通知及相关证明材料。

第十六条 旺铺：也称专用网址，是卖家在阿里巴巴中国网站从事经营活动的场所之一。

第十七条 旺铺域名：用户可以通过单击旺铺域名链接或者直接输入旺铺域名进入对应的旺铺，阿里巴巴旺铺域名都以*.cn.alibaba.com形式展示。

第十八条 处罚：指用户因自身违规行为而被处理，具体种类包括：警告、下架、删除、降权、账号限权、账号关闭等。

警告：指阿里巴巴通过电话、邮件等形式提醒、告诫用户其行为已经构成了违规，应当及时予以改正，如仍进行或不停止违规行为，将给予更为严厉的处理。

下架：指阿里巴巴针对违规信息将进行信息下架，信息下架后用户仍可进行修改，修改正确后，信息方可正常发布。

删除：指阿里巴巴针对违规信息做删除的处理，信息删除后用户不可修改。

降权：指用户发布的商品信息排序被置后。

账号限权：指阿里巴巴暂停用户包括但不限于以下权限：暂停旺铺的访问权限、对已发布的所有信息执行下架处理（如有）、暂停供求信息的操作权限等。被限权用户在限权期限内服务费用（包括但不限于诚信通服务费、黄金展位费用等，如有）照常计算，服务期限不予延长。

账号关闭：阿里巴巴终止向用户提供任何服务，并不予退返服务费（如有）。

第三章 用户行为规则

第一节 注册

账号注册

第十九条 用户在阿里巴巴注册账号时需同意并遵守《阿里巴巴服务条款》；用户会员名（ID，也称会员账号或账号）、旺铺或旺铺域名中不得包含违反国家法律法规、涉嫌侵犯他人权利或干扰阿里巴巴正常运营秩序等的相关信息；同一个会员名只能注册一个账号，并且验证该账号有效的手机号或邮箱未用于其他账号的验证。

账号管理

第二十条 禁止会员账号未经阿里巴巴审核同意随意转让他人或其他企业使用；随意转让会员账号的将被关闭，且转让方还须承担该账号下所有行为的法律责任。

第二十一条 阿里巴巴有权关闭未通过身份认证或虽通过身份认证但连续超过一年未登录的会员账号；阿里巴巴有权关闭涉嫌欺诈等重度违规行为的会员账号，并有权删除该账号下所有相关信息；会员可通过阿里巴巴中国网站客服主动申请关闭其账号。

第二节 经营

信息发布/管理

第二十二条 用户在阿里巴巴中国网站发布信息应遵循合法、真实、准确、有效、完整的基本原则，并应遵循《信息发布规则》，对自己发布的信息独立承担全部责任；不得包含违反国家法律法规、涉嫌侵犯他人合法权益或干扰阿里巴巴中国网站运营秩序等相关内容。

支付

第二十三条 当交易双方选择并确认支付宝中介服务后,应遵循《支付宝交易通用规则》。

退款

第二十四条 买家自付款之时起即可申请退款。自买家申请退款之时起 7 天内卖家未点击发货的,阿里巴巴将通知支付宝退款给买家。

第二十五条 买家申请退款后,依以下情况分别处理:

(一)卖家拒绝退款申请后,买家有权修改退款申请、申请客服介入或确认收货。卖家拒绝退款申请后的 15 天内,如买家未做任何操作,退款申请将被关闭,交易正常进行。

(二)买家申请"不需要退货"退款,卖家同意退款申请或在 7 天内未操作的,阿里巴巴将通知支付宝退款给买家。

(三)买家申请"需要退货"退款,卖家同意退款申请或在 7 天内未操作的,按以下情形处理:

1.买家未在 15 天内点击退货,退款申请关闭,交易正常进行;

2.买家在 15 天内点击退货,卖家确认收货,将通知支付宝退款给买家;

3.买家在 15 天内点击退货,卖家在买家点击退货后的 15 天内未确认收货且未做任何操作,将通知支付宝退款给买家。

说明:以上退款规则仅适用于阿里巴巴平台上的一般支付宝担保交易。

维权(交易投诉)

第二十六条 买卖双方就交易在履行过程中产生争议,如双方无法协商或协商不能达成一致的,一方或双方可申请提交阿里巴巴进行斡旋处理,阿里巴巴有权遵循《交易争议处理规则》决定受理或不受理相关争议,并对相关事实进行认定及对用户的违规行为进行处罚。

评价

第二十七条 买卖双方有权基于真实的交易在支付宝交易成功后 30 天内进行相互评价,评价方需对交易结果做出真实、客观的评价。

第二十八条 在信用评价中,30 天内双方均未评价,则双方信用积分不变;评价人若给予四星及以上评价,则被评价人信用积分增加;若给予三星评价,则被评价人信用积分不变;若给予三星以下评价,则被评价人信用积分减少;如评价人给予四星及以上评价而对方未在 30 天内给其评价,则评价人信用积分增加;如评价人给予三星及以下评价而对方未在 30 天内给其评价,则评价人信用积分不变。具体的加减分分数,将遵循《信用评价体系规则》,并根据不同的交易金额区间计算得出。

第四章 违规行为及处理

第一节 违规行为定义

第二十九条 违规行为是指用户违反阿里巴巴的网站规则或其与阿里巴巴签订的任何合同的行为。

第二节 违规行为

违禁信息发布

第三十条 指用户发布国家法律法规或阿里巴巴中国网站禁止或限制的商品信息行为。用户发布的商品信息一经认定属于禁止、限制销售商品信息,阿里巴巴将按照《违禁信息发布处理规则》处理，立即删除该商品信息，同时根据情节轻重对用户予以警告、账号限权直至账号关闭等处罚。

违规信息发布

第三十一条 指用户在阿里巴巴中国网站涉嫌以下几种违规信息发布行为：重复信息违规、使用恶意外部软件违规、产品标题违规、产品属性不实、产品归类错误、商品信息置换、无货空挂、虚假价格违规、询价单违规等；用户发布的商品信息一经认定属于违规信息，阿里巴巴将按照《违规信息发布处理规则》，并根据情节轻重对用户予以产品信息下架、信息删除、账号限权等处罚。

知识产权侵权

第三十二条 指用户在阿里巴巴中国网站发布的信息侵犯他人知识产权等权利。用户发布的信息一旦收到相关侵权投诉，应及时提交反通知及证明材料，说明产品合法性，用户应保证提供的反通知资料真实、合法、有效，若未及时提交反通知，或提交的反通知不成立，阿里巴巴将按照《知识产权侵权处理规则》，并根据情节轻重对用户予以信息删除、账号限权直至账号关闭等处罚。

不实交易方式

第三十三条 指用户在阿里巴巴中国网站发布的商品信息中明确支持支付宝担保交易，但在买家与其交易的具体过程中，却以种种理由拒绝采取支付宝担保方式进行交易。用户发布的商品信息一经认定属于不实交易方式信息，立即删除该商品信息，同时将按照《不实交易方式处理规则》，并根据行为次数对用户予以警告、账号限权直至账号关闭等处罚。

虚假交易

第三十四条 是指用户在阿里巴巴中国网站以不正当提升排序为目的，提供虚构、伪造的交易凭证或在线生成虚假交易数据的行为。一旦用户有虚假交易的行为，阿里巴巴将按照《虚假交易处理规则》，删除或关闭虚假交易的内容，并根据情节轻重对用户予以警告、账号限权直至账号关闭等处罚。

恶意评价

第三十五条 是指评价方以敲诈勒索或其他不当利益为目的，有意在违背客观事实的情况下给予对方三星及以下的评价行为。被评价方收到恶意评价后可提交给阿里巴巴进行处理，阿里巴巴将按照《恶意评价处理规则》删除评价及调整相应的评价积分，并根据情节轻重对用户予以账号限权直至账号关闭等处罚。

第三节 违规行为处理的执行

第三十六条 用户有违规行为的，阿里巴巴有权按照违规各处理规则对用户予以违规扣分及处罚；同时每个自然月阿里巴巴将按照《交易争议综合考评规则》对卖家进行综合累计考评，并视考评结果对达到考评处罚标准的用户予以相应处罚。

第三十七条 用户违规扣分将在该次扣分之日起一年后做对应清除处理（如2011年12月31日发生违规扣分，该笔扣分将在2012年12月30日24时清除），但因扣分达到60分或以上致使账号关闭的除外。

第四节 违规行为处理的申诉

第三十八条 因发布限制产品信息行为对阿里巴巴处理有异议的，被投诉人可依据以下流程进行申诉：

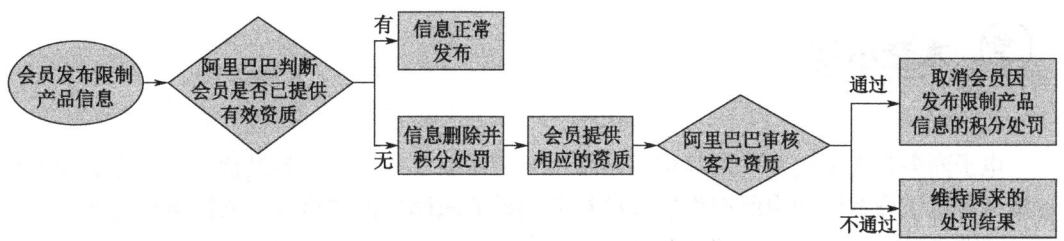

第三十九条 对知识产权侵权类的违规行为处理的申诉，被投诉人须在被投诉之日起 3 个工作日内提交相关证明。虚假交易的申诉，被投诉人须在被投诉之日起 5 个工作日内提交相关证明。逾期未提交证据或提交证据不充分的，阿里巴巴有权根据当时所掌握的情况进行判断与处理。

网络访问

实训目的

通过访问中国电子商务法律网（http://www.chinaeclaw.com）的实践，查询相关电子商务法律法规，并能够进行比较分析，加深对《电子商务法》概念及我国电子商务立法情况的感性认识。

实训内容与步骤

（1）进入中国电子商务法律网（http://www.chinaeclaw.com）。
（2）查询相关电子商务法律法规，并进行分类。
（3）对相关的电子商务法律法规进行比较分析。

实训提示

一下接触这么多电子商务法律法规，一定要注意区分每个法律法规属于哪种法律形式，每个法律法规的调整重点是什么。

思考与练习

请体验一次网络访问，查询相关电子商务法律法规，并回答下列问题：
（1）我国电子商务立法的现状。
（2）《电子商务法》的主要内容框架。
（3）对《电子签名法》与《电子商务法》的内容进行比较分析。

本章小结

　　电子商务是指通过互联网等信息网络销售商品或者提供服务的经营活动。电子商务法是指调整电子商务活动中所产生的各种社会关系的法律规范的总称。根据电子商务的内在本质和特点，电子商务法的调整对象是电子商务交易活动中发生的各种社会关系，而这类社会关系是在广泛采用新型信息技术并将这些技术应用到商业领域后形成的特殊的社会关系，它交叉存在于虚拟社会和实体社会之间，有别于实体社会中的各种社会关系。

　　《电子商务法》的基本原则是电子商务立法、司法、执行、解释及研究的基本准则，是所有电子商务主体应遵循的行为准则。我国《电子商务法》的基本原则包括：平等、自愿、公平、诚信等原则。为适应电子商务的迅猛发展，各国际组织，以及一些主要的国家制定了相应的电子商务法律法规，对电子商务活动进行规范调整。我国于2018年8月31日通过了《中华人民共和国电子商务法》，使电子商务活动有法可依。

1. **单项选择题**

（1）电子商务法的调整对象是（　　）。
　　A．电子商务交易活动
　　B．电子商务交易活动中发生的各种社会关系
　　C．电子商务交易流程
　　D．电子商务交易模式

（2）《电子商务示范法》是由（　　）于1996年通过的。
　　A．联合国国际贸易法委员会
　　B．国际商会
　　C．欧盟贸易法委员会
　　D．美国贸易法委员会

（3）下列属于我国基本法律的电子商务法律法规的是（　　）。
　　A．《计算机软件保护条例》
　　B．《中华人民共和国电子签名法》
　　C．《网上证券委托暂行管理办法》
　　D．《网上银行业务管理暂行办法》

（4）犹他州于1995年颁布的（　　），是美国乃至全世界范围的第一部全面确立电子商务运行规范的法律文件。
　　A．《数字签名法》
　　B．《电子商务示范法》
　　C．《电子商务安全法》
　　D．《金融机构数字签名法》

（5）1998年，澳大利亚颁布了（　　），确定信息私权利保护原则。

A.《私权利保护法》

B.《数字签名法》

C.《电子商务安全法》

D.《电子商务示范法》

2．多项选择题

（1）电子证据一般包括（　　）。

　　A．电子邮件（E-mail）

　　B．电子公告（BBS）

　　C．电子数据交换（EDI）

　　D．电子签名（E-signature）

（2）电子商务法具有（　　）特征。

　　A．程式性

　　B．技术性

　　C．开放性

　　D．复合性

（3）电子商务法的基本原则包括（　　）。

　　A．中立原则

　　B．自治原则

　　C．安全原则

　　D．功能等同原则

（4）电子商务法的基本原则之一是中立原则，要达到各方利益的平衡，实现公平的目标，就必须要做到（　　）。

　　A．技术中立

　　B．媒介中立

　　C．实施中立

　　D．同等保护

（5）世界贸易组织（WTO）于 1997 年达成（　　）3 个协议，为电子商务和信息技术的稳步有序发展奠定了基础。

　　A．《全球基础电信协议》

　　B．《信息技术协议》

　　C．《开放全球金融服务市场协议》

　　D．《计算机软件保护协议》

3．分析题

（1）分析《电子商务法》的内涵与调整对象。

（2）分析我国《电子商务法》的亮点。

电子商务经营主体法律制度

本章重点/难点

电子商务经营主体分类;电子商务经营者登记管理;电子商务平台经营者义务与法律责任;电子商务平台内经营者与电子商务平台经营者的关系。

本章导图

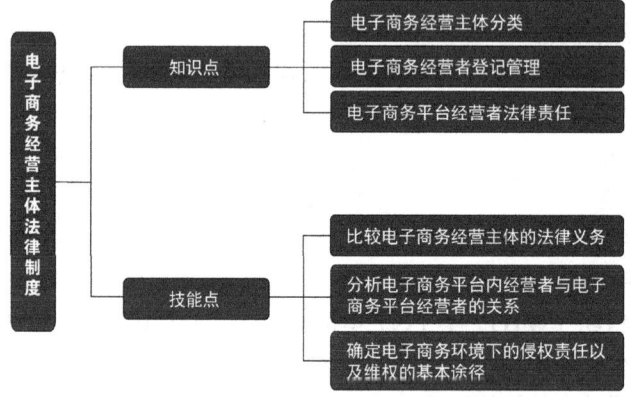

引例

我国电子商务立法规定,电子商务经营主体应当依法办理工商登记,依法履行纳税义务,但依法无须取得许可的以个人技能提供劳务、家庭手工业、农产品自产自销,以及依照法律法规不需要进行工商登记的除外。登记纳税是否会影响电商发展?

引例分析

社会各界关于电子商务经营主体是否应当办理工商登记的争论由来已久。为促进网络经济发展,经权衡利弊,2014年3月15日起正式施行的《网络交易管理办法》规定,允许自然人不经工商登记开设网店。随着电子商务产业的快速发展,数额庞大的自然人网店在促进大众创业的同时,也出现销售假冒伪劣商品、侵犯消费者合法权益、逃避法律制裁等众多乱象。

　　监管部门因无法掌握自然人网店相关信息，即使发现违法行为也难以落地查处，此外只有经工商登记的市场主体才被纳入工商部门年报、"双随机"抽查等监管体系。一些已办理工商登记的企业网店为了逃避监管和缴税义务，以自然人名义开展经营，甚至催生开设自然人网店虚假认证产业链，自然人网店违法行为长期得不到有效治理。一些诚实守信、优质经营的自然人网店期待在公平、合理规则的激励下升级为企业，谋求更大发展；线下市场主体要求公平竞争、市场准入规则统一的呼声也越来越高。电子商务立法的上述规定正是在充分征求各方意见和广泛调研的基础上最终确定的。

　　登记、纳税会不会影响电商发展？"线上不是特区，没有特权，不登记就是无证无照经营。"北京大学法学院副院长薛军指出，"任何人只要具有经营者的行为，都要进行工商登记，这是基本义务。"纳税也是相同道理，这也是线上线下公平竞争的要求。对电商要求工商登记并纳税是必需的，否则不仅会产生税收缴纳漏洞，还会严重损害消费者权益，因为《消费者权益保护法》规定的惩罚与赔偿，都建立在一方是消费者而另一方是经营者的基础上。对此，京东集团副总裁蔡磊认为，所有公民都有依法纳税义务，从事网络经营，不进行登记是不对的，京东、天猫进行工商登记，关键是落实到位，现在很多B商家伪装成C商家进行交易，名义上是个人，实际上是小商家，没有登记，成为一大问题。电子商务经营主体应当依法办理工商登记，这一规定将有利于防止假冒伪劣，保护知识产权，鼓励和保护创新，从而建立更加公平的商业竞争环境和市场秩序。

第1节　电子商务经营主体的一般规定

2.1.1　电子商务经营主体的内涵

　　电子商务就其本质来说，是一种特殊的商事行为。从法律的角度看，电子商务经营主体是电子商务法律关系的构成要素之一，主要是指为电子商务提供经营活动和平台服务的一方。电子商务经营主体在网络环境下具有以下特征。

1. 虚拟性

　　与传统的商事活动主体相比，电子商务经营主体因网络应用而具有了一定的虚拟性，虽然双方最终交易仍然具有现实性，但与传统的商事活动在行为方式上已经存在差别，法律对于初步判断其真实经营能力，以及对各交易环节的控制都更为困难。

2. 多方性

　　不同于传统的商事行为，电子商务经营主体还包括其他的参与主体，如网络平台服务机构、建设团队、管理机构，以及其他对电子商务环境有着积极影响的一方。各方责任承担的认定存在错综复杂的关系。

3. 发展性

　　电子商务是一个开放的系统，随着科学技术的发展，网络技术不断推进，对电子商务的运作方式将产生重要的影响，因此也将会有更多的主体参与到电子商务法律关系中来，使得电子商务经营主体不断扩展。

因此，电子商务主体和传统民事主体有一定联系，也有一定的区别。从关联性方面来看，任何一个电子商务主体均与传统线下市场主体具有唯一的对应关系，线上与线下经营的公司并非两个民事主体，而是同一民事主体，它们之间的法律主体存在一定的捆绑关系。由此，电子商务主体并非真正虚拟，而是线下民事主体在电子商务环境下的另一种法律身份，电子商务主体在从事电子商务经营活动时，同样是以线下民事主体的名义享受权利和承担义务。实践中对电子商务主体的注册登记和注销登记，以及对主体经营行为的日常监管采取相应法律手段强制其退出市场，规范与传统民事法律主体的关系，直至限制其再次进入电子商务交易市场获得主体资格。在交易过程中防止对线上市场主体或线下市场主体中的一方给予歧视性待遇，防止线上或线下的经营主体一方获得法律或政策上的竞争优势，导致网络经济与实体经济发展不均衡甚至畸形，不利于整个市场持续稳定的运行和发展。

另外，电子商务主体与线下商事主体存在着区别。根据我国电子商务交易市场规则的法律操作程序，电子商务主体与传统线下市场主体有所不同，线下商务主体，如独资企业、合伙企业、公司等，一定可以成为电子商务主体，只要其具备法定条件并经法定程序就可以成为电子商务主体。但是，电子商务主体不一定是线下的商事主体。这主要是指自然人，自然人只要从事电子商务活动并符合法定条件，也可以成为电子商务主体，具有在线上进行经营活动的能力和资格。但在线下传统市场上，自然人却不是商事主体，没有经营资格和能力，其只能以个体工商户的身份进行经营活动。

2.1.2 电子商务经营主体的分类

1. 电子商务交易模式

在电子商务活动中，按照不同的交易主体，电子商务可以分为 B2B（企业对企业）、B2C（企业对消费者）、B2G（企业对政府）、C2C（消费者对消费者）等不同类型的交易模式，对不同主体之间的商事活动进行管制的法律规则也并不完全相同。

（1）企业与企业之间（B2B）的电子商务模式。B2B 电子商务模式，以生产、筹措、商务支援综合管理系统和信息资料互换为基础，组件并运用数据库和交换系统，以推动供应商、代理商、经销商和厂商的资源优化，实现企业业务的合理化和有效消减交易费用降低成本。B2B 电子商务模式的应用领域主要集中于整合企业上下游客户关系上，发展前提是企业内部和外部业务信息管理和网络传输的系统化和实用化。

（2）企业与消费者之间（B2C）的电子商务模式。B2C 电子商务模式，类似于联机服务中的商品买卖，等同于电子化的零售。它是随着万维网（WWW）的出现迅速发展起来的电子商务模式，是利用计算机网络上消费者直接参与经济活动的高级形式，如提供从图书、报刊、鲜花到计算机、汽车等各种商品服务。

B2C 电子商务模式，在美国以亚马逊网上商店为代表，在我国有当当网上书店等。目前，国内及国外的企业共同存在着配送问题，无论是自己建立配送队伍还是请专业配送公司来服务，都会增加运营成本，极大地制约了 B2C 电子商务模式的发展。B2C 电子商务模式的应用领域主要是以零售业和服务业为主营的企业，发展前提取决于消费者家庭计算机化和社区团体网络信息化，此外需要卖方虚拟购物空间和在线支付结算实用化，最大特征是以市场竞争为底蕴的商品及服务的竞买和拍卖。

(3) 企业与政府之间（B2G）的电子商务模式。B2G 电子商务模式，是企业与政府之间各种各样的事务在网络上的具体实现。涵盖的内容很多，如政府网上采购、网上催税纳税、商品检验、海关及相关政策法规条例的颁布通过等。B2G 电子商务模式发展的前提是政府办公自动化和企业管理信息化及银行业务结算实用化，其最大特征是政府的双重角色，既是电子商务的消费者（如政府网上采购属商业行为），又是宏观管理的执行者，对电子商务起着引导、扶持和规范的重要作用。政府利用自己的行为可以大力促进电子商务的发展，同时也带动了政府办公职能业务的高效规范及电子信息化。

(4) 消费者与消费者之间（C2C）的电子商务模式。C2C 电子商务模式，是消费者与消费者之间的串货交易或各种服务活动在网络上的具体实现。涵盖的内容主要有网上拍卖、旧货交易、网上猎头、换房服务、邮票交易、收藏品交易等。在美国，以 eBay 为代表，在我国开展 C2C 电子商务的网站以淘宝、易趣等为代表。

2. 电子商务经营主体类别

民事法律关系的主体，即民法上的"人"，包括自然人、法人和非法人组织。我国电子商务立法，由于电子商务第三方平台的存在，曾经区分了两种不同类型的电子商务经营主体：一般主体，即"电子商务经营者"；特殊主体，即"电子商务第三方平台"。之所以采取这种划分，主要目的在于突出电子商务第三方平台作为一种主体所具有的特殊性。《电子商务法》正式通过后，电子商务经营主体统一称为电子商务经营者，并区分为三类主体：电子商务平台经营者、平台内经营者、其他电子商务经营者。

电子商务经营者，是指通过互联网等信息网络从事销售商品或者提供服务的经营活动的自然人、法人和非法人组织。

电子商务平台经营者，是指在电子商务中为交易双方或者多方提供网络经营场所、交易撮合、信息发布等服务，供交易双方或者多方独立开展交易活动的法人或者非法人组织。国家工商行政管理总局的《网络交易管理办法》将其定义为：是指在网络商品交易活动中为交易双方或者多方提供网页空间、虚拟经营场所、交易规则、交易撮合、信息发布等服务，供交易双方或者多方独立开展交易活动的信息网络系统，并经工商行政管理部门登记注册并领取营业执照的企业法人。它将电子商务平台经营者的主体范围扩展到了非法人组织，主要包括个人独资企业、合伙企业、不具有法人资格的专业服务机构等。

电子商务平台经营者具有以下特点：① 独立性。不是买家也不是卖家，而是作为交易的平台，像实体买卖中的交易市场。② 依托网络。电子商务平台经营者是随着电子商务的发展而出现的，和电子商务一样，它必须依托于网络才能发挥作用。③ 专业化。作为服务平台，电子商务平台经营者需要更加专业的技术，包括在订单管理、支付安全、物流管理等方面能够为买卖双方提供安全便捷的服务。

平台内经营者，是指通过电子商务平台销售商品或者提供服务的电子商务经营者。

其他电子商务经营者，是指通过自建网站、其他网络服务销售商品或者提供服务的电子商务经营者。

 想一想

电子商务平台经营者与平台内经营者的主体范围有什么不同？

2.1.3 电子商务经营者的法律义务

电子商务经营者销售商品或者提供服务应当符合法律、行政法规的规定。法律、行政法规禁止交易的商品或者服务，电子商务经营者不得销售或者提供。

电子商务经营者应当依法履行纳税义务，并有依照专门税收法律规定享受税收优惠的权利。依照电子商务法规定不需要办理市场主体登记的电子商务经营者在首次纳税义务发生后，应当依照税收征收管理法律、行政法规的规定申请办理税务登记，并如实申报纳税。

电子商务经营者销售商品或者提供服务应当出具纸质发票或者电子发票。电子发票与纸质发票具有同等法律效力。

电子商务经营者应当依法从事经营活动。需要取得相关行政许可的，应当依法取得行政许可。电子商务经营者应当在首页显著位置，持续公示营业执照信息、与其经营业务有关的行政许可信息、属于依照电子商务法规定的不需要办理市场主体登记情形等信息，或者上述信息的链接标识。上述规定的信息发生变更的，电子商务经营者应当及时更新公示信息。

电子商务经营者自行终止从事电子商务活动的，应当提前 30 日在首页显著位置持续公示有关信息，并采取必要措施保障消费者的合法权益。

电子商务经营者应当全面、真实、准确、及时地披露商品或者服务信息，保障消费者的知情权和选择权。电子商务经营者不得以虚构交易、编造用户评价等方式进行虚假或者引人误解的商业宣传，欺骗、误导消费者。

电子商务经营者根据消费者的兴趣爱好、消费习惯等特征向其提供商品或者服务的搜索结果的，应当同时向该消费者提供不针对其个人特征的选项，尊重和平等保护消费者合法权益。电子商务经营者向消费者发送广告的，应当遵守《中华人民共和国广告法》的有关规定。

电子商务经营者搭售商品或者服务，应当以显著方式提请消费者注意，不得将搭售商品或者服务作为默认同意的选项。

电子商务经营者应当按照承诺或者与消费者约定的方式、时限向消费者交付商品或者服务，并承担商品运输中的风险和责任。但是，消费者另行选择快递物流服务提供者的除外。

电子商务经营者按照约定向消费者收取押金的，应当明示押金退还的方式、程序，不得对押金退还设置不合理条件。消费者申请退还押金，符合押金退还条件的，电子商务经营者应当及时退还。

电子商务经营者因其技术优势、用户数量、对相关行业的控制能力以及其他经营者对该电子商务经营者在交易上的依赖程度等因素而具有市场支配地位的，不得滥用市场支配地位，排除、限制竞争。

电子商务经营者收集、使用其用户的个人信息，应当遵守法律、行政法规有关个人信息保护的规定。电子商务经营者应当明示用户信息查询、更正、删除以及用户注销的方式、程序，不得对用户信息查询、更正、删除以及用户注销设置不合理条件。电子商务经营者收到用户信息查询或者更正、删除申请的，应当在核实身份后及时提供查询或者更正、删除用户信息。用户注销的，电子商务经营者应当立即删除该用户的信息；依照法律、行政法规的规定或者双方约定保存的，依照其规定。

第2节 电子商务平台内经营者

2.2.1 电子商务经营者登记管理

根据《电子商务法》规定，电子商务经营者应当依法办理工商登记。但是，个人销售自产农副产品、家庭手工业产品，个人利用自己的技能从事依法无须取得许可的便民劳务活动和零星小额交易活动，以及依照法律、行政法规不需要进行登记的除外。自然人通过电子商务平台从事电子商务活动的，应当向电子商务平台提交其姓名、地址、身份证明、联系方式等真实信息。

对于普通的电子商务经营者，特别是那些入驻电子商务交易平台的经营者而言，电子商务需要处理的核心问题是其身份如何界定，是否应该建立相应的主体身份管理制度。对于这一问题，电子商务法采纳的做法是电子商务经营者应当依法办理工商登记。但是一些特定类型的经营主体，如以个人技能提供劳务、家庭手工业、农产品自产自销、零星小额交易活动，以及依照法律法规不需要进行工商登记的可以免予登记。对于不具有经营者身份的自然人在网络上从事偶然性的货物买卖、服务提供或者分享的行为，由于不具有经营性的特征，自然也不需要专门进行工商登记。在这种情况下，电子商务平台完成相应的信息收集工作即可。

对于自然人从事电子商务活动，也就是自然人网店问题，实践中存在较大争议。有人认为，无论是自然人还是非自然人的组织体，只要其行为特征表现出经营性的特征，从事的是持续性的、经营性的活动，进行工商登记就是其应该履行的基本义务。要求电子商务经营者与普通的线下经营者承担同样的办理工商登记的义务，也体现了线上线下平等原则。也有观点认为，自然人网店不需要进行登记，应该依托于第三方平台的主体信息收集和审核制度来解决平台内经营者的身份确认问题。但相关的工作由第三方平台来完成，存在一些难以克服的制度弊端。例如，平台是利益相关方，其是否认真履行主体信息核查义务；平台方是否会将其掌握的所有平台内经营的信息，都提供给相应的主管部门等，需要出台相关的实施细则加以完善。

电子商务经营者工商登记制度的确立，符合我国工商制度改革的发展趋势，也与市场监管职能履行的内在要求相一致。要求电子商务经营者进行工商登记，不能被理解是一个新的准入制度，而是从事经营行为主体的一项应该履行的基本法律义务。但同时也需要注意，电子商务的内在要求是高效化、电子化、无纸化、在线化，这就要求工商部门在工商登记的便利化、电子化、在线化等方面做出相应的跟进，只有这样才能适应网络时代的要求。

想一想

在微信朋友圈卖东西需要进行工商登记吗?

2.2.2 电子商务平台经营者与平台内经营者的关系

电子商务平台包括自建平台和第三方平台,电子商务法将其统称为电子商务平台经营者。对于企业来说,可以自己搭建电子商务平台,然后在这个平台销售本企业的产品,如华为商场、苏宁易购等。电子商务第三方平台,则是独立于电子商务经营者(卖家)和消费者(买家)而存在的一方,如淘宝、天猫、京东等电商平台,交易平台既不属于卖家也不属于买家,主要为交易双方或者多方提供网页空间、虚拟经营场所、交易撮合、信息发布等服务,供交易双方或者多方独立开展交易活动。即电子商务第三方平台不直接参与电子商务经营者与消费者之间的交易,只是提供了一个交易的平台。

电子商务平台经营者对平台内经营者的管理与引导主要包括以下几个方面。

1. 站内经营者注册

(1)通过电子商务平台从事商品交易及有关服务行为的自然人,需要向平台经营者提出申请,提交身份证明文件或营业执照、经营地址及联系方式等必要信息。

(2)通过电子商务平台从事商品交易及有关服务行为的法人和其他组织,需要向平台经营者提出申请,提交营业执照或其他获准经营的证明文件、经营地址及联系方式等必要信息。

(3)电子商务平台应当核验站内经营者的营业执照、税务登记证和各类经营许可证。

(4)电子商务平台应当每年定期对实名注册的站内经营者的注册信息进行验证,对无法验证的站内经营者应予以注明。

(5)电子商务平台应当加强提示,督促站内经营者履行有关法律规定和市场管理制度,增强诚信服务、文明经商的服务意识,倡导良好的经营作风和商业道德。

2. 进场经营合同的规范指导

电子商务平台在与平台内经营者订立进场经营合同时,应当依法约定双方规范经营的有关权利义务、违约责任及纠纷解决方式。该合同应当包含下列必备条款。

(1)电子商务平台与平台内经营者在网络商品交易及有关服务行为中不得损害国家利益和公众利益,不得损害消费者的合法权益。

(2)平台内经营者必须遵守诚实守信的基本原则,严格自律,维护国家利益,承担社会责任,公平、公正、健康有序地开展网上交易,不得利用网上交易从事违法犯罪活动。

(3)平台内经营者应当注意监督用户发布的信息,依法删除违反国家规定的信息,防范和减少垃圾邮件。

(4)平台内经营者应当建立市场交易纠纷调解处理的有关制度,并在提供服务网店的显著位置公布纠纷处理机构及联系方式。

3. 平台内经营者的行为规范

电子商务平台应当通过合同或其他方式要求平台内经营者遵守以下规范，督促平台内经营者建立和实行各类商品信誉制度，方便消费者监督和投诉。

（1）平台内经营者应合法经营，不得销售不符合国家标准或有毒有害的商品。对涉及违法经营的可以暂停或终止其交易。

（2）对涉及违法经营或侵犯消费者权益的，平台内经营者可以按照事先公布的程序在平台上进行公示。

（3）平台内经营者应在停止经营或撤柜前的合理时间内告知电子商务第三方平台，并配合处理好涉及消费者或第三方的事务。

（4）平台内经营者应主动配合电子商务第三方平台就消费者投诉进行调查和协调。

第 3 节　电子商务平台经营者

2.3.1　电子商务平台的设立

根据规定，电子商务平台经营者的主体范围包括法人或者其他组织，其他组织即非法人组织。非法人组织是不具有法人资格，但能够依法以自己的名义从事民事活动的组织，包括个人独资企业、合伙企业、不具有法人资格的专业服务机构等。法人、非法人组织都应当依照法律的规定登记。电子商务第三方平台的设立条件，除了需要符合法人、非法人组织法律规定的一般设立条件外，还得具备电子商务平台自身的特定条件。

1. 设立条件

电子商务平台的设立应当符合下列条件：

（1）有与从事的业务和规模相适应的硬件设施；

（2）有保障交易正常运营的计算机信息系统和安全环境；

（3）有与交易平台经营规模相适应的管理人员、技术人员和客户服务人员；

（4）符合《中华人民共和国电信条例》《互联网信息服务管理办法》《网络交易管理办法》《电子认证服务管理办法》等法律、法规和规章规定的其他条件。

2. 市场准入和行政许可

电子商务平台应当依法办理工商登记注册；涉及行政许可的，应当取得主管部门的行政许可。

2.3.2　电子商务平台经营者的义务

1. 对经营者的信息审查登记义务

电子商务平台经营者应当要求申请进入平台销售商品或者提供服务的经营者提交其身份、地址、联系方式、行政许可等真实信息，进行核验、登记，建立登记档案，并定期核验更新。电子商务平台经营者为进入平台销售商品或者提供服务的非经营用户提供服务，

应当遵守上述有关规定。电子商务平台经营者发现平台内的商品或者服务信息存在违反电子商务法规定情形的,应当依法采取必要的处置措施,并向有关主管部门报告。

电子商务平台经营者应当按照规定向市场监督管理部门报送平台内经营者的身份信息,提示未办理市场主体登记的经营者依法办理登记,并配合市场监督管理部门,针对电子商务的特点,为应当办理市场主体登记的经营者办理登记提供便利。电子商务平台经营者应当依照税收征收管理法律、行政法规的规定,向税务部门报送平台内经营者的身份信息和与纳税有关的信息,并应当提示依照电子商务法规定不需要办理市场主体登记的电子商务经营者依照相关规定办理税务登记。

对于自建平台、电子商务第三方平台在其平台上开展商品或者服务自营业务的,应当实行业务隔离原则,将平台服务与站内经营业务分开,并以显著方式区分标记自营业务和平台内经营者开展的经营业务,不得误导消费者。

2. 制定平台服务协议和交易规则义务

电子商务平台经营者应当遵循公开、公平、公正的原则,制定平台服务协议和交易规则,明确进入和退出平台、商品和服务质量保障、消费者权益保护、个人信息保护等方面的权利和义务。电子商务平台经营者应当在其首页显著位置持续公示平台服务协议和交易规则信息或者上述信息的链接标识,并保证经营者和消费者能够便利、完整地阅览和下载。

电子商务平台经营者修改平台服务协议和交易规则,应当在其首页显著位置公开征求意见,采取合理措施确保有关各方能够及时充分表达意见。修改内容应当至少在实施前七日予以公示。平台内经营者不接受修改内容,要求退出平台的,电子商务平台经营者不得阻止,并按照修改前的服务协议和交易规则承担相关责任。

电子商务平台经营者不得利用服务协议、交易规则以及技术等手段,对平台内经营者在平台内的交易、交易价格以及与其他经营者的交易等进行不合理限制或者附加不合理条件,或者向平台内经营者收取不合理费用。电子商务平台经营者依据平台服务协议和交易规则对平台内经营者违反法律、法规的行为实施警示、暂停或者终止服务等措施的,应当及时公示。

3. 对平台交易信息的管理义务

电子商务平台经营者应当记录、保存平台上发布的商品和服务信息、交易信息,并确保信息的完整性、保密性、可用性。商品和服务信息、交易信息保存时间自交易完成之日起不少于三年;法律、行政法规另有规定的,依照其规定。电子商务平台经营者应对其平台上的交易信息进行合理谨慎的管理。

(1)在平台上从事经营活动的,应当公布所经营产品的名称、生产者等信息;涉及第三方许可的,还应公布许可证书、认证证书等信息。

(2)网页上显示的商品信息必须真实。对实物(有形)商品,应当从多角度多方位予以展现,不可对商品的颜色、大小、比例等做歪曲或错误的显示;对于存在瑕疵的商品应当给予充分的说明并通过图片显示。发现站内经营者发布违反法律、法规广告的,应及时采取措施制止,必要时可以停止对其提供网上交易平台服务。

(3)投诉人提供的证据能够证明平台内经营者有侵权行为或发布违法信息的,平台经营者应对有关责任人予以警告,停止侵权行为,删除有害信息,并可依照投诉人的请求提供被投诉人注册的身份信息及联系方式。

(4)平台经营者应承担合理谨慎信息审查义务,对明显的侵权或违法信息,依法及时予以删除，并对站内经营者予以警告。

4. 交易秩序安全维护义务

电子商务平台经营者应当采取技术措施和其他必要措施保证其网络安全、稳定运行，防范网络违法犯罪活动，有效应对网络安全事件，保障电子商务交易安全。电子商务平台经营者应当制定网络安全事件应急预案，发生网络安全事件时，应当立即启动应急预案，采取相应的补救措施，并向有关主管部门报告。

电子商务平台经营者应当依照法律规定，为有关部门的执法活动提供技术支持和协助。依据平台服务协议和交易规则对经营者实施警示、暂停或者终止服务等措施的，应当及时公示，并将涉嫌违法的信息报送有关部门。

5. 建立健全信用评价制度义务

电子商务平台经营者应当建立健全信用评价制度，公示信用评价规则，为消费者提供对平台内销售的商品或者提供的服务进行评价的途径。电子商务平台经营者应当根据商品或者服务的价格、销量、信用等以多种方式向消费者显示商品或者服务的搜索结果；对于竞价排名的商品或者服务，应当显著标明"广告"。

2.3.3　电子商务平台经营者的法律责任

知识产权侵权是电子商务平台经营者面临的一个主要法律问题，电子商务平台经营者的法律责任主要体现为知识产权侵权责任。

《侵权责任法》对网络服务提供者的法律责任做了相关规定，网络用户利用网络服务实施侵权行为的，被侵权人有权通知网络服务提供者采取删除、屏蔽、断开链接等必要措施。网络服务提供者接到通知后未及时采取必要措施的，对损害的扩大部分与该网络用户承担连带责任。网络服务提供者知道网络用户利用其网络服务侵害他人民事权益，未采取必要措施的，与该网络用户承担连带责任。

《电子商务法》规定，电子商务平台经营者应当建立知识产权保护规则，与知识产权权利人加强合作，依法保护知识产权。知识产权权利人认为其知识产权受到侵害的，有权通知电子商务平台经营者采取删除、屏蔽、断开链接、终止交易和服务等必要措施。通知应当包括构成侵权的初步证据。电子商务平台经营者接到通知后，应当及时采取必要措施，并将该通知转送平台内经营者；未及时采取必要措施的，对损害的扩大部分与平台内经营者承担连带责任。因通知错误造成平台内经营者损害的，依法承担民事责任。恶意发出错误通知，造成平台内经营者损失的，加倍承担赔偿责任。

平台内经营者接到转送的通知后，可以向电子商务平台经营者提交不存在侵权行为的声明。声明应当包括不存在侵权行为的初步证据。电子商务平台经营者接到声明后，应当将该声明转送发出通知的知识产权权利人，并告知其可以向有关主管部门投诉或者向人民法院起诉。电子商务平台经营者在转送声明到达知识产权权利人后十五日内，未收到权利人已经投诉或者起诉通知的，应当及时终止所采取的措施。电子商务平台经营者应当及时公示收到的上述规定的通知、声明及处理结果。

电子商务平台经营者知道或者应当知道平台内经营者侵犯知识产权的，应当采取删除、屏蔽、断开链接、终止交易和服务等必要措施；未采取必要措施的，与侵权人承担连带责任。

案例

原告昆山定制幸福贸易公司于2016年11月15日向法院诉称，原告通过自行设计和转让取得了拔萝卜、可爱娃娃装饰贴、娃娃系列学习贴、紫色蒲公英、恐龙乐园、非洲菊、小鹿一家、蒲公英作品的著作权，为上述作品的著作权人或专有授权人，拥有完整的诉权。被告义乌桂海工艺品厂未取得原告许可，擅自通过被告杭州阿里巴巴广告有限公司的"www.1688.com"网络平台大量销售侵犯原告著作权的八款墙贴产品。原告通过阿里巴巴公司的投诉平台投诉桂海工艺品厂的侵权行为，但阿里巴巴公司仍保持侵权链接，纵容桂海工艺品厂继续经营，扩大了侵权的后果。

2016年5月13日，根据定制幸福贸易公司的申请，在浙江省杭州市东方公证处公证人员的监督下，由申请人的委托代理人吴某操作公证处计算机，进行以下保全证据行为：打开浏览器→输入网址→在网站域名栏中输入"www.1688.com"，打开相应页面→单击"登录"按钮后输入用户名、密码进入主页面→在搜索栏"供应商"处输入"义乌桂海工艺品厂"并打开相应页面→单击【伙拼】桂海墙贴厂家批发9020大象身高尺等10款墙贴PVC可移除"等商品→单击"加入进货单"按钮→单击"去结算"按钮并提交订单→通过支付宝账户支付价款人民币592元（商品价格为568元，运费24元）。上述操作过程均进行了截屏并打印。同年5月16日，公证人员在公证处签收了网购商品，并于6月3日在公证处监督了吴某对网购商品进行拆封、拍照、封存的过程。2016年6月3日，浙江省杭州市东方公证处针对以上公证过程出具了"（2016）浙杭东证字第9058号"公证书。原告请求判令两被告立即停止生产、销售侵犯原告著作权的墙贴产品，并连带赔偿经济损失。

被告阿里巴巴公司提交书面意见答辩称：（一）桂海工艺品厂是涉案店铺的实际经营者。（二）即使桂海工艺品厂被认定侵犯他人知识产权，但要求答辩人停止侵权、承担连带赔偿损失及合理费用，无相应的事实和法律依据：（1）答辩人在收到起诉状后，检查了涉案商品，并及时删除、屏蔽了侵权商品链接。2016年12月7日，浙江省杭州市钱塘公证处应阿里巴巴公司的申请，指派公证员现场监督了阿里巴巴公司的委托代理人刁某操作公证处的计算机，进入"www.1688.com"，经搜索确认涉案的商品信息已不存在。（2）答辩人系提供平台的网络服务商，未实施销售被控侵权商品的行为，未对原告的著作权以任何方式进行使用，同时主观上没有过错，客观上没有明知桂海工艺品厂侵权而未采取任何措施的行为。（3）阿里巴巴公司在《阿里巴巴服务条款》及《阿里巴巴法律声明》中均要求用户同意并承诺不得发布侵犯他人知识产权的商品信息。一方面，答辩人尽到了事前提醒注意义务；另一方面，答辩人尽到了事后的注意义务。综上，答辩人无须承担侵权责任。

 案例分析

关于被告阿里巴巴公司是否应承担侵权责任的问题，法院认为：《中华人民共和国侵权责任法》第三十六条规定"网络用户利用网络服务实施侵权行为的，被侵权人有权通知网络服务提供者采取删除、屏蔽、断开链接等必要措施。网络服务提供者接到通知后未及时

采取必要措施的,对损害的扩大部分与该网络用户承担连带责任。网络服务提供者知道网络用户利用其网络服务侵害他人民事权益,未采取必要措施的,与该网络用户承担连带责任"。本案中,原告并未举证证明阿里巴巴公司存在明知或应知侵权行为存在而不及时采取措施的情形,故阿里巴巴公司不构成共同侵权。有关原告针对阿里巴巴公司提出的诉讼请求,法院不予支持。

(资料来源:杭州市滨江区人民法院(2016)浙0108民初5490号民事判决书)

 想一想

电子商务平台经营者要承担哪些法律责任?

个人网店这类"空白地带"是否征税

2017年3月31日,国家税务总局和全国工商联在北京共同召开了"深化税收改革,助力民营企业发展"的座谈会。座谈会的本意是围绕税收改革展开,刘强东和马云的发言再次引燃电商征税的讨论。

一方希望能公平纳税,减少线上线下不公平的政策;另一方则强调互联网对小微企业的促进作用,隐含的意思是继续给予宽容对待。两方观点在对小微企业上其实并无分歧,电商征税也仅剩部分"空白地带",就看政策何时落地。

线上线下公平对待

刘强东在会上重申,完善网店登记和税收征管制度,维护线上线下公平营商环境。目前在电商平台上,存在着部分企业法人冒充自然人的名义开店,不开发票并瞒报营业收入,以达到漏税的目的。这种线上线下税收不公平的情况,既冲击实体经济,导致实体店从业人员失业,也造成国家税收流失,更破坏了诚信经营、依法纳税的商业基本原则。

刘强东的发言中,除了呼吁促进线上线下公平,也提到了要加强对小微企业适用税收优惠政策的减免力度,宽税基、低税率、严征管,对个人小卖家、个人网店加大税收减免优惠力度,呼吁增值税起征点月销售额从3万元提高到5万元。

有分析指出,京东和阿里在运营模式上的差别导致两者对电商征税有不同的看法。京东以自营业务(属于B2C范畴)为主,而阿里旗下的淘宝多是个人网店(属于C2C范畴),使得两者诉求不同。

中国贸促会研究院国际贸易研究部主任赵萍对《21世纪经济报道》记者表示,一定规模以上的电商或电商平台都进行了工商登记,也在正常纳税。外界提到线上线下不公平,集中在一些电商平台上的C2C,或者假借C2C名义的B2C,这些多表现为个人网店没有进行工商登记,也没有纳税。不过,这些C2C"个人"网店经营规模相当于个体工商户,或者中小型企业。

电商征税的问题由来已久。早在2013年,全国政协委员、苏宁云商董事长张近东就加强对电商征税的提案就引起了热议。苏宁云商同为 B2C 电商，张近东的提案直指淘宝等网站，指出当下电商交易的 90%是以 C2C 的形式从事 B2C 的交易，约一半交易量游离在法律监管之外，导致假冒产品充斥、侵权现象严重等问题，建议加强监管。

电商征税没有技术障碍

线上线下的竞争，以及税收、监管等方面的差别，一直为外界所关注。

2016 年"双 11"当天，在国新办发布会上，商务部原副部长房爱卿回应记者提问时表示，近年来，网络零售发展速度非常快，而实体店的增速又相对放缓，这一快一慢就产生了明显对比。在网购发展初期，线上线下确实存在竞争。但是随着网购的不断发展，这种竞争逐步变成合作、变成融合。线上线下融合发展可以优势互补，是零售业未来的发展方向。

对于税收和监管方面不公平竞争的问题，房爱卿从监管角度给予回应。房爱卿表示，由于电子商务、网购的发展，打破了区域的界限、环节的界限、行业的界限，而传统的监管模式是按属地管理、环节管理、行业管理设计的，对线上企业监管难度大，造成线上线下监管的松严程度确实有一些差别。商务部近几年的一项重点工作就是维护公平竞争、建设法治化的营商环境。

有税务专家对《21 世纪经济报道》记者表示，线上电商与线下实体店销售并无本质区别，"税法"上并没有给电商以优惠政策，按现有政策对电商征税没有政策障碍。

赵萍表示，个人网店即便纳入征税范畴，也是适用比较低的税率，税负成本方面影响不大；主要是差别政策带来的不公平，比如线下同等规模的个体工商户需要进行工商登记，还要进行纳税申报等，但线上个人网店这类都免除了。

对于个人网店这类"空白地带"是否征税呢？

刘强东表示，针对各界关注的电商税收问题，首先应理清对电商征税的模糊认识，正确认识公平税收的作用和意义；其次应尽快完善相关法律法规，明确电商从业者依法办理工商登记注册，明确电商纳税义务，在此基础上，对小微从业者适用有关税收优惠政策。

在 2017 年 3 月 31 日的座谈会上，国税总局局长王军表示，技术上要对小企业征税完全可以做到。但对于小电商，对于新兴业态特别是能带来就业的新业态，在处理征税上要非常慎重，应该更多支持其发展。

2016 年 7 月，时任财政部部长楼继伟表示，数字经济带来了商业活动的复杂性，而数字经济中如很多影子银行是没有征税的，数字经济应该征税但是技术上难度很大。因为这些行业有越来越强大的社会影响力和既得利益，而税收替代不了监管，监管要上去，税收才能上去。监管是基础，没有监管就没有征税。

上述税务专家指出，现在"三证合一"背景下，进行工商登记，数据自然录入税务系统。对线上电商的监管需要更全面、更系统的政策，不单是征税这一个环节。对于纳税申报等管理流程，为了促进电商发展，可以允许限额以下免税等优惠政策。

第 2 章 电子商务经营主体法律制度

寻找电商经营主体

实训目的

通过访问中国电子商务经营网站（如淘宝、京东）的实践，查找相关的电子商务经营者，并能够对不同的经营者进行归类、比较、分析，加深对电子商务经营主体的感性认识。

实训内容与步骤

（1）进入中国电子商务经营网站（如淘宝、京东）。
（2）查询相关电子商务经营者，并进行分类。
（3）对相关的电子商务经营者进行比较和分析。

实训提示

电子商务经营主体主要包括电子商务平台经营者和平台内经营者，通过实践查询，明确电子商务平台经营者与平台内经营者之间的法律关系。

思考与练习

（1）我国电子商务经营主体的分类。
（2）电子商务平台经营者与平台内经营者之间的法律关系。
（3）电子商务平台经营者的义务与法律责任。

《电子商务法》将电子商务经营主体划分为三类：电子商务平台经营者、平台内经营者以及通过自建网站、其他网络服务销售商品或者提供服务的电子商务经营者。之所以采取这种划分，主要目的在于突出电子商务平台经营者作为一种主体所具有的特殊性。电子商务平台经营者的主体除法人外，还包括个人独资企业、合伙企业、不具有法人资格的专业服务机构等非法人组织。

电子商务经营主体应当依法办理工商登记，依法履行纳税义务，但依法无须取得许可的以个人技能提供劳务、家庭手工业、农产品自产自销，以及依照法律法规不需要进行工商登记的除外。

电子商务平台经营者知道或者应当知道平台内经营者侵犯知识产权的,应当采取删除、屏蔽、断开链接、终止交易和服务等必要措施;未采取必要措施的,与侵权人承担连带责任。

同步测试

1. 单项选择题

(1) 下列不能作为电子商务平台经营者的是(   )。

    A. 公司

    B. 法人

    C. 其他组织

    D. 自然人

(2) 电子商务平台经营者的主体范围(   )。

    A. 只能是法人

    B. 只能是自然人

    C. 可以是法人,也可以是其他组织

    D. 可以是法人,也可以是自然人

(3) 电子商务经营主体未在其主页面显著位置公示营业执照信息,以及与其经营业务有关的行政许可信息的,由各级人民政府有关部门责令限期改正,并可处以(   )。

    A. 警告

    B. 罚款

    C. 停止营业

    D. 拘留

(4) 电子商务平台经营者接到知识产权权利人发出的平台内经营者实施知识产权侵权行为通知的,应当(   ),并依法采取必要措施。

    A. 立即断开链接

    B. 停止服务

    C. 立即删除

    D. 及时将该通知转送平台内经营者

(5) 电子商务平台经营者知道或者应当知道平台内经营者侵犯知识产权的,未采取必要措施的,与侵权人承担(   )。

    A. 补充责任

    B. 普通责任

    C. 连带责任

    D. 先行赔付责任

2. 多项选择题

(1) 电子商务经营主体在网络环境下具有(   )。

    A. 虚拟性

    B. 单方性

    C. 多方性

D．发展性

（2）电子商务经营主体除（　　）外，应当依法办理工商登记。

A．以个人技能提供劳务

B．家庭手工业

C．网上开店

D．农产品自产自销

（3）电子商务平台经营者明知平台内电子商务经营者侵犯知识产权的，应当依法采取（　　）等必要措施。

A．删除

B．屏蔽

C．断开链接

D．终止交易和服务

（4）消费者通过电子商务平台购买商品或者接受服务，其合法权益受到损害的，可以向（　　）要求赔偿。

A．商品生产者

B．销售者

C．服务提供者

D．消费者协会

（5）按照电子商务法规定，电子商务经营者包括（　　）。

A．工商管理部门

B．电子商务平台经营者

C．平台内经营者

D．其他电子商务经营者

3．分析题

（1）分析电子商务经营主体的分类及其范围。

（2）分析电子商务平台经营者需要承担法律责任的情形及责任形式。

第 3 章

电子签名与电子认证法律制度

本章重点/难点

数据电文的概念、书面形式；可靠电子签名的构成要件、法律效力；电子认证机构的设立条件、法律责任。

本章导图

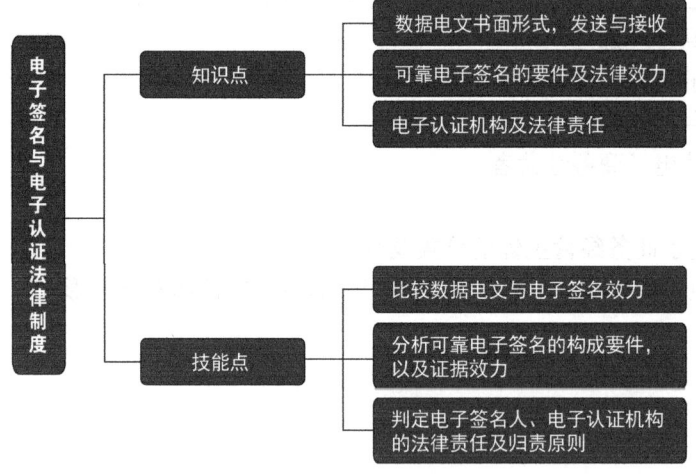

引例

2016 年 2 月，杭州专注公司、如琢公司通过"云合同"第三方电子平台签订《App 开发合同》，如琢公司委托专注公司开发"如琢奢侈品保养 App"，并约定了相应违约责任。该份电子合同的生成是通过第三方电子平台异地签订的，并且双方使用的均是电子签名。如琢公司代表签字处由如琢公司法定代表人方某签字，专注公司代表签字处由专注公司授权代表郭某签字。

2016 年 3 月，如琢公司经过讨论认为这个项目目前还不成熟，于是决定不再继续开发。但专注公司认为他们为项目开发已做了很多前期准备工作，中止合同会造成很大损失，要求如琢公司按照合同约定赔偿违约金。如琢公司表示,他们没有签订正式纸质合同,只是签订了电子合同,电子合同区别于传统的手写签字和加以盖章的合同,不具备真正意义上的法律效力,因此该合同并不是一个成立且具有效力的合同,如琢公司无须根据该份合同承担任何违约金。专注公司、如琢公司双方因此产生争议,遂成本案诉讼。

> **引例分析**
>
> 本案争议的焦点在于专注公司、如琢公司于2016年2月通过"云合同"第三方电子平台以电子签名形式签订的《App开发合同》对双方当事人是否具有法律约束力。
>
> 法院认为,当事人订立合同,有书面形式、口头形式和其他形式。书面形式是指合同书、信件和数据电文(包括电报、电传、传真、电子数据交换和电子邮件)等可以有形地表现所载内容的形式。本案中,如琢公司法定代表人方某和专注公司授权代表郭某通过电子方式在《App开发合同》上签字,加盖双方公司云合同专用章,可以认定合同内容系双方当事人真实意思表示,不违反相关法律规定,对双方当事人应当具有法律约束力。如琢公司辩称双方没有当面签订纸质合同,而是在异地通过第三方电子平台签订了电子合同,故不认可合同的效力。法院认为,《App开发合同》并未明确合同必须采用纸质合同形式,故法院对如琢公司的辩称主张不予认可,专注公司、如琢公司双方应按照《App开发合同》的约定履行各自的义务,如琢公司应按合同约定支付专注公司违约金。
>
> (资料来源:杭州市中级人民法院(2016)浙01民终3832号民事判决书)

第 1 节 数据电文

3.1.1 数据电文概述

数据电文又称电子信息、电子通信、电子数据、电子记录、电子文件等,一般是指通过电子手段形成的各种信息。"数据电文"一词最早在国际法律文件中出现是在1986年联合国欧洲经济委员会和国际标准化组织共同制定的《行政、商业和运输电子数据交换规则》。该规则规定,贸易数据电文是指当事人之间为缔结或履行贸易交易而交换的贸易数据。1996年,联合国《电子商务示范法》采用了这一概念。该法规定中,"数据电文"是指经由电子手段、光学手段或者类似手段生成、储存或者传递的信息,这些手段包括但不限于电子数据交换、电子邮件、电报、电传或者传真。各国电子签名法或电子商务法也对数据电文作了类似的规定。例如美国的《国际国内商务电子签名法》规定,"电子记录"是指由电子手段创制、生成、发送、传输、接收或者储存的合同或其他记录;韩国的《电子商务基本法》规定,"电子信息"是指以使用包括计算机在内的电子数据处理设备的电子或类似手段生成、发送、接收或者储存的信息。"EDI"也属于数据电文,双方通过一个账号的密码登录这个平台,获取数据。

关于数据电文,我国《合同法》将其作为合同的一种书面形式,包括电报、电传、传

真、电子数据交换和电子邮件。我国《电子签名法》则将数据电文定义为以电子、光学、磁或者类似手段生成、发送、接收或者储存的信息。根据该规定，数据电文的概念包含两层意思：第一，数据电文使用的是电子、光学、磁手段或者其他具有类似功能的手段；第二，数据电文的实质是各种形式的信息。

从数据电文的概念可以看出，数据电文并不仅限于通信方面，还应包括计算机产生的并非用于通信的记录。此外，所谓类似手段，并不仅指现有的通信技术，而且包括未来可预料的各种技术。数据电文定义的目的是要包括所有以无纸形式生成、储存或传输的各类电文。为此，所有信息的通信与储存方式，只要可用于实现与定义内所列举的方式相同的功能，都应当包括在类似手段中。

3.1.2 数据电文书面形式

1．书面形式的法律规定

我国《合同法》将书面形式定义为合同书、信件和数据电文（包括电报、电传、传真、电子数据交换和电子邮件）等可以有形地表现所载内容的形式。我国《电子签名法》则规定，能够有形地表现所载内容，并可以随时调取查用的数据电文，视为符合法律法规要求的书面形式，即数据电文的书面形式要具有可读性与固定性。与《合同法》关于"书面形式"的规定相比，《电子签名法》增加了"可以随时调取查用"的要求。

2．数据电文的原件形式

视为满足法律法规规定的原件形式要求的数据电文，必须符合下列条件：① 能够有效地表现所载内容并可供随时调取查用；② 能够可靠地保证自最终形成时起，内容保持完整、未被更改。但是，在数据电文上增加背书以及数据交换、储存和显示过程中发生的形式变化不影响数据电文的完整性。

视为满足法律法规规定的文件保存要求的数据电文，必须符合下列条件：① 能够有效地表现所载内容并可供随时调取查用；② 数据电文的格式与其生成、发送或者接收时的格式相同，或者格式不相同但是能够准确表现原来生成、发送或者接收的内容；③ 能够识别数据电文的发件人、收件人及发送、接收的时间。

3．数据电文的证据效力

我国《民事诉讼法》将电子数据作为证据的有效形式之一，《最高人民法院关于适用〈中华人民共和国民事诉讼法〉的解释》规定，电子数据是指通过电子邮件、电子数据交换、网上聊天记录、博客、微博客、手机短信、电子签名、域名等形成或者存储在电子介质中的信息。

数据电文可以作为证据使用。我国《电子签名法》规定，数据电文不得仅因为其是以电子、光学、磁或者类似手段生成、发送、接收或者储存的而被拒绝作为证据使用。审查数据电文作为证据的真实性，应当考虑以下因素：① 生成、储存或者传递数据电文方法的可靠性；② 保持内容完整性方法的可靠性；③ 用以鉴别发件人方法的可靠性；④ 其他相关因素。

本条法规通过否定的形式肯定了数据电文的证据地位，从而消除了这一不确定性。用否定陈述的方式，表明裁判活动中，不得仅仅以所提供的证据是数据电文为由而否定其证据地位。但这并不意味着，在具体的个案中，以数据电文形式提出的证据就是认定事实的根据。根据证据学的一般理论，任何证据材料要作为认定事实的根据，必须具有三个特性：客观性、与待证事实的关联性及其合法性。

想一想

在民事诉讼中，数据电文可以单独作为证据使用吗？其证明效力如何？

案例

2016 年 6 月 7 日，应某与万茂公司签订《房屋预订协议书》1 份，约定：一、应某向万茂公司预订坐落于平湖市××省道北侧××路东侧××家园××单元××室房屋，订购房屋预测建筑面积为 89.73 平方米，单价 4 538 元/平方米，房屋总价 407 195 元；二、在本协议签订之日，应某一次性支付购房定金 10 000 元；三、付款方式及违约责任：应某以按揭贷款方式付款，在 2016 年 6 月 14 日前应某付至总房款的 30%（含购房定金款额），并与万茂公司签订《商品房买卖合同》，余款由应某办理银行按揭贷款，在 2016 年 6 月 14 日前办理银行按揭贷款手续，如应某不符合银行按揭贷款条件，应某必须以现金形式一次性付清房款，但未约定具体付款期限。应某如不能按时付清余款，即认为应某违约，万茂公司有权将以上预订房屋出售给他人，应某不得有异议；同时，应某已交购房定金作为违约金归万茂公司所有。该条款后备注：(1) 应某与万茂公司签订《商品房买卖合同》后，本《房屋预订协议书》自动作废；(2) 万茂公司如将以上应某订购房屋另售他人，则退还应某已付房款（含购房定金款额，不计息），并支付应某已付房款定金等额的违约金。签订该《房屋预订协议书》的万茂公司一方由万茂公司单位盖章及谢某作为该公司的代表签名。应某当天向万茂公司支付了上述房屋的购房定金 10 000 元。

从 2016 年 6 月 26 日起，应某与谢某通过手机短信多次联系，内容为：2016 年 6 月 26 日，应某要求下周前来办理房产手续，谢某答复可以；2016 年 7 月 19 日，应某提出因女儿出国不在上海，要求下月前来办理手续，谢某答复时间太长了，要求应某尽量早点过来；2016 年 8 月 27 日，应某提出下周是否可以来办理房产手续，谢某答复可以。

2016 年 9 月初，万茂公司单方解除了与应某的《房屋预订协议书》，将房屋另售他人。应某认为与万茂公司代表谢某联系顺延购房手续办理时间，万茂公司同意顺延。万茂公司在同意应某顺延办理购房手续的情况下，又将房屋出售给他人，明显违约，故向法院起诉要求：(1) 万茂公司退还应某已付房屋定金 10 000 元；(2) 万茂公司支付应某已付房款定金等额的违约金 10 000 元。

万茂公司辩称：一、应某未按照协议约定的时间付款及与万茂公司订立《商品房买卖合同》，故应某存在违约行为；二、应某虽然提供了其与谢某的往来短信，但该手机短信的真实性无法确认，与待证事实没有关联性。另外，谢某不能代表万茂公司，不能仅凭该短信就认定万茂公司与应某之间对付款及签订《商品房买卖合同》的时间一直在顺延的事实。

一审另查明，应某在万茂公司取得的谢某的名片，记载谢某为万茂公司的置业顾问，其手机号码为 182×××4972。

电子商务法律法规

 **案例分析**

关于上述《房屋预订协议书》中约定的 2016 年 6 月 14 日支付购房款及签订《商品房买卖合同》的时间,是否双方已通过手机短信形式变更协议内容并约定延长履行协议的时间,是本案的争议焦点。

一审法院认为,(1) 谢某系万茂公司的置业顾问,应某与万茂公司签订的《房屋预订协议书》也系由谢某代表万茂公司签订,应某有理由相信其有权代表万茂公司做出对协议履行时间变更的约定;(2) 谢某在短信中答复应某尽快前来办理购房手续及可以前来办理购房手续,从未有与应某解除协议的意思表示;(3) 虽然应某第一次与谢某联系的时间已超过了协议约定的 2016 年 6 月 14 日,但谢某并未提出异议,并且直至 2016 年 8 月 27 日仍同意应某前来办理购房手续,且未限制应某前来办理手续的时间;(4) 万茂公司认为已由其他员工于 2016 年 6 月 20 日通过电话向应某告知尽快前来办理购房手续,否则房屋要出售他人并且不退定金,说明万茂公司直至该日也未解除与应某的协议,并同意办理购房手续的时间可以不按照《房屋预订协议书》的约定。

综上,谢某与应某之间关于办理购房手续时间的联系,系其代表万茂公司的职务行为,所产生的相应法律后果应由万茂公司承担,根据双方的约定,关于付款及签订《商品房买卖合同》的时间一直在顺延。双方所签订的《房屋预订协议书》备注第(2)项约定的违约责任条款有效。故判决:万茂公司于判决生效后十日内退还应某购房定金 10 000 元,并支付违约金 10 000 元,合计 20 000 元。

二审法院进一步认定,《最高人民法院关于适用〈中华人民共和国民事诉讼法〉的解释》第 116 条规定,电子数据是指通过电子邮件、电子数据交换、网上聊天记录、博客、微博客、手机短信、电子签名、域名等形成或者存储在电子介质中的信息。本案中,应某提供了其与谢某之间的手机短信,万茂公司对该证据虽有异议,但其未能提供相反证据予以反驳,故一审法院对该证据予以认定正确。因此,一审认定万茂公司与应某之间关于付款及签订《商品房买卖合同》的时间一直在顺延,依法有据。判决驳回上诉,维持原判。

(资料来源:嘉兴市中级人民法院(2017)浙 04 民终 122 号民事判决书)

3.1.3 数据电文发送与接收

数据电文发送与接收的时间十分重要,直接影响了权利义务和法律责任。数据电文发送与接收的地点,关系到诉讼管辖地的确立。我国《电子签名法》对数据电文的发送与接收做了较为详细的规定。除当事人另有约定外,数据电文有下列情形之一的,视为发件人发送:① 经发件人授权发送的;② 发件人的信息系统自动发送的;③ 收件人按照发件人认可的方法对数据电文进行验证后结果相符的。

关于数据电文的发送时间、接收时间,除当事人另有约定外,数据电文进入发件人控制之外的某个信息系统的时间,视为该数据电文的发送时间。收件人指定特定系统接收数据电文的,数据电文进入该特定系统的时间,视为该数据电文的接收时间;未指定特定系统的,数据电文进入收件人的任何系统的首次时间,视为该数据电文的接收时间。法律、行政法规规定或者当事人约定数据电文需要确认收讫的,应当确认收讫。发件人收到收件人的收讫确认时,数据电文视为已经收到。

关于数据电文的发送与接收地点，发件人的主营业地为数据电文的发送地点，收件人的主营业地为数据电文的接收地点。没有主营业地的，其经常居住地为发送或者接收地点。当事人对数据电文的发送地点、接收地点另有约定的，从其约定。

第2节 电子签名的法律制度

3.2.1 电子签名概述

传统的签名必须依附于某种有形的介质，而在电子交易过程中，文件是通过数据电文的发送、交换、传输、储存来形成的，没有有形介质，这就需要通过一种技术手段来识别交易当事人，保证交易安全，以达到与传统的手写签名相同的功能。这种能够达到与手写签名相同功能的技术手段，一般称为电子签名。所谓电子签名，类似于手写签名或印章，从某种意义上可以说它是电子印章。电子签名必须起到两个作用：识别签名人身份，保证签名人认可文件中的内容。电子签名是一种与传统书面签名"功能等价"的特定形式。

有关国际组织、国家和地区《电子签名法》中对电子签名的定义，一般都是通过对其要达到的功能的表述而形成的。传统的手写签名主要具有三项功能：一是能表明文件的来源，即识别签名人；二是表明签名人对文件内容的确认；三是能够构成签名人对文件内容正确性和完整性负责的根据。构成电子签名，就必须具有上述功能。联合国《电子签名示范法》规定，本法所称电子签名，是指在数据电文中，用电子形式所含、所附或在逻辑上与该数据电文有联系的用于识别签名人的身份和表明签名人认可该数据电文内容的数据。欧盟《电子签名指令》、日本《电子签名与认证服务法》、美国《国际国内商务电子签名法》等也都对电子签名做了相类似的定义。按照上述定义，具有识别签名人身份和表明签名人认可签名数据的功能的技术手段，就是电子签名。

我国《电子签名法》规定，电子签名是指"数据电文中以电子形式所含、所附用于识别签名人身份并表明签名人认可其中内容的数据"。对电子签名的概念作了与联合国《电子签名示范法》相类似的规定，电子签名的概念包含以下内容：① 电子签名是以电子形式出现的数据；② 电子签名是附着于数据电文的。电子签名可以是数据电文的一个组成部分，也可以是数据电文的附属，与数据电文具有某种逻辑关系，能够使数据电文与电子签名相联系；③ 电子签名必须能够识别签名人身份并表明签名人认可与电子签名相联系的数据电文的内容。

电子签名具有多种形式。例如，附着于电子文件的手写签名的数字化图像，包括采用生物笔迹辨别法所形成的图像；向收件人发出证实发送人身份的密码、计算机口令；采用特定生物技术识别工具，如指纹或是眼虹膜透视辨别法等。无论采用什么样的技术手段，只要符合法律规定的要件，就是《电子签名法》所称的电子签名。

电子签名与传统签名在功能上有等同之处，但它们之间的差异也是很明显的：① 电子签名一般是通过在线签署的，是一种远距离的认证方式；② 电子签名本身是一种数据，它很难像纸面签名一样提交原件；③ 大多数人只有一种手书签名样式，但一个人可能同时拥有许多个电子签名;④ 传统手书签名可凭视觉比较,而电子签名一般需要计算机系统进行鉴别。

想一想

你在日常生活中,有碰到过电子签名吗?是以什么形式展示的?

怎么选择电子签名、电子签章系统

电子签名是指数据电文中以电子形式所含、所附用于识别签名人身份并表明签名人认可其中内容的数据。通俗地说,电子签名就是通过密码技术对电子文档的电子形式的签名,并非书面签名的数字图像化,它类似于手写签名或印章,也可以说它就是电子印章。电子签名其实是一种电子代码,利用它,收件人便能在网上轻松验证发件人的身份和签名。它还能验证出文件的原文在传输过程中有无变动。凡是能在电子通信中,起到证明当事人的身份、证明当事人对文件内容的认可的电子技术手段,都可被称为电子签名,电子签名即现代认证技术的一般性概念,它是电子商务安全的重要保障手段。

如果有人想通过网络把一份重要文件发送给外地的人,收件人和发件人都需要首先向一个许可证授权机构(CA)申请一份电子许可证。这份加密的证书包括了申请者在网上的公共钥匙,即"公共电脑密码",用于文件验证。在收到加密的电子文件后,收件人使用 CA 发布的公共钥匙把文件解密并阅读。

电子签名、电子签章作为新型信息化软件产品,应用范围迅速扩展,给企业和个人带来了众多便捷,那么,选择电子签名时要注意哪些事项呢?

电子签名、电子签章系统是应用类信息安全系统,什么样的应用决议就应该采用什么样的电子签章系统,用户在选择电子签章时,就应该留意以下几点。

(1)平安性评测:在详细选择产品时,应该首先对被调查的电子印章系统的整体架构进行理解。电子印章系统是一个基于 PKI 技术的应用类信息平安系统,在系统架构上必须遵照 CA 认证的平安体系架构,同时作为实物印章的替代产品,还必须遵照传统实物印章的管理标准。用户能够从两个方面来调查,一方面,看系统的认证原理与流程能否契合 CA 认证的原理和流程,由于 CA 系统必须有效劳器软件作为对客户端认证恳求进行认证;另一方面,传统实物印章都是集中制造、管理,对用章的过程进行严格审批,同时具备细致的用章记载。因而,一个安全的电子印章系统必须包括客户端签章应用软件和效劳器端管理和认证软件两大部分。后台效劳器软件除了提供对印章的认证之外,还包括对电子印章的制造、发放、受权、挂失、销毁等电子印章停止全程管理,对电子印章的运用停止全程监控,保存完好的用章日志。

(2)功用性评测:在从根本上确认平安性请求之后,就要调查客户端的功用了。首先需要理解被调查的软件支持哪些类型的签章,如能否支持 MSWord、MSExcel、WPS、PDF、AutoCAD 等;其次,确认关于数据库表单内容的维护能否由中间件产品来支持。只有支持的文件格式越多，满足需求的能力才能越强，最好经过一套电子印章就能够支持本单位一切电子签名需求。

（3）产品应用调查：一方面，任何一个产品只有经过大量用户的应用才可能得到完善，特别是电子印章系统，作为一个新的行业性产品，并没有统一的要求，只有经过若干用户的实际运用不断完善才可能更好地满足用户需求。另一方面，由于大部分电子签章客户端软件都是在各类 Office 软件中运用，软件系统的可靠性只有经过大量用户的应用才能得以验证。因此，选型时，应该剖析该产品的用户群及应用方式，也能够调查实际的用户运用状况，只有真正在用的软件才能归入选型范围。

（4）系统可扩展性：电子印章系统是一个基于 PKI 技术信息安全系统，用户在调查这类系统时，还能够更进一步调查系统的拓展型，看看所选的系统能否与基于 PKI 技术的身份认证系统集成在一起，能否扩展构成单点登录系统，以便于架构统一的、高度集成的 PKI 安全应用体系。

总之，电子签名、电子签章系统与其他应用信息系统一样，是一套计算机软件，而不是仅仅提供添加印章图片的小工具。用户在选型时，必须慎重、科学地调查，以免浪费投资，影响工作的顺利推进。

3.2.2 可靠电子签名的要件

电子签名同时符合下列条件的，才视为可靠的电子签名。

（1）电子签名制作数据用于电子签名时，属于电子签名人专有。

电子签名制作数据是指在电子签名过程中使用的，将电子签名与电子签名人可靠地联系起来的字符、编码等数据。它是电子签名人在签名过程中掌握的核心数据。唯有通过电子签名制作数据的归属判断，才能确定电子签名与电子签名人之间的同一性和准确性。因此，一旦电子签名制作数据被他人占有，则依赖于该电子签名制作数据而生成的电子签名有可能与电子签名人的意愿不符，显然不能视为可靠的电子签名。

（2）签署时电子签名制作数据仅由电子签名人控制。

这一项规定是对电子签名过程中电子签名制作数据归谁控制的要求。这里所规定的控制是指一种实质上的控制，即基于电子签名人的自由意志而对电子签名制作数据的控制。在电子签名人实施电子签名行为的过程中，无论是电子签名人自己实施签名行为，还是委托他人代为实施签名行为，只要电子签名人拥有实质上的控制权，则其所实施的签名行为，满足本法此项规定的要求。

（3）签署后对电子签名的任何改动能够被发现。

采用数字签名技术的签名人签署后，对方当事人可以通过一定的技术手段来验证其所收到的数据电文是否由发件人发出，发件人的数字签名有没有被改动。倘若能够发现发件人的数字签名签署后曾经被他人更改，则该项签名不能满足本法此项规定的要求，不能成为一项可靠的电子签名。

（4）签署后对数据电文内容和形式的任何改动能够被发现。

电子签名的一项重要功能在于表明签名人认可数据电文的内容，而要实现这一功能，就必须要求电子签名在技术手段上能够保证经签名人签署后的数据电文不被他人篡改。否则，电子签名人依据一定的技术手段实施电子签名，签署后的数据电文被他人篡改而不能被发现，此时出现的法律纠纷将无法依据本法予以解决，电子签名人的合法权益难以得到有效保护。因此，要符合本法规定的可靠的电子签名的要求，就必须保证电子签名签署后，对数据电文内容和形式的任何改动都能够被发现。

法律同时赋予当事人协商选择权，即当事人也可以选择使用符合其约定的可靠条件的电子签名。尽管法律规定了可靠的电子签名应当具备的条件，但并没有对达成上述法定条件的电子签名所需采取的技术做出统一规定。由于电子签名技术手段的多样性，当事人在从事电子商务或者其他活动中所约定采用的电子签名技术如能够满足当事人对保障交易安全性的需求，本法同样承认其法律效力并予以保护。

电子签名人应当妥善保管电子签名制作数据。电子签名人知悉电子签名制作数据已经失密或者可能已经失密时，应当及时告知有关各方，并终止使用该电子签名制作数据。

3.2.3 电子签名的法律效力

电子签名的法律效力是电子签名法所要解决的最重要问题。确立电子签名的法律效力，关键在于解决两个问题：一是通过立法确认电子签名的合法性、有效性；二是明确满足什么条件的电子签名才是合法的、有效的。那么，如何来确定电子签名的法律效力呢？

在对法律应该承认什么样的电子签名具有法律效力的问题上，联合国示范法和各国电子签名法采用了不同的立法模式，主要有以下三种：第一，技术中立模式。这种模式以联合国《电子商务示范法》为代表，即规定只要符合一定的条件，电子签名就具有与传统签名同等的法律效力，而不限制达到规定条件的电子签名应该采用的技术。美国、澳大利亚、新西兰等国的电子签名法采用了这种技术中立的立法模式。第二，技术特定模式。即法律只明确采用某种特定技术的电子签名的法律效力，对采用其他技术的电子签名的法律效力未做规定。韩国《电子署名法》只承认数字签名为合法的电子签名。此外，德国、丹麦、马来西亚、印度及中国香港地区等的电子签名法也都采用技术特定的立法模式。第三，技术中立与技术特定的折中模式。这种模式承认所有安全电子签名都具有与手写签名同等的效力，同时以目前国际上比较公认的成熟技术为基础，推荐一定的安全条件和标准。联合国的《电子签名示范法》、新加坡的《电子商务法》、中国台湾地区的《电子签章法》等也都采用了这种折中式的立法模式。

我国《电子签名法》在电子签名的法律效力问题上，也采取了折中式的立法模式。一是规定当事人约定使用电子签名的文书，不得仅因为其采用电子签名而否定其法律效力；二是规定可靠的电子签名具有与手写签名或者盖章同等的法律效力；三是规定当事人可以选择使用符合其约定的可靠条件的电子签名；四是以目前国际上比较公认的成熟技术为基础，推荐一定的安全条件和标准，作为可靠的电子签名的标准。

1. 可靠电子签名的法律效力

民事活动中的合同或者其他文件、单证等文书，当事人可以约定使用或者不使用电子签名、数据电文。当事人约定使用电子签名、数据电文的文书，不得仅因为其采用电子签名、数据电文的形式而否定其法律效力。可靠的电子签名与手写签名或者盖章具有同等的法律效力。

在电子商务交易中以何种技术生成的电子签名才是安全可靠的，才具有法律效力，这是电子签名法应当解决的问题。我国《电子签名法》关于电子签名效力的规定借鉴了联合国国际贸易法委员会《电子商务示范法》,以及一些国家电子商务、电子签名立法的有关规定,采取折中方案,并与可靠电子签名的规定相联系,确认了可靠的电子签名具有与手写签名或者盖章同等的法律效力。

 想一想

如何区分电子签名与手写签名的效力及安全性?

2. 不适用电子签名的情形

电子交易是一种新兴的交易方式,电子签名、数据电文并未在社会活动中获得广泛应用,广大民众的认知度不高。同时,电子签名、数据电文的应用需要借助于一定的技术手段,物质条件也会限制一部分民众使用这种交易方式。由于上述原因,并基于交易安全因素的考虑,一些国家和地区的电子签名法或电子商务法规定某些领域不适用这种交易方式。一般包括以下几种情况:第一,与婚姻、家庭等人身关系有关的文件。例如美国《电子签章法》规定,"关于遗嘱、遗嘱修改书或遗产信托的制定法、条例或者其他法律规则""关于收养、离婚或家庭法其他事项的州的制定法、条例或者其他法律规则",不适用该法关于电子签名效力的规定。中国香港地区《电子交易条例》规定,"遗嘱、遗嘱更改附件或任何其他遗嘱性质的文书的订立、签立、更改、撤销、恢复效力或更正",不适用本条例。第二,与诉讼程序有关的文书。例如美国《电子签章法》规定,该法关于电子签名效力的规定不适用于"与诉讼程序有关的需经签章的法庭传票或通知,或正式法庭文书(包括诉状、答辩状及其他书面文件)"。第三,与公用服务事业有关的文书。例如美国《电子签章法》规定,该法关于电子签名效力的规定不适用于"公用服务(包括供水、供热及供电)的取消或终止"的通知。第四,与不动产权益有关的文书。例如新加坡《电子交易法》规定,"任何用于买卖不动产或以其他方式处分不动产的契约及不动产下所发生利益的契约""不动产转移或不动产利益的转让及产权证书,不适用本法"。第五,其他文书。例如澳大利亚《电子交易法》规定,"与移民有关的文件或公民权证书,不适用本法";新加坡《电子交易法》规定商业票据不适用本法;中国台湾地区《电子签章法》规定法令或行政机关公告,可以排除其适用。

我国《电子签名法》参考国外和有关地区的立法,并结合我国的实际情况,规定了下列文书不适用电子签名:① 涉及婚姻、收养、继承等人身关系的;② 涉及土地、房屋等不动产权益转让的;③ 涉及停止供水、供热、供气、供电等公用事业服务的;④ 法律、行政法规规定的不适用电子文书的其他情形,这是一个兜底条款,使法律在实施过程中具有更大的灵活性。

 想一想

在涉及婚姻等人身关系、房屋等不动产权益转让方面,为何不能适用电子签名?

 案例

2016 年 1 月 12 日,余某(作为乙方,借款人)与中网国投投资管理有限公司(作为丙方，投融资平台，以下简称"中网公司"）、季某等多人（作为甲方，出借人）在法大大网站以电子签名方式签订《借款协议》，约定：甲方以实际出借金额为准，乙方以实际募集金额为准，起息日为放款日或满标次日，借款期限90天，借款利率为年利率8.5%，借款用途为消费；甲乙双方同意授权丙方，借贷资金采用第三方托管，并按甲乙双方要求进行清算；对于丙方向乙方提供的一系列信息服务，乙方同意在借款/融资成功时向丙方支付本次借款本金的4.5%（年化）作为平台服务费，乙方同时同意委托丙方在乙方借款/融资成功时从借款/融资本金中直接扣除支付；乙方应严格履行还款义务，若因乙方逾期还款，除甲方外任何第三方已先行代偿甲方的本金和利息，则视为甲方将其债权转让给第三方，乙方则应向第三方支付第三方先行垫付的款项，并按照约定向第三方支付逾期罚息。

2016年1月15日，出借人按协议约定通过"易宝支付"出借款项100 000元。2016年1月15日，余某的"易宝支付"账户收到借款98 875元，剩余款项1125元（100 000元×4.5%÷4）系根据借款协议转入中网公司账户作为余某应向中网公司支付的平台服务费。2016年1月18日，余某通过"易宝支付"账户提现98 875元至其民生银行账户。

2016年4月17日，余某未按时还款。中网公司于2016年4月17日向出借人代偿了借款本息102 148.57元。并以短信形式通知余某，称："中网公司已向出借人代偿本息102 148.57元，《借款协议》项下的债权均已转移至中网公司。"后中网公司向一审法院起诉请求余某及其妻陈某共同归还借款本息102 148.57元及相应罚息。

余某及陈某辩称，相较于一般的民间借贷案件，本案较为特殊，季某等出借人完全通过网络平台完成签约和款项收付，本案中未见出借人任何身份证明、签字或其他能够确认与出借人有关联的材料，无法核实真实性、有效性。本案中的付款及代偿等行为均通过易宝支付有限公司平台进行托收和托付。由于中网公司并未提供季某等出借人与易宝支付之间具体的托收托付协议，且现有证据仅能体现该易宝支付用户的账号、平台号，不能体现用户的真实身份信息，因此无法核实该用户与案涉《借款协议》中的出借人是否一致，以及两者之间有无关联性。

案例分析

一审法院认为：余某通过中网公司经营的投融资平台，向季某等多人借款共计100 000元。借款期限届满后，中网公司为余某代偿本息共计102 148.57元，根据协议约定，中网公司受让了上述债权，且以短信的方式通知余某，故现中网公司作为债权人诉至本院，要求余某偿还债务及罚息，应予以支持。

二审法院认为：电子签名是指数据电文中以电子形式所含、所附用于识别签名人身份并表明签名人认可其中内容的数据。民事活动中的合同可以约定使用电子签名，对于当事人约定使用电子签名的文书，人民法院不因为其采用该种签名方式而否定其法律效力。余某与季某等多人是中网公司投融资平台用户，在平台以电子签名方式订立借款合同，并交付出借资金，合同依法成立并生效。故判决驳回上诉，维持原判。

（资料来源：杭州市中级人民法院（2016）浙01民终6811号民事判决书）

第 3 节 电子认证法律制度

3.3.1 电子认证概述

在电子商务交易中,双方使用电子签名时,往往需要由第三方对电子签名人的身份进行认证,向交易双方提供信誉保证,这个第三方一般称为"电子认证服务机构"(Certificate Authority, CA)。这种认证机构在我国《电子签名法》中称为"电子认证服务提供者"。认证机构的可靠与否对电子签名的真实性和电子交易的安全性起着关键作用。

电子认证服务提供者应当保证电子签名认证证书内容在有效期内完整、准确,并保证电子签名依赖方能够证实或者了解电子签名认证证书所载内容及其他有关事项。电子签名人向电子认证服务提供者申请电子签名认证证书,应当提供真实、完整和准确的信息。电子认证服务提供者收到电子签名认证证书申请后,应当对申请人的身份进行查验,并对有关材料进行审查,签发电子签名认证证书。

电子签名认证证书是电子认证服务提供者签发的用于证明证书持有人的电子签名、身份、资格及其他有关信息的电子文件,它是电子交易当事人在互联网上从事电子商务活动的身份证和通行证。在电子商务交易中互不认识的双方当事人用其证书证明各自签名的真实性,可以在双方之间建立相互信任的基础。因此,电子签名认证证书不仅具有证明电子签名的真实性与完整性的作用,还可以为交易当事人提供身份及从事交易的资格、权限等方面的证明。基于电子签名认证证书的重要作用,电子认证服务提供者签发的电子签名认证证书应当准确无误,否则就可能产生损害电子认证、电子交易的后果,影响电子签名认证证书的权威性和信任度。

电子认证服务提供者签发的电子签名认证证书应当准确无误,并应当载明下列内容:① 电子认证服务提供者名称;② 证书持有人名称;③ 证书序列号;④ 证书有效期;⑤ 证书持有人的电子签名验证数据;⑥ 电子认证服务提供者的电子签名;⑦ 国务院信息产业主管部门规定的其他内容。这是法律规定的电子签名认证证书应当载明的内容。电子认证服务提供者还可以根据实际需要载明其他内容,如载明证书的种类与等级等信息。

根据用户的不同性质,电子签名认证证书也有很多不同的类型。以浙江省数字安全证书管理有限公司(Zhejiang Digital Certificate Authority Co.Ltd., ZJCA)的电子签名认证证书为例,ZJCA 电子签名认证证书可以在电子政务公共服务、电子商务、电子办公等领域应用,为建设互联网络的信任环境开展基础性服务,证书申请者可以根据实际需要,自主判断和决定采用相应合适的证书种类。

ZJCA 可以从功能上实现以下证书应用(见表 3-1)。

表 3-1 证书类型与应用

订户类型	证书类型	订户私钥与证书的用途
个人证书	个人安全电子邮件证书	个人安全电子邮件证书中包含证书持有者的电子邮件地址、公钥及 ZJCA 的签名。使用安全电子邮件证书的订户可以收发加密和电子签名邮件，保证订户在电子邮件传输中的机密性、完整性和不可否认性，确保电子邮件通信各方身份的真实性
	个人身份证书	个人身份证书中包含证书持有者的个人身份信息、公钥及 ZJCA 的签名，在网络通信中标识证书持有者的个人身份，可以用于个人在网上进行合同签订、订单、支付信息等活动中标明身份
单位证书	企业或机构安全电子邮件证书	企业或机构安全电子邮件证书中包含证书持有者的电子邮件地址、公钥及 ZJCA 的签名。使用安全电子邮件证书的企业或机构可以收发加密和电子签名邮件，保证企业或机构在电子邮件传输中的机密性、完整性和不可否认性，确保电子邮件通信各方身份的真实性
	企业或机构身份证书	企业或机构身份证书中包含企业或机构的基本信息、公钥及 ZJCA 的签名，在网络通信中标识证书持有企业或机构的身份，可以用于企业或机构在网上业务方面的对外交易活动，如企业合同签订、网上交易等
	部门证书	部门证书中包含部门基本信息、公钥及 ZJCA 的签名，在网络通信中标识证书持有部门的身份，可以用于部门在网上业务方面的对外交易活动，如部门的网上交易等
	职位证书	职位证书用来表明证书持有者在企业中的特定职位，在网络通信中标识证书持有者在企业中的身份，包含证书持有者的身份信息、公钥及 ZJCA 的签名，可以用于证书持有者代表企业在网上进行合同签订、订单、支付信息等活动中标明身份
设备证书	应用服务器证书	应用服务器证书中包含应用服务器信息、公钥及 ZJCA 的签名，在网络通信中标识和验证服务器的身份。在网络应用系统中，服务器软件利用证书机制保证与其他服务器或客户端通信的安全性
	Web 服务器证书	Web 服务器证书中包含服务器信息、公钥及 ZJCA 的签名，在网络通信中标识和验证服务器的身份。在网络应用系统中，服务器软件利用证书机制保证与其他服务器或客户端通信的安全性
	VPN 网关证书	VPN 网关证书中包含网关信息、公钥及 ZJCA 的签名，在网络通信中标识和验证服务器的身份。在网络应用系统中，服务器软件利用证书机制保证与其他服务器或客户端通信的安全性
	VPN 客户端证书	VPN 客户端证书中包含客户端信息、公钥及 ZJCA 的签名，在网络通信中标识和验证服务器的身份。在网络应用系统中，服务器软件利用证书机制保证与其他服务器或客户端通信的安全性
代码签名证书	个人代码签名证书	为独立软件开发人员提供对软件代码做电子签名的技术，可以有效防止软件代码被篡改，使用户免遭病毒与黑客程序的侵扰，同时可以保护软件开发人员的版权利益
	企业代码签名证书	为软件开发企业提供对软件代码做电子签名的技术，可以有效防止软件代码被篡改，使用户免遭病毒与黑客程序的侵扰，同时可以保护软件开发企业的版权利益

 想一想

电子签名认证的作用是什么，电子签名认证证书的样式是什么样的？

3.3.2 电子认证机构

电子签名需要第三方认证的，由依法设立的电子认证服务提供者提供认证服务。提供电子认证服务应当具备下列条件。

（1）取得企业法人资格。这是我国《电子签名法》2015年修订时新增的一个条件，电子认证机构必须是企业法人。

（2）具有与提供电子认证服务相适应的专业技术人员和管理人员。提供电子认证服务是一项复杂的技术工程，仅从数字签名技术的实现来看，它运用了一系列复杂的加密算法。电子认证服务提供者在提供电子认证服务的过程中涉及多级认证和交叉认证等多种技术手段。这就需要有一批懂技术的专门人才从事电子认证服务工作，才能保障电子认证活动的开展。同时，作为权威的第三方认证机构，不仅应当具备可靠的技术条件，更重要的是在策略、管理、运营等诸多方面具备良好的条件，具有合格的管理人员也是电子认证服务提供者应当具备的一个重要条件。

（3）具有与提供电子认证服务相适应的资金和经营场所。具备必要的资金是电子认证服务提供者开展业务的前提条件，也是电子认证服务提供者承担法律责任的重要保证。同时，由于提供电子认证服务对于安全性、保密性的要求较高，电子认证服务提供者相比较于一般企业，对经营场所的防火、防盗、防电磁辐射等方面的要求更高。电子认证机构对经营场所的安全条件一般都制定有严格的标准，以保障电子认证服务的顺利开展。

（4）具有符合国家安全标准的技术和设备。国家为了保障信息技术产品的安全性，先后制定了一系列国家标准。电子认证服务提供者在提供电子认证服务过程中使用的技术和设备，应当符合国家已经制定的安全标准。

（5）具有国家密码管理机构同意使用密码的证明文件。商用密码技术属于国家秘密，国家对商用密码产品的科研、生产、销售和使用实行专控管理。任何单位或者个人只能使用经国家密码管理机构认可的商用密码产品。由于电子认证服务提供者在经营过程中必然要使用密码技术和密码产品，电子认证服务提供者必须具有国家密码管理机构同意使用密码的证明文件。

（6）法律、行政法规规定的其他条件。从事电子认证服务的机构，应当向国务院信息产业主管部门提出申请，并提交符合上述规定的6个方面条件的相关材料。国务院信息产业主管部门接到申请后经依法审查，征求国务院商务主管部门等有关部门的意见后，自接到申请之日起45日内做出许可或者不予许可的决定。予以许可的，颁发电子认证许可证书；不予许可的，应当书面通知申请人并告知理由。取得认证资格的电子认证服务提供者，应当按照国务院信息产业主管部门的规定在互联网上公布其名称、许可证号等信息。

电子认证服务提供者拟暂停或者终止电子认证服务的，应当在暂停或者终止服务90日前，就业务承接及其他有关事项通知有关各方。电子认证服务提供者拟暂停或者终止电子认证服务的，应当在暂停或者终止服务60日前向国务院信息产业主管部门报告，并与其他电子认证服务提供者就业务承接进行协商，做出妥善安排。电子认证服务提供者未能就业务承接事项与其他电子认证服务提供者达成协议的，应当申请国务院信息产业主管部门安排其他电子认证服务提供者承接其业务。电子认证服务提供者应当妥善保存与认证相关的信息，信息保存期限至少为电子签名认证证书失效后5年。

ZJCA 电子认证业务规则 V 3.2 版（节选）

1.3 电子认证活动参与者

1.3.1 电子认证服务机构

电子认证服务机构（Certificate Authority，CA），也就是证书认证机构，是颁发证书的实体。

ZJCA 是所有下属机构和实体的根。在十分严密的保密和安全机制控制下，ZJCA 根据根证书策略，自己生成密钥对，自己签发根证书。ZJCA 根据授权和协议签发证书，ZJCA 所签发的证书与每一个证书申领实体的公钥绑定。ZJCA 已签发的在有效期内的证书，将采用证书目录服务器 LDAP（Lightweight Directory Access Protocol）和证书黑名单服务 CRL（Certificate Revocation List）公布该证书可以公开的信息和状态。

ZJCA 将根据业务需要，与 ZJCA 服务框架体系中未涉及的其他 CA 机构建立交叉认证关系，实现互联互通。交叉认证是指两个完全独立的、采用各自 CPS 的认证机构之间建立相互信任关系，从而使双方的证书用户可以实现互相认证。

1.3.2 注册机构

注册机构（Registration Authority，RA），也就是为最终证书申请者建立注册过程的实体，对证书申请者进行身份标识和鉴别，发起或传递证书吊销请求，代表电子认证服务机构批准更新证书或更新密钥的申请。

浙江 RA 作为 ZJCA 授权委托的下属机构，负责对证书用户信息的审核、整理汇总、统计分析、与上级 CA 进行数据交换、管理和服务下属审核受理点。每个 RA 机构可以按照行业或行政地域设立多个审核受理点，可以直接面向最终用户提供服务。RA 机构有责任依照《中华人民共和国电子签名法》和本 CPS 妥善保存证书用户的数据，不允许将证书用户的数据透露给与证书业务无关的任何单位或个人，用作商业利益方面的用途。

1.3.3 订户

订户是从电子认证服务机构接收证书的实体。在电子签名应用中，订户即电子签名人。

ZJCA 证书持有者可以包括个人、单位、企业、组织、机构、服务器、网站等提供网上服务和享受网上服务的各类实体，以及其他持有 ZJCA 证书的人、物、对象或单位组织。

订户分两类：(1) 被垫付的证书持有者；(2) 自支付的证书持有者。

1.3.4 依赖方

依赖方是依赖于证书真实性的实体。在电子签名应用中，即电子签名依赖方。依赖方可以是，也可以不是一个订户。

ZJCA 向依赖方保证依据本 CPS 签发证书。依赖方可在法律规定、本 CPS 和 ZJCA CP 范围内信任证书及其签名，并享有本 CPS 和 ZJCA CP 两种权利。

1.3.5 其他参与者

其他参与者，如证书制造机构、证书库服务提供者，以及其他提供电子认证相关服务的实体。

ZJCA 电子认证活动的其他参与者包括以上未提及的，属于 ZJCA 认证体系的，与电子认证服务相关的其他各类实体。

1.6 定义和缩写

电子认证服务机构（CA）：Certificate Authority 或 Certifying Authority，是指授权签发和管理电子签名认证证书的独立可信的第三方机构，为电子政务、电子商务的各参与方签发标识其身份的电子签名认证证书，并对电子签名认证证书进行更新、废除等一系列管理。

注册机构（RA）：Registration Authority，证书的注册机构，负责证书的申请业务。本 CPS 指浙江省数字认证系统注册机构。

电子认证业务规则（CPS）：Certification Practice Statement，是关于电子认证服务机构在全部证书服务生命周期中的业务实践（如签发、管理、吊销、更新证书或密钥等）所遵循的规则的详细描述和声明，提供其他业务、法律和技术方面的细节。ZJCA CPS，是 ZJCA 证书相关业务和系统的运行规则。

证书策略（CP）：Certification Policy，是关于认证机构制定的一组规则，表明证书对特定群体的适用范围，或对不同安全需求类型的适用规则。

证书吊销列表（CRL）：Certificate Revocation List，是认证机构的失效证书列表。证书吊销可能由于证书过期、私钥失窃或者其他原因产生。

在线证书状态协议（OCSP）：Online Certificate Status Protocal，是 X.509 公钥基础设施的一部分，在不请求 CRL 的情况下判断证书状态的协议。

电子签名认证证书（证书）：Certificate，是经一个权威的、可信赖的、公正的第三方电子认证服务机构签发的包含公开密钥拥有者信息，以及公开密钥的电子文档。认证机构可以签发自己的证书，这种自签名的证书称为该 CA 的根证书，可用来签署下级证书。

电子签名人：是指持有电子签名制作数据并以本人身份或者以其所代表的名义实施电子签名的实体。

电子签名依赖方：是指基于对电子签名认证证书或者电子签名的信赖而从事有关活动的实体。

3.3.3 电子认证各方的法律责任

1. 电子签名人的赔偿责任

电子签名人未履行法定义务造成他人损失的，应承担相应的赔偿责任。电子签名人知悉电子签名制作数据已经失密或者可能已经失密未及时告知有关各方，并终止使用电子签名制作数据，未向电子认证服务提供者提供真实、完整和准确的信息，或者有其他过错，给电子签名依赖方、电子认证服务提供者造成损失的，承担赔偿责任。电子签名依赖方是指基于对电子签名认证证书或者电子签名的信赖从事有关活动的人。

电子签名人承担赔偿责任的前提条件是主观上必须有过错。可以看出，我国法律对电子签名人承担民事责任实行的是过错责任原则。如果电子签名人主观上没有过错，则不承担赔偿责任。

2. 电子认证服务机构的赔偿责任

电子认证服务提供者因过错给电子签名人或者电子签名依赖方造成损失的，应承担相应的赔偿责任。电子签名人或者电子签名依赖方因依据电子认证服务提供者提供的电子签名认证服务从事民事活动遭受损失，电子认证服务提供者不能证明自己无过错的，承担赔偿责任。也就是说，如果电子认证服务提供者能够证明自己没有过错，则不承担赔偿责任。本条规定的是举证责任倒置，即对原告提出的侵权事实，电子认证服务提供者如果予以否认，则应负举证责任，证明自己没有过错。

想一想

电子签名人、电子认证服务机构承担赔偿的前提条件有哪些？

3. 电子认证服务机构的管理责任

电子认证服务机构未经许可提供电子认证服务的，由国务院信息产业主管部门责令停止违法行为；有违法所得的，没收违法所得，并处以罚款。

电子认证服务提供者暂停或者终止电子认证服务，未在暂停或者终止服务 60 日前向国务院信息产业主管部门报告的，由国务院信息产业主管部门对其直接负责的主管人员处以罚款。

电子认证服务提供者不遵守认证业务规则、未妥善保存与认证相关的信息，或者有其他违法行为的，由国务院信息产业主管部门责令限期改正；逾期未改正的，吊销电子认证许可证书，其直接负责的主管人员和其他直接责任人员 10 年内不得从事电子认证服务。吊销电子认证许可证书的，应当予以公告并通知工商行政管理部门。

4. 伪造、冒用、盗用他人电子签名的法律责任

伪造、冒用、盗用他人的电子签名，构成犯罪的，依法追究刑事责任；给他人造成损失的，依法承担民事责任。

这里所讲的伪造、冒用、盗用他人的电子签名，就是一种扰乱市场秩序，侵犯他人权益的行为；同时，这种行为也严重影响了电子交易的安全，法律对这些行为应当严厉制裁。伪造他人的电子签名，是指未经电子签名合法持有人的授权而创制电子签名或者创制一个认证证书列明但实际并不存在用户的签名等；冒用他人的电子签名，是指非电子签名持有人未经电子签名人的授权以电子签名人的名义实施电子签名的行为；盗用他人的电子签名，是指秘密窃取并使用他人电子签名的行为。

伪造、冒用、盗用他人电子签名，构成犯罪的，依法追究刑事责任。主要是指构成《刑法》第二百八十条关于妨害国家机关公文、证件、印章的犯罪，伪造公司、企业、事业单位、人民团体印章的犯罪。给他人造成损失的，应当承担民事责任，指的是侵权的民事责任。按照《民法总则》的规定，承担民事责任的方式主要包括：停止侵害、排除妨碍、消除危险、返还财产、恢复原状、赔偿损失、赔礼道歉等。对于所规定的承担民事责任的几种方式，可以单独适用，也可以合并适用。

解读《电子签名法》

我国《电子签名法》于 2004 年 8 月 28 日经第十届全国人民代表大会常务委员会第十一次会议审议通过，2015 年 4 月 24 日第十二届全国人民代表大会常务委员会第十四次会议

修正。这是我国第一部真正意义上的电子商务法,体现出来的原则基本上奠定了我国电子交易与电子商务的法律基础,确立了电子签名与电子认证的法律效力,规范了电子签名行为,为我国电子商务的发展奠定了坚实的基础。

1. 明确了《电子签名法》的适用范围

《电子签名法》第三条第一款明确规定:"民事活动中的合同或者其他文件、单证等文书,当事人可以约定使用或者不使用电子签名、数据电文。"该条规定体现了当事人意思自治的精神和当事人约定优先的原则。结合该条第二款和第三款的规定,《电子签名法》是否适用于民商事活动中的合同或者其他文件、单证等文书,取决于当事人是否约定使用电子签名、数据电文的文书,以及当事人的约定是否与法律规定相悖。

(1) 如果当事人约定使用电子签名、数据电文的文书,则《电子签名法》第三条第二款规定:"不得仅因为其采用电子签名、数据电文的形式而否定其法律效力。"

(2) 如果当事人明确约定不使用电子签名、数据电文的文书,那么,电子签名对交易相对方不发生法律效力。

(3) 如果当事人事先没有明确约定是否使用电子签名、数据电文的文书,则电子签名是否具有法律效力取决于交易相对方是否予以事后追认或实际予以履行。如果交易相对方后予以追认或予以实际履行,则电子签名对交易相对方发生法律效力;反之,则不予以适用。

(4) 如果当事人约定使用电子签名、数据电文的文书涉及《电子签名法》第三条第三款规定的四种情况的(① 涉及婚姻、收养、继承等人身关系的;② 涉及土地、房屋等不动产权益转让的;③ 涉及停止供水、供热、供气、供电等公用事业服务的;④ 法律、行政法规规定的不适用电子文书的其他情形),则不适用于《电子签名法》第三条第二款有关"不得仅因为其采用电子签名、数据电文的形式而否定其法律效力"的规定。

2. 规定了电子签名与手写签名或者盖章具有同等的法律效力的条件

根据《电子签名法》第十三条和第十四条的规定,电子签名同时符合下列条件的,视为可靠的电子签名,并具有与手写签名或者盖章同等的法律效力:

(1) 电子签名制作数据用于电子签名时,属于电子签名人专有;

(2) 签署时电子签名制作数据仅由电子签名人控制;

(3) 签署后对电子签名的任何改动能够被发现;

(4) 签署后对数据电文内容和形式的任何改动能够被发现。

但是,当事人自行选择使用符合其约定的可靠条件的,可以从其约定。

3. 规定了数据电文具有法律效力及证据效力的条件

《电子签名法》第四条规定:"能够有形地表现所载内容,并可以随时调取查用的数据电文,视为符合法律、法规要求的书面形式。"

《电子签名法》第五条规定:"符合下列条件的数据电文,视为满足法律、法规规定的原件形式要求:(一)能够有效地表现所载内容并可供随时调取查用;(二)能够可靠地保证自最终形成时起,内容保持完整、未被更改。但是,在数据电文上增加背书以及数据交换、储存和显示过程中发生的形式变化不影响数据电文的完整性。"

《电子签名法》第六条规定:"符合下列条件的数据电文,视为满足法律、法规规定的文件保存要求:(一)能够有效地表现所载内容并可供随时调取查用;(二)数据电文的格式与其生成、发送或者接收时的格式相同,或者格式不相同但是能够准确表现原来生成、发送或者接收的内容;(三)能够识别数据电文的发件人、收件人以及发送、接收的时间。"

《电子签名法》第七条规定："数据电文不得仅因为其是以电子、光学、磁或者类似手段生成、发送、接收或者储存的而被拒绝作为证据使用。"

《电子签名法》第八条规定："审查数据电文作为证据的真实性，应当考虑以下因素：（一）生成、储存或者传递数据电文方法的可靠性；（二）保持内容完整性方法的可靠性；（三）用以鉴别发件人方法的可靠性；（四）其他相关因素。

上述规定明确了数据电文具有法律效力的条件，确立了数据电文可以作为书面证据使用的法律地位，强调了司法机关和仲裁机构采信数据电文作为证据的审查要点。

4. 设立了电子认证服务市场准入制度

与电子签名相配套的另一个重要的电子商务安全手段就是电子认证，它是为了防止电子签名方提供伪造、虚假、被篡改的签名或防止发送人以各种理由否认该签名为其本人所为，而由具有权威公信力的安全认证机关进行辨别及认证并公开密钥的行为。

电子认证服务是电子商务交易的第三方提供的保障电子交易安全性的一种服务，这个问题是电子签名法的重点。考虑到目前中国社会信用体系还不健全，为了确保电子交易的安全可靠，《电子签名法》设立了认证服务市场准入制度，明确由政府对认证机构实行资质管理的制度。"从中国的实际情况看，对电子认证服务业依靠市场引导和行业自律的同时，由政府部门实施适度监管还是必要的。"为此，《电子签名法》第十六条规定："电子签名需要第三方认证的，由依法设立的电子认证服务提供者提供认证服务。"第十七条规定："提供电子认证服务，应当具备下列条件：（一）取得企业法人资格；（二）具有与提供电子认证服务相适应的专业技术人员和管理人员；（三）具有与提供电子认证服务相适应的资金和经营场所；（四）具有符合国家安全标准的技术和设备；（五）具有国家密码管理机构同意使用密码的证明文件；（六）法律、行政法规规定的其他条件。"第十八条规定："从事电子认证服务，应当向国务院信息产业主管部门提出申请，并提交符合本法第十七条规定条件的相关材料。国务院信息产业主管部门接到申请后经依法审查，征求国务院商务主管部门等有关部门的意见后，自接到申请之日起四十五日内做出许可或者不予许可的决定。予以许可的，颁发电子认证许可证书；不予许可的，应当书面通知申请人并告知理由。"

5. 规定了电子签名安全保障制度

对于电子签名人，《电子签名法》一方面要求其妥善保管进行电子签名所使用的私人密码；另一方面要求电子签名人向认证机构申请证明身份的电子证书时，提供的信息必须真实、完整和准确。对于认证机构，《电子签名法》要求其指定、公布电子认证业务规则；要求其必须保证所发放的证书内容完整、准确；要求其妥善保存与认证相关的信息。

6. 规定了各方的法律责任

《电子签名法》明确了合同双方和认证机构在电子签名活动中的权利和义务，并设置了相应条款追究政府监管部门不依法进行监督管理人员的法律责任。

（1）电子签名方的法律责任。《电子签名法》第二十七条规定："电子签名人知悉电子签名制作数据已经失密或者可能已经失密未及时告知有关各方，并终止使用电子签名制作数据，未向电子认证服务提供者提供真实、完整和准确的信息，或者有其他过错，给电子签名依赖方、电子认证服务提供者造成损失的，承担赔偿责任。"

（2）电子认证服务提供者的法律责任。电子认证服务提供者作为电子交易的主体之一，其法律责任，以及与电子交易当事人之间权利、义务的合理划分，也是法律必须加以明确的。

《电子签名法》第二十八条规定:"电子签名人或者电子签名依赖方因依据电子认证服务提供者提供的电子签名认证服务从事民事活动遭受损失,电子认证服务提供者不能证明自己无过错的,承担赔偿责任"。

《电子签名法》第二十九条规定:"未经许可提供电子认证服务的,由国务院信息产业主管部门责令停止违法行为;有违法所得的,没收违法所得;违法所得三十万元以上的,处违法所得一倍以上三倍以下的罚款;没有违法所得或者违法所得不足三十万元的,处十万元以上三十万元以下的罚款。"

《电子签名法》第三十条规定:"电子认证服务提供者暂停或者终止电子认证服务,未在暂停或者终止服务六十日前向国务院信息产业主管部门报告的,由国务院信息产业主管部门对其直接负责的主管人员处一万元以上五万元以下的罚款。"

《电子签名法》第三十一条规定:"电子认证服务提供者不遵守认证业务规则、未妥善保存与认证相关的信息,或者有其他违法行为的,由国务院信息产业主管部门责令限期改正;逾期未改正的,吊销电子认证许可证书,其直接负责的主管人员和其他直接责任人员十年内不得从事电子认证服务。吊销电子认证许可证书的,应当予以公告并通知工商行政管理部门。"

(3) 伪造、冒用、盗用他人的电子签名者的法律责任。《电子签名法》第三十二条规定:"伪造、冒用、盗用他人的电子签名,构成犯罪的,依法追究刑事责任;给他人造成损失的,依法承担民事责任。"

(4) 依法负责电子认证服务业监督管理部门工作人员的法律责任。《电子签名法》第三十三条规定:"依照本法负责电子认证服务业监督管理工作的部门的工作人员,不依法履行行政许可、监督管理职责的,依法给予行政处分;构成犯罪的,依法追究刑事责任。"

《电子签名法》对电子签名的种种规范,以及违反规定后的责任认定,可以较好地解决电子交易过程中的贸易纠纷,促进电子商务在高科技环境下的良性发展。

认识电子签名

实训目的

通过访问相应电子商务网站或电子商务文件,查找实践中所使用的电子签名,并能够对不同的电子签名进行归类、比较、分析,加深对电子签名的感性认识。

实训内容与步骤

(1) 访问相应电子商务网站或电子商务文件。
(2) 查询相关电子签名文件。
(3) 对相关的电子签名进行比较、分析。

电子商务法律法规

实训提示

可靠的电子签名是电子商务交易安全的重要保障，通过实践查询，明确电子签名的表现形式和所起的作用。

思考与练习

（1）电子签名的表现形式。
（2）可靠电子签名的构成要件。
（3）电子签名的证据效力。

本章小结

民事活动中的合同或者其他文件、单证等文书，当事人可以约定使用电子签名、数据电文。可靠的电子签名与手写签名或者盖章具有同等的法律效力。数据电文不得仅因为其是以电子、光学、磁或者类似手段生成、发送、接收或者储存的而被拒绝作为证据使用。

电子认证机构的可靠与否对电子签名的真实性和电子交易的安全性起着关键作用。电子认证服务提供者应当保证电子签名认证证书内容在有效期内完整、准确，并保证电子签名依赖方能够证实或者了解电子签名认证证书所载内容及其他有关事项。

电子签名人未履行法定义务造成他人损失的，电子认证服务提供者因过错给电子签名人或者电子签名依赖方造成损失的，都应承担相应的赔偿责任。

同步测试

1. 单项选择题

（1）我国《电子签名法》于（　　）年进行了修正。

　　A．2004
　　B．2005
　　C．2014
　　D．2015

（2）能够有形地表现所载内容，并可以随时调取查用的数据电文，视为符合法律、法规要求的（　　）。

　　A．原件形式
　　B．书面形式
　　C．文件保存
　　D．签名要求

（3）电子签名，是指（　　）中以电子形式所含、所附用于识别签名人身份并表明签名人认可其中内容的数据。

A. 文件

B. 合同

C. 数据电文

D. 电子商务

（4）电子认证服务提供者拟暂停或者终止电子认证服务的，应当在暂停或者终止服务（　　）前，就业务承接及其他有关事项通知有关各方。

A. 30 日

B. 60 日

C. 90 日

D. 120 日

（5）电子认证服务提供者应当妥善保存与认证相关的信息，信息保存期限至少为电子签名认证证书失效后（　　）。

A. 1 年

B. 2 年

C. 3 年

D. 5 年

2. 多项选择题

（1）下列各项不适合使用电子签名的是（　　）。

A. 涉及婚姻、收养、继承等人身关系

B. 涉及土地、房屋等不动产权益转让

C. 涉及停止供水、供热、供气、供电等公用事业服务

D. 涉及电子商务合同

（2）审查数据电文作为证据的真实性，应当考虑（　　）因素。

A. 生成、储存或者传递数据电文方法的可靠性

B. 保持内容完整性、方法的可靠性

C. 用于鉴别发件人方法的可靠性

D. 其他相关因素

（3）电子签名同时符合（　　）条件的，视为可靠的电子签名。

A. 电子签名制作数据用于电子签名时，属于电子签名人专有

B. 签署时电子签名制作数据仅由电子签名人控制

C. 签署后对电子签名的任何改动能够被发现

D. 签署后对数据电文内容和形式的任何改动能够被发现

（4）设立电子认证服务机构，应当具备的有（　　）。

A. 取得企业法人或者其他经济组织资格

B. 具有相适应的专业技术人员和管理人员

C. 具有相适应的资金和经营场所

D. 具有国家密码管理机构同意使用密码的证明文件

（5）电子签名人因下列原因给电子签名依赖方、电子认证服务提供者造成损失的，应承担赔偿责任（　　）。

A. 未向电子认证服务提供者提供真实、完整和准确的信息

  B．知悉电子签名制作数据已经失密或者可能已经失密未及时告知有关各方

  C．知悉电子签名制作数据已经失密或者可能已经失密未及时终止使用电子签名制作数据

  D．其他不可抗力因素

3．分析题

（1）分析数据电文的原件形式要求及其证据效力。

（2）分析可靠电子签名的构成要件，以及电子认证对电子签名的作用与功能。

第 4 章 电子商务合同法律制度

电子商务合同的基本概念;电子商务合同的订立和生效;电子商务合同履行中的法律问题;电子商务合同违约的处理方法与原则。

本章导图

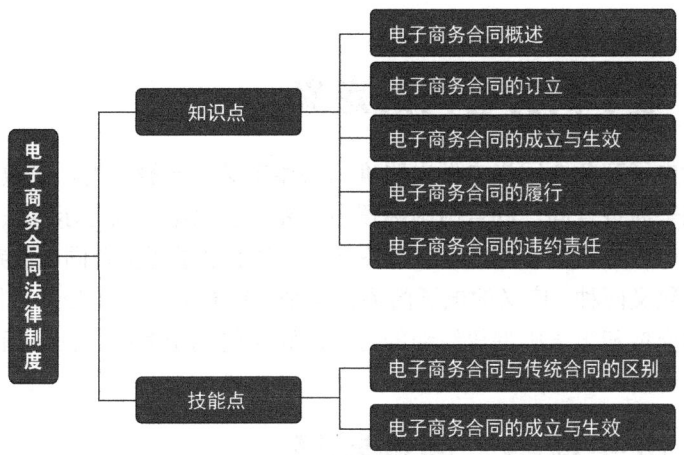

支付货款后却显示订单被取消

2018 年 4 月 30 日,江某通过"某商城"购买了 9 盒单价 95 元的"祛痘胶囊",共计价款 855 元,并在网上支付了相应款项。但在 5 月 4 日,江某发现该订单被取消,遂向"某商城"在线客服人员咨询。工作人员回复上述订单在付款前已经取消。后江某登录银行系统查询,确定价款 855 元已经成功支付。江某遂以欺诈为由将商家和"某商城"告上法院,要求退还货款 855 元、赔偿 3 倍货款 2 565 元、赔偿交通费 2 000 元、打印费 500 元及误工费 4 000 元。

"某商城"辩称,该涉案订单因符合个人大量购买同一商品的情形,被定义为经销商,被"某商城"计算机数据系统自动拦截,但由于系统拦截有一定的判定时间,有可能在支付货款前拦截,也有可能在支付货款后才拦截,而此案在支付货款后才拦截。

> **引例分析**
>
> 法院经审理认为,订单被"某商城"计算机数据系统拦截,订单信息无法到达商家处,所以原告与商家之间的买卖合同没有成立。而"某商城"并未参与实际经营涉案货物,江某在"某商城"中下达订单的行为,不足以认定其与被告公司之间存在买卖合同关系。而原告提交的手机银行截图仅显示"直付通交易"字样,并没有收款人姓名,即使在时间、金额一致的情况下,亦无法排除并非属于涉案订单指向价款的可能性。"某商城"客服人员无法做出确认原告已经付款的行为亦合乎常理。同时,客服人员亦无做出原告确实无支付货款的否定性答复。最终法院判决"某商城"退还江某 855 元,并赔偿交通费、误工费共计 256.67 元。

第1节 电子商务合同概述

4.1.1 电子商务合同的定义

我国目前对电子商务合同尚未做出明确的法律定义,一般认为,以数据电文的形式订立的合同称为电子商务合同。联合国国际贸易法委员会《电子商务示范法》通过界定"数据电文"并赋予其书面效力来定义电子商务合同。关于电子商务合同,学界有不同的论述,主要分为广义和狭义两种。广义的电子商务合同是指所有通过电子技术手段如电报、电传、传真、电子数据交换和电子邮件等缔结的合同。狭义的电子商务合同是指在网络空间通过电子方式缔结的合同。

4.1.2 电子商务合同的特征

电子商务合同作为一种崭新的合同形式,具有合同的一般特征,但由于其签订过程和载体不同于传统合同,因此又具有一定的特殊性。

1. 电子商务合同主体的虚拟性和广泛性

传统交易中,合同各方主体主要是自然人、法人和其他组织,合同签订多是面对面地进行。电子商务交易中,订立合同的双方或多方在网络上各自以数字的形式运行,无须相互谋面,并以网络中的域名作为交易对象或媒介进行民事活动。电子商务合同的主体具有虚拟性,其在电子商务市场中受地域限制较小,供需双方的距离被大大缩短,给交易带来了极大的便捷。

2. 电子商务合同的格式性

电子商务合同是利用网络和计算机设备发布各种信息，是一种对众交易，格式合同占很大的比例，这在一定程度上威胁到合同当事人平等和自愿订立合同的原则。

3. 电子商务合同订立过程的特殊性

电子商务合同的订立主要通过计算机网络进行，计算机预先设定好程序，由信息系统代替当事人做出要约或承诺，整个订立过程不需要人工干预，计算机自动做出意思表示，完成整个交易过程。

4. 电子商务合同成立和生效具有特殊性

传统合同一般以当事人签字或者盖章的方式表示合同生效，而在电子商务合同中，表示合同生效的传统的签字盖章方式被电子签名所代替。电子商务立法引入"功能等同"原则来解决这一问题，规定电子商务合同满足法定的条件时，即视为书面形式和可靠的电子签名。

5. 电子商务合同订立成本低、费用少

电子商务合同的订立是利用网络，而目前的国际互联网提供了广泛的客户市场和交易空间，尤其是电子商务不受时空限制，商户与客户处理交易的手续简单。因此采用电子商务合同这种方式运营成本低廉，交易费用也得到降低。

6. 电子商务合同的交易安全问题突出

传统的书面合同一般以纸质等有形材料作为载体，而电子商务合同的信息记录用磁性介质保存，易修改且不留痕迹。电子商务合同的保存和复制也十分方便，并且复制件可以与原件完全一致，以至于没有区分的必要，也无法加以区分。在电子商务中，双方整个交易过程可能自始至终都不见面，因此双方的身份很难加以确认；其他网络基础设施不完善，信息在网络传递过程中，有可能因网络自身特性而出现失误。同时，"计算机病毒""网络黑客"的存在，也会导致计算机内存的数据丢失和程序出现混乱，这都对网络交易构成严重威胁，因此使其作为证据具有一定的局限性。

想一想

合同在网络环境中发生了哪些变化？

4.1.3 电子商务合同的分类

合同的分类是指将各种合同按照特定的标准进行抽象性区分，归纳某一类合同的共同特征，从而有助于对各类合同的理解和适用。电子商务合同作为合同的一种，理论上可以按照传统的合同分类进行划分。除此之外，电子商务合同还具有自己的特殊性，可以按照自身的特点做如下分类。

1. 根据电子商务合同的标的不同分类

根据电子商务合同的标的不同，可以将电子商务合同分为信息产品合同和非信息产品合同。

信息产品是指可以被数字化并通过网络来传输的产品。比如计算机软件、多媒体交互

产品、计算机数据和数据库等。信息产品合同有网络服务合同、软件授权合同。需要物流配送的合同为非信息产品合同。

2. 根据电子商务合同订立的方式不同分类

根据电子商务合同订立的方式不同，可以将电子商务合同分为点击合同、以电子数据交换（EDI）方式订立的合同和以电子邮件（E-mail）方式订立的合同。

点击合同即电子形式的格式合同；EDI 是指按照一个公认的标准，将商业或行政事务处理转换成结构化的事务处理或报文数据格式，并借助计算机网络实现的一种数据电文传输方法；以 E-mail 方式订立的合同，是指当事人以 E-mail 的方式完成要约和承诺过程而订立的合同。

第 2 节 电子商务合同的订立

4.2.1 电子商务合同的书面形式

1. 电子商务合同对传统书面形式的挑战

传统的书面形式主要是指纸面形式，具体包括手写、打印、印刷、电报、传真等。传统商事法律几乎都要求合同的签订和履行需满足书面形式的要求。要求书面形式主要是要求保存原件，以证明其所签订的合同的合法性和真实性。对于电子数据而言，传统意义上的书面形式是不存在的，计算机信息里只能有标准化的、构造化的数据，根本没有与纸本文件相同的有形的纸张和文字。电子信息具有易消失和易改动的特点，电子数据存储在计算机系统中是无形的，比留存在纸面合同上更容易消失；电子数据是以磁性介质保存的，改动可以不留痕迹。电子商务合同是通过数据电文的发送、交换和传输等方式来实现的，并没有书面载体的存在，这种传统法律对书面形式的要求就对电子商务合同的适用造成了一定的法律障碍。因此，如何既满足传统法律对书面形式的功能要求，又能充分利用电子交易的快速和便捷就成为现代电子商务立法的追求。

2. 电子商务合同的法律认可

我国《合同法》第十一条规定："书面形式是指合同书、信件和数据电文（包括电报、电传、传真、电子数据交换和电子邮件）等可以有形地表现所载内容的形式。"我国《合同法》做出这一规定，正是借鉴国际上合同立法经验的结果，将电子商务合同纳入书面形式范畴，符合世界各国商业发展与立法的趋势，也和国际电子商务的立法与实务相衔接。

我国《电子签名法》第四条规定："能够有形地表现所载内容，并可以随时调取查用的数据电文，视为符合法律、法规要求的书面形式。"同时第七条又规定："数据电文不得仅因为其是以电子、光学、磁或者类似手段生成、发送、接收或者储存的而被拒绝作为证据使用。"

我国《合同法》第十一条的规定，虽然借鉴了《电子商务示范法》的规定，但也不完全相同。《电子商务示范法》第六条规定："如法律要求信息须采用书面形式，则假若一项数据电文所含信息可以调取以备日后查用，即满足了该项要求。无论本条第（1）款所述要求是否采取一项义务的形式,也无论法律是不是仅仅规定了信息不采用书面形式的后果,该款将适用。"根据这条规定,为了使数据电文信息达到"书面"保存或提交的法律要求,该条界定了电子商务环境中"书面"的基本标准,即"可以调取以备日后查用"。也就是说,数据电文要能够成为书面的形式,仅仅只是可以有形地表现所载内容是不够的,还必须可以调取以备日后查用。而我国《合同法》第十一条仅仅列举了书面形式的各种形态,并没有强调这些形式所载的内容是否"可以调取以备日后查用"。缺少此特点,也就不能真正达到法律承认其作为书面形式的目的。

4.2.2 电子商务合同订立的程序

电子商务合同是合同的一种特殊形式。因此,电子商务合同的订立仍然遵循合同订立的基本程序——要约和承诺。电子商务当事人订立和履行合同,适用《电子商务法》和《中华人民共和国民法总则》《中华人民共和国合同法》《中华人民共和国电子签名法》等法律的规定。电子商务合同是以数据电文的方式订立的,其意思表示通过数据电文传送和储存。因此,电子商务合同订立过程中要约与承诺的生效、撤回和撤销均有一定特殊性。

1. 电子商务合同中的要约

(1) 一般原理。要约是希望和他人订立合同的意思表示,该意思表示应当符合两个要件:内容具体确定;要表明经受要约人承诺,要约人即受该意思表示约束。

所谓内容具体明确,是要求要约的内容应当具备合同成立所必需的条款,以确保该要约经受要约人承诺后是可以付诸实施的。通常认为,要约至少应包括标的、数量、要约人的姓名或名称三项,并根据交易的具体情况而增加。

所谓经受要约人承诺,要约人即受该意思表示约束,是指要约人订立合同的意思是确定的。要约人可以在要约中声明自己受要约的具体内容,也可以不写明,只要能表达出确定的缔约意图即可。

要约一经生效,对要约人和受要约人具有拘束力。要约对要约人的拘束力,表现在要约一经生效,要约人不得随意改变要约的内容,亦不得撤回要约;要约对受要约人的拘束力,主要是指要约生效后受要约人取得做出承诺以使合同成立的权利,但并不因此承担必须承诺的义务。

要约生效以前可以撤回。要约人撤回要约,应当向对方发出通知。撤回要约的通知先于或同时到达受要约人,则撤回生效。要约生效后还可以撤销,但撤销通知应当在受要约人发出承诺通知以前到达受要约人。法律规定以下两种要约不得撤销:① 要约人确定了承诺期限或者以其他形式明示要约不可撤销;② 受要约人有理由认为要约不是不可撤销的,并已经为履行合同做了准备工作。

根据《合同法》第二十条的规定,属于下列情形之一的,要约失效:拒绝要约的通知到达要约人;要约人依法撤销要约;承诺期限届满,受要约人未做出承诺;受要约人对要约的内容做出实质性变更。

(2) 要约与要约邀请。要约邀请是希望他人向自己发出要约的意思表示。寄送的价目表、拍卖公告、招标公告、招股说明书、商业广告等为要约邀请,但商业广告的内容符合要约规定的,视为要约。区分要约与要约邀请可以根据以下标准。

① 根据法律规定。法律明确规定为要约邀请的应当是要约邀请。

② 根据内容确定。内容具体确定，已达到合同成立所具备的条件的是要约。

③ 根据发送人的意图来确定。发送人有约束自己条款的是要约；表明不受约束的是要约邀请。

④ 根据交易习惯来确定。询问价格一般为要约邀请。

要约和要约邀请虽然在理论上可以较容易区分，但在实践中对某些情况还会有争议，要具体问题具体分析。

在电子商务环境中区分要约和要约邀请，国内多数学者同意将网络广告和在线交易区别考察，而在线交易又因标的物为实物或计算机信息的不同而性质不同。

a. 网络广告。广告分为普通商业广告和悬赏广告两大类型。对于商业广告，大陆法系和英美法系态度相似，原则上将其视为要约邀请，如果普通商业广告中含有合同得以成立的确定内容和希望订立合同的愿望，则视为要约。

网络广告发布者通常在网站上发布 banner 广告或其他网页广告，或者通过电子邮件寄送商品信息。发布时可以在广告中特别声明为要约或要约邀请。如果声明："不得就其提议做出承诺"，或 "此广告和信息的发布者不承担合同责任"，或 "广告和信息仅供参考" 等，则只能视为要约邀请；如果公开声明，发布者愿意接受广告约束，与承诺者缔结合同，那么可视为要约。在没有声明的情况下，对要约和要约邀请的区分，应综合考虑具体交易情形和惯例，考察广告是否具备上述要约的基本要件。

悬赏广告是指广告人以广告的形式声明对完成广告中规定特定行为的任何人，给付广告中约定报酬的意思表示。对于悬赏广告，各国合同法一般认为是一项要约，我国司法实践也多将其认定为要约，一旦某人完成悬赏广告指定的行为，即是对广告人的有效承诺，双方即形成债权债务关系。在电子商务环境下，悬赏广告在认定发布人身份时会存在一些特殊问题，但这并不改变悬赏广告本身的性质。所以在通常情况下，悬赏广告应认定为要约。

b. 在线交易中的商品展示。在线交易的模式主要有两种：普通的访问网页进行交易及通过专门的第三方交易平台交易。产品制造商或大型商场通常会在互联网上建立网站或页面，消费者通过访问其网站页面购买其产品或商品，即通常所说的 B2C 模式。而专门的交易平台有 B2B 平台和 C2C 平台，分别为商家之间和个人之间的交易提供从商谈到付款一整套的解决方案。在线交易的标的物多为实物或计算机信息，具体内容如下。

- 通过访问网页进行实物交易。在这种交易模式中，明码标价的网页商品展示类似于商店标有价格的商品陈列。但网页上展示的并非真实的商品而仅仅是商品图片，理论上存在多人同时单击同一商品购买的可能性（访问量大的网站这种可能性是非常大的）。如果认定网页展示商品的行为是要约，则面临商品售罄或者同一商品被 "卖出" 数次的危险。所以，多数学者认为网页展示商品的行为是要约邀请。
- 通过访问网页进行计算机信息交易。由于计算机信息的特殊性，它可以无限复制、随时下载，也不存在售罄的问题。所以在网页上展示计算机信息并表明数量和价格的行为，可以认定为要约。
- 通过第三方交易平台交易。在这种模式下，交易平台一般都建立了严谨的交易程序，为交易双方提供了充分的交流机会。在卖方 "提交" 货物到交易平台时，一般都应交易的要求而填写了准确的商品数量，不存在售罄的问题；买卖双方交易的每个步骤都在交易平台程序确认后进行，不存在一物多售的问题，所以在第三方交易平台展示商品进行销售的行为（不论商品是实物还是计算机信息），可以认定为要约。

电子商务经营主体发布的商品或者服务信息符合要约条件的，当事人选择该商品或者服务并提交订单，合同成立。当事人另有约定的，从其约定。

（3）要约的撤回与撤销。要约的撤回，是指要约人在发出要约后，到达受要约人之前，取消其要约的行为。"要约可以撤回，撤回要约的通知应当在要约到达受要约人之前或者与要约同时到达受要约人。"如果要约人的要约是以邮寄信件的方式发出的，在要约到达受要约人之前，可以通过更快速地通信方式将其撤回。

在电子商务活动中，数据电文在信息系统之间的传递几乎没有延迟，要约的撤回变得很难实现。因此有学者主张，撤回要约在电子商务环境中是不可能的，在电子商务合同中谈论要约的撤回没有意义。另一种观点认为，电子要约的撤回虽然非常困难，但并非绝无可能。在网络拥挤或服务器故障的情况下，数据电文可能延迟到达，使得撤回要约的通知可能更早地到达受要约人。此时，从尊重契约自由原则和维护法律的一致性出发，法律应承认要约人撤回要约的权利。这种观点综合考虑了电子交易的特殊性和法律对双方当事人权益的平等保护，较为科学。

要约的撤销，是指要约发生效力后，要约人取消要约的行为。"要约可以撤销。撤销要约的通知应当在受要约人发出承诺通知之前到达受要约人。"在线交易中，如果要约以电子邮件的方式发出，那么在受要约人回复之前是可以撤销的；如果当事人通过即时通信工具在网上协商，这与口头方式无异，要约人在受要约人做出承诺前可以撤销；如果当事人采用电子自动交易系统从事电子商务，承诺由交易系统自动回复，则要约人很难有机会撤销要约。

2. 电子商务合同中的承诺

（1）一般原理。承诺是受要约人统一要约的意思表示。承诺的法律意义在于，承诺生效，则合同成立。一项有效的承诺须具备以下构成要件。

① 承诺必须由受要约人向要约人作出。受要约人是由要约人所选定的，是要约人准备订立合同的对方当事人。同时，要约也使受要约人取得了承诺的资格。因此，只有受要约人才有权做出承诺，无论受要约人是特定的人还是不特定的人。受要约人做出的承诺，可以由其本人进行，也可以授权其代理人进行。

受要约人做出的承诺必须向要约人为之。如果受要约人向要约人以外的其他人做出同意要约的意思表示，则不是承诺，不产生承诺的效力，而只能视为一种新的要约。

② 承诺的内容必须与要约的内容相一致。承诺必须无条件地接受要约的所有条件。据此，凡是第三者对要约人所做的"承诺"；凡是超过规定时间的承诺（亦称"迟到的承诺"）；凡是内容与要约不相一致的承诺，都不是有效的承诺，而是一项新的要约或反要约，必须经原要约人承诺后才能成立合同。

一般认为，承诺的内容与要约的内容相一致，只要求实质内容相一致即可，而对于要约内容的非实质内容的变更，并不影响承诺的成立。"承诺的内容应当与要约的内容一致。受要约人对要约的内容做出实质性变更的，为新要约。有关合同标的、数量、质量、价款或者报酬、履行期限、履行地点和方式、违约责任和解决争议方法等的变更，是对要约内容的实质性变更。""承诺对要约的内容做出非实质性变更的，除要约人及时表示反对或者要约表明承诺不得对要约的内容做出任何变更的以外，该承诺有效，合同的内容以承诺的内容为准。"

③ 承诺必须在要约有效期限内提出。要约在其存续期间内才有效力，一旦受约人承诺便可成立合同，因此承诺必须在此期间内做出。如果要约未规定存续期间，在对话人之间，承诺应立即做出；在非对话人之间，承诺应在合理的期间做出。凡在要约的存续期间届满后承诺的，是迟到的承诺，不发生承诺的效力，应视为新要约。但是，受约人在要约的存续期间内做出承诺，依通常情形在相当期间内可到达要约人，但因电报故障、信函误投等传达故障致使承诺迟到的，为特殊的迟到。在这种特殊迟到的情况下，承诺人原可期待合同因适时承诺而成立，依诚实信用原则，要约人应有通知义务，即及时地向承诺人发出承诺迟到的通知。怠于为此通知的，承诺视为未迟到，合同因而成立。

承诺应当以通知的方式做出，但根据交易习惯或者要约表明可以通过行为做出承诺的除外。这里所说的行为，通常是指履行行为，如预付价款、装运货物或者在工地上开工等。

（2）承诺的撤回。承诺的撤回是指受要约人在承诺生效之前将其取消的行为。英美法系立法一般对承诺生效采用发信主义原则，承诺一经发出即告生效，不存在撤回问题。大陆法系立法一般对承诺生效采用受信主义原则，承诺到达要约人才发生效力，因此允许受要约人撤回承诺。"承诺可以撤回。撤回承诺的通知应当在承诺通知到达要约人之前或者与承诺通知同时到达要约人。"

从理论上讲，电子商务合同关于要约撤回的规则当然适用于承诺的撤回，以数据电文发出的承诺可以撤回。在电子商务活动中，数据电文的传输可能遇到网络故障、信箱拥挤、停电断电、信息系统感染病毒等情况，因此受要约人撤回以数据电文行为发出的承诺的情形是存在的。

 想一想

电子商务合同订立过程中要约与承诺的生效、撤回和撤销与传统合同相比都有哪些特殊性？

第 3 节　电子商务合同的成立与生效

传统合同法理论认为，合同的成立与生效有本质区别。合同的成立是当事人对自己利益和义务的衡量和肯定，完全是个人之间的事情；合同的生效则是国家或法律对当事人之间已经成立的合同进行评价，决定是否让其产生法律效力的过程。

4.3.1　电子商务合同的成立

电子商务当事人使用自动信息系统订立或者履行合同的行为对使用该系统的当事人具有法律效力。

电子商务经营主体发布的商品或者服务信息符合要约条件的，当事人选择该商品或者服务并提交订单，合同成立。当事人另有约定的从其约定。

电子商务经营者不得以格式条款等方式约定消费者支付价款后合同不成立；格式条款等含有该内容的，其内容无效。

电子商务经营者应当清晰、全面、明确地告知用户订立合同的步骤、注意事项、下载方法等事项，并保证用户能够便利、完整地阅览和下载。

电子商务经营者应当保证用户在提交订单前可以更正输入错误。

4.3.2 电子商务合同的生效要件

电子商务当事人使用自动信息系统订立或者履行合同的行为对使用该系统的当事人具有法律效力。已经成立的电子商务合同，只有具备法律规定的条件才能发生法律效力。这些要件就是合同有效的要件。根据《民法通则》第五十五条和《合同法》第四十四条的规定，电子商务合同的生效要符合以下条件。

1．当事人具有相应的民事行为能力

民事行为能力是民事主体以自己的行为设定民事权利义务的资格，合同作为民事法律行为，只有具备相应的民事行为能力的人才有资格订立，不具有相应民事行为能力的人所订立的合同不能生效。

在电子商务中推定当事人具有相应的民事行为能力，但是，有相反证据足以推翻的除外。

2．意思表示真实

订约当事人双方的意思表示一致，合同即可成立，但只有当事人的意思表示是真实的，合同才能生效。意思表示真实是指行为人表现于外部的意思与其内在意志是一致的。在电子商务合同中，电子意思表示是否真实，同样也是判断电子商务合同是否有效的一个核心要件。电子意思表示真实是指利用资讯处理系统或者计算机而为真实意思表示的情形。电子意思表示的形式是多种多样的，包括但不限于电话、电报、电传、传真、电邮、EDI、因特网数据等。

3．不违反法律和社会公共利益

不违反法律和社会公共利益是指电子商务合同的内容合法。合同有效不仅要符合法律的规定，而且在合同的内容上不得违反社会公共利益。

在我国，凡属于严重违反公共道德和善良风俗的合同，应当认定其无效。

4．合同必须具备法律所要求的形式

我国现行的法律规定无法确认电子商务合同的形式属于哪一种类型，尽管电子商务合同与传统的合同有着许多差别，但是在形式要件方面不能阻挡新科技转化为生产力的步伐，立法已经在形式方面为合同的无纸化打开了绿灯。法律对数据电文合同应给予书面合同的地位，无论意思表示方式是采用电子的、光学的，还是未来可能出现的其他新方式，一旦满足了功能上的要求，就应等同于法律上的"书面合同"文件，并承认其效力。

第 4 节 电子商务合同的履行

合同的履行是指债务人全面、适当地完成合同义务，使债权人的合同债权得到完全实现。合同履行是合同效力的主要内容，是当事人权利义务实现的正常结果。我国《合同法》第六十条规定："当事人应当按照约定全面履行自己的义务。"这是法律对于合同履行的基本要求。电子商务合同的标的可以是非信息产品，也可以是信息产品。对于非信息产品，由于具有一定的物理载体，其履行方式与传统履行并无太大的差异；而相对于信息产品，由于其特殊性，在履行上也体现出较多的不同之处。

4.4.1 电子商务合同履行的原则

我国《合同法》虽然没有明确规定合同履行的原则，但通常认为，合同履行的主要原则有两个：适当履行原则和协作履行原则。这些基本原则仍然适用于电子商务合同的履行。

1. 适当履行原则

适当履行是指当事人按照合同的约定或者法律的规定履行合同的义务。它是对当事人履行合同的最基本要求之一。例如，履行的主体是合同确定的主体，履行的时间地点恰当，履行的方式合理等。对于电子商务合同而言，如果是离线交付，债务人必须依约发货或者由债权人自提；如果是在线交付，交付方应给予对方合理检验的机会，应保证交付标的的质量。

2. 协作履行原则

协作履行原则是指当事人不仅应适当履行自己的合同债务，而且应基于诚实信用原则要求对方协助其完成履行。协作履行原则是诚实信用原则在合同履行方面的具体体现，我国《合同法》规定了协作履行有通知、协助和保密的义务。具体包括：债务人履行合同债务，债权人应适当受领给付；债务人履行合同债务，债权人应给予适当的便利条件；因故不能履行或不能完全履行时，应积极采取措施避免或减少损失等。

在电子商务合同履行中，为便于债务人发货，要求债权人告知其地址和身份信息，债权人不得拒绝；在线交付信息产品的，债权人应使其信息系统处于开放、适于接受的状态；在线收集的当事人的有关资料不得非法利用等。

4.4.2 电子商务合同履行的基本模式

从我国当前电子商务开展的情况来看，基本上有三种合同履行方式：第一种是在线付款，在线交货。此类合同的标的是信息产品，如计算机软件、音乐产品的付费下载等。第二种是在线付款，离线交货。第三种是离线付款，离线交货。后两种合同的标的可以是信息产品，也可以是非信息产品。对信息产品而言，既可以选择在线下载的方式，也可以选择离线交货的方式。

电子商务合同中非信息产品的交付完全适用传统合同法的履行规则；而信息产品可以附着于有形载体，离线交货，也可以以数据信息的方式，在线交付。在线交付情形下，因数据信息传输的特殊性，信息产品履行的时间、地点、产品验收、风险转移等问题都具有其特殊性。采用在线付款和在线交货方式完成电子商务合同履行的，与离线交货相比，其履行中的环节比较简单，风险较小，不易产生履行方面的争议。由于信息产品可以采用两种交货方式，具有代表性，因而在下面单独对这类产品的履行进行专门的讨论。

4.4.3 信息产品合同的履行

1．履行的时间

对于信息的许可访问，其履行期即是许可方允许被许可方访问特定信息的期间，它不像信息的使用许可，有一个交付和受领的时间点，而是一段时间。在该段期间内，许可方应按照合同的规定向被许可方提供信息并允许其访问。这种访问一般是以访问许可方网站站点、浏览页面的方式获得信息。

2．履行的地点

当信息产品以有形载体为媒介时，它与传统的动产买卖的交付地点与交付方式基本相同。我国《合同法》规定，当事人对合同履行地点无约定、不能达成协议补充且无法依照相关条款和交易习惯确定时，"给付货币的，在接受货币一方所在地履行；交付不动产的，在不动产所在地履行；其他标的，在履行义务一方所在地履行"。有形载体的信息产品交付可以完全适用此规定。

以数据信息的方式在线交付信息产品，是电子交易具有特点的方式。当在线交付信息产品时，如果仍然适用传统形式的义务履行方所在地原则，显然不符合数据信息的传输规律。理论界和立法实践倾向于以信息系统作为参照依据，来确定合同的履行地。例如美国《统一计算机信息交易法》规定，以电子方式交付信息产品的地点，为许可方指定或使用的信息系统。对于交付完成的标准，则是使对方当事人能够有效地支配该信息产品。

3．附随义务

为了使交付的信息产品达到商业适用性，即实现信息产品的有效交付，在交付之中往往附随其他义务。如同有形货物买卖中必须提供使用说明书一样，信息产品的交付应将如何控制、访问该信息产品的资料交给买方，使之能够有效地支配所接受的信息。这些义务对于信息产品的使用而言是必不可少的。

4．信息产品的检验

产品的检验是履行的重要环节，在检验期间内发现质量问题的，接受方可以无条件退货并解除合同，在检验期满后出现问题的，只能依法或按约定追究其违约责任。我国《合同法》第一百五十七条规定："买受人收到标的物时应当在约定的检验期间检验。没有约定检验期间的，应当及时检验。"对于通用信息产品而言，由于产品的质量性能的定型化，其检验较为简易，此类交易属即时履行的交易。对有形载体的信息产品的检验，一般是检查其产品的包装状况、产品规格等外表情况，这种检验可称为形式检验，在检验完毕后即付款。当然，这并不排除当事人约定在付款后检验或在产品使用后检验。

当交易以电子方式履行时，由于产品本身不具有包装，自然接收人也无须对此检验，其所能检验的仅仅是该许可产品的说明，确定有关规格、版本等事项，但是，只有在其下载信息产品或进行安装时才能知道产品是否与说明相符。如果这种下载以接收人付款为前提，那么在他付款前没有检验的机会。为此，检验期应是在接收人接收信息后的一段合理期间。接收人发现产品有问题的，可在该期间内请求退货、解除合同、返还货款并可追究违约责任。

想一想

信息产品的履行规则有什么特殊性？

第 5 节　电子商务合同的违约责任

✓ 4.5.1　违约责任的归责原则

违约责任的归责原则是指基于一定的归责事由确定违约责任承担的法律原则。合同违约责任的归责原则有两种：过错责任原则和严格责任原则。过错责任原则是指一方违反合同的义务，不履行和不适当履行合同时，应以过错作为承担责任的要件和确定责任范围的依据。严格责任原则是指在违约发生以后，确定违约当事人的责任时，应当主要考虑违约的结果是否因被告的行为造成，而不是被告的故意或者过失。一般认为，将严格责任作为违约责任的归责原则，其宗旨在于合理补偿债权人的损失，从而能够根据公平观念分担损失。我国《合同法》总则中将严格责任原则确定为违约责任的一般归责原则，与合同法理论和国际立法趋势相一致。

电子商务合同只是合同的一种特殊形式，其合同性质并未改变。因此，按照《合同法》的规定，严格责任原则仍是我国电子商务合同违约责任的一般归责原则。

✓ 4.5.2　免责事由

合同违约的免责事由包括不可抗力、约定免责、债权人过错和法律的特殊规定等。电子商务环境中不可避免地存在网络故障、病毒感染、黑客攻击等问题，这些因素是否构成不可抗力要依具体情况来考察。

不可抗力是指不能预见、不能避免并且不能克服的客观情况。当不可抗力致使物品灭失或者不能给付时，债务人可被免责；当不可抗力致使合同部分不能履行或迟延履行时，则免除部分责任或延迟履行责任。在电子商务环境中，下列情形可认定为不可抗力。

1. 文件感染病毒

如果许可方采取了合理与必要的措施防止文件遭受攻击,如在给自己的信息系统安装了符合标准或业界认可的安全设施、防火墙,安全人员尽职工作的情形下,仍然感染病毒,造成合同无法履行,应认定为不可抗力,许可方因此不能履行合同的,可以免责。当然,这并不排除许可方返还对方价款的义务。

2. 非因自己原因造成的网络中断

网络传输中断可因传输线路的物理损害引起,也可由病毒或攻击造成,如 2006 年底我国台湾地区的地震导致海底电缆损坏,中国与国外绝大部分网络连接不畅,造成文件无法传输,国外电子邮箱服务无法使用等。当事人对此无法预见和控制,应属不可抗力。

3. 非因自己原因造成的电子错误

例如,消费者通过网络支付平台向商家付款,但由于信息系统的错误未能将价款转移到商家账户。

约定免责是指当事人在合同中约定的,旨在限制或免除其将来可能发生的违约责任的条款。在法律对网络中断、病毒感染、电子错误等问题做出明确规定的情形下,免责条款是当今电子商家、互联网服务商降低法律风险的最有效手段之一。当然,免责条款的约定不得违反法律和社会公共利益,不得排除当事人的基本义务或排除故意或重大过失责任。

4.5.3 违约救济

按照《合同法》的规定,合同违约责任的承担方式主要包括继续履行、采取补救措施、支付违约金、赔偿损失等。上述责任形式皆可适用电子商务合同的违约救济。当合同的标的为信息产品时,违约救济方式有实际履行、采取补救措施、继续使用、停止使用、中止访问、损害赔偿等措施。

1. 实际履行

实际履行又称继续履行,是违约方不履行合同债务或履行合同债务不符合约定时,由法院强制违约方按照合同的规定继续履行的责任方式。继续履行意味着当事人不得以其他方式代替合同义务的履行。

对于信息产品而言,实际履行具有重要的现实意义。第一,信息产品本身的可复制性使得它不易灭失,违约方在违约后仍然有条件继续履行。第二,信息产品多数具有较高的技术含量,其使用需要相关软件、硬件配套设施的投入,如果守约方另寻其他代替品,显然成本很高。第三,对于信息访问合同而言,被许可方的目的就是获得有关信息,只要不是因为信息内容上的原因而违约,进行实际履行对当事人双方都是最容易实现的。第四,信息产品销售、许可与服务是浑然一体的,这使得信息产品合同当事人的权利义务比其他合同更复杂,涉及当事人的多种利益,实际履行有利于减少当事人尤其是接受方的利益损失。

实际履行给守约方较大的选择权,守约方可以在权衡利弊的基础上选择接受实际履行或者其他补救措施。

2. 采取补救措施

当事人履行合同不符合约定的,违约方应当按照对方的要求,采取合理的补救措施。《合同法》规定,质量不符合约定的,应当按照当事人的约定承担违约责任。对违约责任没有约定或者不明确的,根据有关法律规定仍不能确定其违约责任的,受损害方根据标的的性质以及损失的大小，可以合理选择要求对方承担修理、更换、重做、退货、减少价款或者报酬等违约责任。

3．停止使用

停止使用是指因被许可方的违约行为，许可方在撤销许可或解除合同时，请求对方停止使用并交回有关信息。由于信息产品的可复制性，被许可方交回的只是信息的载体，所以交回的实际意义并不大，唯有停止使用才能保护许可方的利益。在特殊情况下，被许可方也可以使用电子自助措施停止信息继续被使用。

4．中止访问

中止访问是对信息许可访问合同的救济，当被许可方有严重违约行为时，许可方可以中止其获取信息。中止访问不是违约责任的一种形式，而是许可方对被许可方的一种抗辩行为，是履行中的抗辩。

作为一种抗辩，中止访问必须符合一定的条件。第一，信息许可访问合同必须是双务合同，当事人双方互负对待给付义务。第二，合同约定的义务已到履行期。第三，被许可方未按照合同的约定履行。例如，被许可方未按照规定的时间交付使用费等。第四，在许可方采取中止措施之前，应通知被许可方。如果被许可方在通知规定的合理时间内消除了违约行为，则中止访问的抗辩不应采用。

5．损害赔偿

损害赔偿是以支付金钱的方式弥补受害方因违约行为所减少的财产或者所丧失的利益。它是最基本和最重要的违约救济方式之一。它与上述几种违约救济方式是互补的，一方违约后，除了要求其采取特定补救方式外，对于已造成的损害还应予以赔偿。根据我国法律规定，损害赔偿不得与违约金并用，只能选择其中一种。

4.5.4 电子错误

1．电子错误的界定

电子错误是电子商务合同中特有的概念，目前学术界对它的不同理解主要存在于电子错误的范围上。从最广义的角度，电子错误包括了一切缔约过程中可能发生的与当事人真实意思表示不一致的情况，包括当事人对合同的认知或者理解差异所导致的错误，当事人输入电子信息时的指令错误，以及由于电子传输手段的技术原因所导致的系统错误。有的学者从电子错误产生原因的某一方面对其进行界定。例如："电子错误是指消费者在使用信息处理系统时，因为没有提供合理的方法删除、更正或避免错误，而在电子信息中产生的错误。"也有人认为："电子错误主要指的是在信息传输过程中的系统错误而导致了意思表示未能准确、及时、安全地到达。"电子错误的根源在于合同效力取决于当事人意思表示真实这一基本的合同法原理，对于当事人的认知错误，只是传统合同错误的电子化表现形式，完全可以依照传统合同法律规范中的重大误解来进行处理，当事人享有因重大误解所导致的意思表示不真实的撤销权。而当事人的指令输入错误及系统错误，则是在电子商务环境中所产生的特殊问题，必须制定相应的电子商务法律规范来进行调整。因此，电子错误是指在使用电子信息系统处理、传输电子信息时，由于电子系统故障而导致的电子信息处理、传输的失误，以及消费者在使用未提供合理检测、纠正或避免错误的电子系统中所导致的错误。据此，电子错误主要包括以下两类。

一类是指人为原因造成的错误。这种错误在表示人做出意思表示时就已经产生,主要是输入、点击等操作错误。例如消费者在网上订购商品时将商品的型号、数量或其他相关信息误输,并且将错误信息发送给卖方。在网络交易中,当事人双方都通过电子意思表示来进行交流,而电子意思表示是通过高科技手段生成并传递的一种意思表示,在电子意思表示中的错误往往使当事人(尤其是消费者)更加难以控制。因此,法律有必要将一定的电子意思表示错误规定为电子错误,使消费者避免因此种错误而承担相应的法律责任,以保护消费者的利益。之所以将此种电子错误的表示主体限定为消费者,是因为在一般的 B2B 合同中,电子信息多作为交易双方进行合同协商的手段,如果出现操作错误往往可以通过撤回或撤销来进行纠正。而在绝大多数 B2C 合同中,电子商务合同往往以点击格式合同等形式存在,消费者一旦输入相关信息并点击后,合同即告成立。因此,在消费者使用一个信息系统订立合同时,如果该信息系统没有提供检测、避免或纠正意思表示错误的合理方法,就使得消费者的错误意思表示根本没有撤回的可能,而消费者的操作失误在实践中确实是比较多发的。

另一类是指系统原因造成的错误。这种错误源于技术原因而非当事人的意思表示,也就是当事人做出的意思表示是没有错误的,而是在信息传输的过程中该意思表示被改变,以至于到达相对人时与表示人的真实意思不符,或者是应当发送的信息没有发送或发送迟延等情况。比如当事人欲订购 10 件商品,在传输过程中由于系统处理错误,相对方收到的信息中商品数量变为 100 件,与表示人的真实意思不符,照此履行合同必将产生纠纷。在电子商务合同订立的过程中,很大程度上依赖于电子技术手段,这种手段本身并不是完美无缺、确保无误的。因此,在使用该手段的时候难免会出现因技术原因而导致的错误,并且由于电子系统的瞬时性,信息的处理和传输都在瞬间完成,在此过程中发生错误,一般比较难以发现及纠正,比如 EDI 和电子邮件等都是复杂的电子信息的传输,很有可能出现电子系统失灵或计算机故障,在这种情况下,通信失误风险的存在是不可避免的,由此而导致的意思表示不真实也属于电子错误。

2. 人为错误的责任承担

对于因消费者在使用未提供合理检测、纠正或避免错误的电子交易系统中所导致的错误,相应的法律规范应从保护消费者利益的角度设置。一般情况下,自动交易系统都是由商家提供的,消费者只能使用该系统而没有对系统进行支配和管理的权利,如果该系统没有提供必要的错误更正措施,要求消费者对自己的操作失误承担绝对责任是不公平的,也是不符合商业惯例的。

电子商务合同使用自动交易系统的,在人机互动中用户发生输入错误,而该系统未提供更正错误的方式,同时符合以下要求的,用户有权撤回输入错误的部分:

(1)该用户在发生错误后立即通知对方当事人有输入错误发生;
(2)该用户没有从对方当事人处获得实质性的利益或者价值。

 想一想

人为错误在哪些情况下可以撤销?

电子商务合同怎么签

电子商务合同的操作过程和载体与一般书面合同不同，电子商务合同当事人、要约、承诺及合同的效力问题都是现代立法中的一个难点。究竟电子商务合同该怎么签呢？

签订电子商务合同是一个简单快捷的过程：首先要使用智能文档设计工具，编辑合同内容（也可以从 Word 文档直接导入），签约双方填写相关合同信息，确认后，甲方先盖电子印章（将一个类似于 U 盘大小的物体插入计算机，两次输入密码后，用鼠标单击电子文件下方空白处，一个红色的公司印章就印在指定位置）。之后，甲方用网络将合同传输给乙方，乙方用同样的方法盖上电子印章。这样，一份具有法律效力的电子商务合同就生效了。

1．保障安全性

据专家介绍，电子商务合同比传统的纸质合同具有更高的安全性。电子商务合同的安全性保障主要来自电子印章技术和数字证书。一方面，电子商务合同的内容在盖了电子印章后不可更改，而且电子印章不能分拆出来使用。另一方面，数字证书是一个网上的身份证，它可以确保合同的签订方和合同本身是可信任的。此外，电子商务合同采用了密码验证和在传输过程中加密的办法，以保证其安全性。如果电子商务合同被篡改，还将会提示为无效合同。据了解，电子印章与一份权威机构出具的数字证书结合，还有双重的密码验证，充分保证合同签订双方的正确身份。在传输中，也将采取加密措施，充分保证数据的保密性。另外，技术上还可以提供专门的阅读插件，可以独立使用，保证合同不外泄。安全电子印章绝对不只是企业用户的产品，越来越多的个人网上交易同样也需要。

电子签名过程中要加密、解密，交易双方使用的密匙是随机产生的，由 1024 位乱码组成，实现破译的概率是零。与传统合同相比，数字认证更具信息的保密性、数据的完整性等优势。

2．电子商务合同形式的合法性问题

任何一种合同，只有其符合法律的要求，才能受到法律的保护，才能具备有效性和可执行性。各国立法对合同形式的规范主要是要求采用书面形式，而电子商务合同区别于传统合同的最大特点恰恰是无纸化，所以电子商务合同可能会因形式不合法而被认为无效，不予保护。《电子商务示范法》采用了一种令人信服、易于被各国接受的办法，这就是功能等同法，认为电子商务合同只要满足了书面形式合同的基本功能，就应认为其是合法的，不应拘泥于合同是纸的还是非纸的。事实上，书面形式不过是记录合同内容的一种方法，如果其他记录合同内容的方法能像书面形式一样，具有准确性、完整性、可核查性，就应认为符合法律关于书面形式的要求。网络交易记录的可靠性如果不低于其他技术维护的记录，不应因其是电子的而不是纸的而否认其合法性。我国《合同法》第 11 条也规定了书面形式是指合同书、信件和数据电文等可以有形地表现其所载内容的形式，与书面形式相联系的问题还有签名、原件、证据的效力等问题。传统立法是针对纸面合同制定的，所谓的签名原件证据都是以纸为物质基础的。

因而电子商务合同似乎无法满足这些要求。下面就电子商务合同中的签名、原件、证据等问题进行探讨。

(1) 签名。签名的主要功能：① 表明文件的来源；② 表明签字者已经确认文件所载的内容；③ 构成签字者对文件内容正确性或完整性而负责的证据。包括签字在内的各种传统认证方法，对交易的安全性、可靠性和完整性提供了一定的保障，但任何认证手段都不是完美无缺的。电子签名也称数字签名，是技术专家们设计了以电子数据密码表示密匙作为电子签章（electronic signature），再配合认证机构（CA）发送数字证书对个人持有的私人密匙作认证，实现合同当事人签字的功能。使用EDI等现代科技手段进行认证较传统手段并无更多的不可靠性。事实上传统的签字要求关键在于所采取的符号是否为当事人带着认证该文件的明确目的而签署或采用的，不在于用何种形式进行签字。换言之，签字也可以使用某种带有独特性的符号来代替。实际上，目前EDI交易中普遍采用的电子签字和数字签字的技术，不但有认证功能，而且更安全、更可靠，它与书面文件签字一样也能确认文件传输过程中的事实。例如电子文件由签名者发送的，电子文件自签发后至收到为止未做修改，可防止因电子信息易于修改而有人作伪，冒用他人名义发送信息，在收到信息后予以否认等。因而电子签名应被认定为一种有效的签字方式。《电子商务示范法》也是按功能等同法对待电子商务合同签名问题的。

(2) 原件。原件是相对于复制件而言的，其本义应是原始形成的书面文件。因为电子商务合同的内容是以数字的形式记忆在计算机中的，不可能像传统的书面合同那样直接出示。对于原件的问题，联合国国际贸易法委员会建议采用在解决书面形式问题中采用的功能等同法。从大多数国家的证据法来看，原件的功能是确保当事人能据此宣称权利或提出抗辩，并对交易进行认证，以及成为可能的最佳证据。换言之，原件的功能也就是对信息的认证以维护其真实可信度。因此只要能证明EDI电文确实是计算机所储存或接收的信息，就能满足证据法对原件的要求。因而从逻辑上讲，符合原件功能的电子商务合同应按原件对待。原件的一个重要功能是作为证据向法庭提交来作为审判和确定责任的依据。电子信息一般都储存在计算机内，向法庭出示一般有两种方式：① 在计算机显示器上显示；② 打印出来。根据1985年国际贸易法委员会的问卷调查，这两种方式都是可行的。至于哪种是原件，就要看法院接受哪一种形式。而我国《民事诉讼法》要求当事人提供书证时，应当提交原件，复制件不能单独作为证据使用，电子数据资料的计算机打印件不能视为原件，而是属于复制件或抄本。

(3) 证据。法律对合同或其他的民事行为要求采用书面形式，主要是基于书面形式的证据作用。因为书面材料可以长久地保存，如有修改或增减都会觉察出来。而电子数据容易被篡改且不留痕迹，不易觉察，因此就产生了一系列的问题，如电子数据能否具有与传统书面证据一样的证据力？在当事人发生纠纷时这种储存在计算机里的数据能否被法庭采纳为证据？电子商务合同既然能够存在，就肯定可以证明，因而其证据力是不可否认的，一项数据电文是否具有充分的证据力，主要看它有没有符合法律的如下要求。

① 客观性。作为证据的数据电文必须是客观存在的事实。数据电文虽然以物质形式存在，但其价值在于内容，因此数据电文的客观性在于内容是否可靠，虚构的、篡改的数据电文没有客观性。数据电文的客观性主要从两方面入手：a. 信息的来源，即谁提供的信息或信息产生的情况；b. 信息的完整性，即信息内容的完整性及提供的规范性。计算机的操作有严格的规程，包括操作者处于严格的控制之中，系统未被非法人员操作等。

② 相关性。证据与其所涉事实具有本质上的联系，保证重整方法和过程的客观科学性和合法性。只有紧密围绕事实严格按照操作程序进行重组才能符合这一要求。

③ 合法性。要依法收集和查证属实的事实。计算机内部系统工作时，其内部数据往往在内存之中，因此有必要采用一定的方式将其固定，如复制到软盘等存储工具上。因此要依法按程序搜索和案件有关并且是必需的文件，尤其是在计算机网络中绝不能进入其他与搜集案件事实无关的局域网络。扣押计算机存储介质应按行业的特点，在无损于案件事实电子信息的情况下进行。在满足以上特点的情况下，电子数据是具有证据力的，否则当事人的合法权益将无法受到法律保护，这种贸易就难以发展下去。

中国法律关于电子商务合同证据问题没有规定。我国《民事诉讼法》规定的7种证据也不包括电子数据；最高人民法院的司法解释中也没有涉及电子数据证据方面的内容；从司法实践情况来看，也尚未发现合同纠纷以电子数据为证据定案的例子。但在一些知识产权纠纷案中涉及了电子数据的问题。例如，被称为中国网络知识产权第一案的北京阳光公司诉上海霸才公司侵权违约案中，当事人争执的标的就是电子数据，但是法官和当事人都未直接把电子数据作为证据，而是通过公证的办法来取证，以公证的结论作为定案的主要依据，也就是说，至少目前电子数据还很难单独作为证据存在。《电子商务示范法》的基本态度是：第一，肯定数据电文可以作为一种证据使用，不能因为它是数据电文而否定它的证据力；第二，关于数据电文的证据是否可以像书面证据一样在法庭上使用，要综合各种情况来判定。

随着电子时代的到来，以及网络速度的提升，网络将会和我们的生活息息相关。网上购物、网上交易、网上支付、网上银行、网上货币等已成为人们日常生活的一部分。因网上行为而引发的一系列贸易、合同、纠纷等法律问题也会不断地涌现出来。目前，关于网上行为的立法无论是在国内还是在国际都还不完善、不健全，这就要求各国和一些国际经济组织必须更新观念，加强已有法律的梳理和新的法律制度的创立，来推动网上经济活动的发展，保障电子交易的安全，以切实维护当事人的合法权益。

（资料来源：华律网）

案例分析1

韩某有一天在网上浏览，发现一辆二手帕萨特汽车的起拍价只有10元人民币，他想可能是网站在搞促销活动，就参加了竞拍。几轮下来他成功了，成交价是116元。网站通过电子邮件进行了确认，并给他发来了电子商务合同。韩某根据网站提供的电话，跟卖主联系，卖主是一家二手汽车经销公司，也收到了网站发来的那份电子商务合同，但是该公司坚决不同意交车，理由是这份合同无效，因为：第一，汽车的起拍价是10万元而不是10元，在网站上显示的10元起拍价是由于其工作人员输入失误造成的；第二，他们认为116元就把车卖了，这样一个合同是不公平的。韩某的手上有三份证据：一份是网络公司给他发来的电子确认书，第二份是电子商务合同，另外还有一份整个交易过程的记录。经多次交涉无果，韩某最后只好把汽车经销公司告到法院。结合所提供的案例分析下列问题：

（1）这个网上竞拍的电子商务合同是否有效？为什么？
（2）本案反映出电子商务活动中的法律规范存在哪些问题？

案例分析2

2019年2月1日，吴某从××网站上订购了价值777.20元的货品，但至今未收到网商的任何货品，最令人愤怒的是，在整个过程中没有一个电话向顾客解释原因，为此吴某分别打了4次电话给××网。得到的结果是：

第一次，说吴某的货品缺货，所以至今没有配货，会马上给他配齐。

第二次，说由于吴某的货品分属不同的地区，所以要等其他的货到达以后才能配送。

过完年后吴某打了第三次电话，说货品已经发出，但由于过年，所有的物流公司均已经休息，所以要等到2月20日以后才能发出，并且在5天内一定可以收到。

3月5日，吴某再次打电话确认时，网商居然说由于吴某地址不详，所以其订购的货品已经退回仓库。吴某多次在××网上订货，如果是地址不详，只要打个电话就可以解决，为什么连一个电话都没有？

如此长时间没有一个电话，即使网商所承诺的15个工作日也已经远远超过，这样的服务简直就是欺骗行为，吴某希望他们能给个说法，道歉并补偿由于另外购买礼品所花费的时间和人力成本。

同时吴某也有一个疑问，对于这样的网购，在没有进行实际货品交割之前，顾客所下的订单和确认文档是否属于合同的一部分？如果是，法律部门对这样的毁约和欺诈行为会有什么样的处理方式？

实训目的

通过阅读实训材料，能够结合所学的电子商务合同成立的形式及效力有关知识进行分析，以检验对所学知识的理解和掌握。

实训内容与步骤

（1）阅读实训背景材料。
（2）查询实训材料所涉及的法律知识。
（3）运用相关的法律知识分析解决问题。

实训提示

对实训的背景材料一定要熟悉，运用的法律知识要准确。

思考与练习

请在熟悉实训材料的基础上，结合所学的法律知识，分别回答下列问题：

案例分析1

（1）这个网上竞拍的电子商务合同是否有效？为什么？
（2）本案反映出电子商务活动中的法律规范存在哪些问题？

案例分析2

（1）网站标示商品价格、网民发订单、网站确认订单，都是合同行为吗？
（2）吴某从××网订购的货品至今未能收到，他应如何保护自己的权益？

电子商务法律法规

本章小结

合同是交易的桥梁,电子商务合同是电子商务的核心。在网络环境下,电子商务合同从形式到内容都发生了重大变化。本章从传统交易环境和网络交易环境比较的角度,结合国际上相关立法规定,分析合同在网络环境中发生的变化和产生的新问题。

电子商务合同是指所有通过电子技术手段(如电报、电传、传真、电子数据交换和电子邮件等)缔结的合同。狭义的电子商务合同是指在网络空间通过电子方式缔结的合同。

电子商务合同订立是指缔约人做出意思表示并达成合意的行为和过程。它必须经过要约和承诺两个环节。电子商务合同成立时间是指合同当事人产生法律约束力的时间。一般情况下电子商务合同的成立时间就是电子商务合同的生效时间,合同成立的时间是对双方当事人产生法律效力的时间。确定电子商务合同成立的地点涉及发生合同纠纷后由哪地、哪级法院管辖及其适用法律问题。

电子商务合同能否产生法律效力,是否受法律保护还需要看它是否符合法律的要求,即是否符合法定的生效要件。

电子商务合同的履行是指合同当事人按照合同的约定,全面或适当地完成各自应承担的合同义务,使合同关系得以全部终止的整个行为过程。电子商务合同履行的原则有全面履行原则和诚实信用原则。而电子商务合同的履行方式可概括为三种:在线支付,在线交货;在线支付,离线交货;离线支付,离线交货。

电子商务合同的违约责任一般遵循严格责任原则、过错责任原则,同时还存在严格责任下的免责事由。电子商务合同的违约救济可以归纳为实际履行、停止使用、中止访问和损害赔偿等措施。

1. 单项选择题

(1)下列不属于要约邀请的是(　　)。

  A.寄送的价目表

  B.网络广告

  C.拍卖公告

  D.投标

(2)在电子商务环境中,下列情形不可认定为不可抗力的是(　　)。

  A.文件感染病毒

  B.商品缺货

  C.非因自己原因造成的网络中断

  D.非因自己原因造成的电子错误

(3)某商业网站在其广告页上称某品牌某型号笔记本电脑八折出售给某日访问该网站的前三位访问者,该网络广告属于(　　)。

  A.要约邀请

B. 要约

C. 承诺

D. 以上都不是

(4) 电子商务合同一方当事人缺乏相应的民事行为能力时，应当确定为（　　）。

   A. 有效的电子商务合同

   B. 可变更的电子商务合同

   C. 可撤销的电子商务合同

   D. 效力待定的电子商务合同

(5) 常住深圳（户籍所在地）的小张到上海出差时，以电子邮件的形式与常住武汉的老李（邮件接收人，主营业地武汉）签订了一份商务合同，其中并未约定合同成立的地点。根据我国相关法律，该合同成立的地点为（　　）。

   A. 武汉或深圳

   B. 小张的常住地深圳

   C. 上海和武汉

   D. 老李的主营业地武汉

2．多项选择题

(1) 下列属于电子商务合同违约救济方式的有（　　）。

   A. 实际履行

   B. 停止使用

   C. 中止访问

   D. 损害赔偿

(2) 广义的电子商务合同是指所有通过电子技术手段如（　　）等缔结的合同。

   A. 电子数据交换

   B. 电子邮件

   C. 电报、电传

   D. 传真

(3) 电子商务合同履行的基本方式有（　　）。

   A. 在线付款，在线交货

   B. 在线付款，离线交货

   C. 离线付款，离线交货

   D. 离线付款，在线交货

(4) 根据电子商务合同标的的不同，可将电子商务合同分为（　　）。

   A. 信息产品合同

   B. 点击合同

   C. 以电子数据交换方式订立的合同

   D. 非信息产品合同

(5) 根据电子商务合同订立的方式不同，可将电子商务合同分为（　　）。

   A. 信息产品合同

   B. 以电子邮件（E-mail）方式订立的合同

   C. 以电子数据交换方式订立的合同

D．点击合同

3．分析题

（1）分析不同类型在线交易的要约邀请、要约和承诺。

（2）试述电子商务合同的订立过程。

（3）人为错误在哪些情况下可以撤销？

第5章 电子支付法律制度

本章重点/难点

电子支付的概念与性质;电子支付法律关系;第三方电子支付法律规范;如何保证支付安全。

本章导图

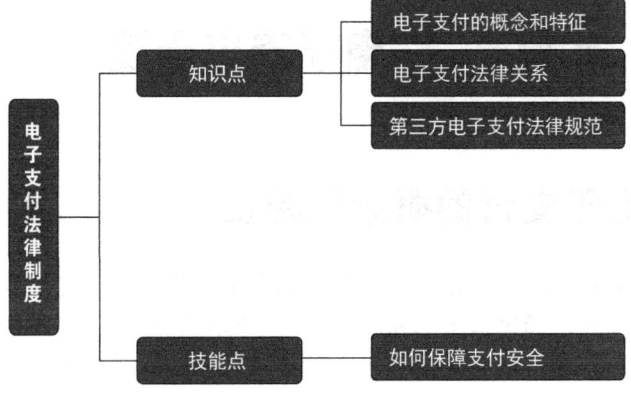

引例

2017年4月,中国支付清算协会在北京发布《中国支付清算行业运行报告(2017)》。该报告显示,2016年我国互联网支付整体安全、平稳、高速运行,交易规模逐步提升。其中,新兴支付业务的发展尤为瞩目:2016年非银行支付机构共处理互联网支付业务663.30亿笔,金额54.25万亿元,同比分别增长98.60%和124.27%;移动支付行业延续高速发展态势,非银行支付机构共处理移动支付业务970.51亿笔,金额51.01万亿元,同比分别增长143.47%和132.29%。2016年第三方支付机构业务量呈爆发式增长,与行业变化不无关系。

电子商务法律法规

> **引例分析**
>
> 支付结算是重要的金融基础设施，也是服务民生、促进消费的重要渠道。近年来，我国商业银行、支付机构和商户在零售支付、科技金融等多个领域进一步深化合作，共同推进支付清算行业，使其规模持续扩大，产品不断丰富，手段更为安全便捷，成为中国经济转型升级的重要亮点。在行业快速发展的同时，监管部门主动适应行业创新发展步伐，持续完善支付行业顶层设计，推进各项制度落地生根，加快支付结算基础设施建设。针对行业快速发展中暴露出的过度竞争、消费者信息泄露和备付金风险等市场乱象及违法违规行为，继续加大监管力度，贯彻"强化支付监管、防范支付风险"理念，规范业务行为，化解处置风险，淘汰不合规企业，有效应对未来行业格局变化和支付业务创新带来的挑战，引导行业健康、合规发展。
>
> 随着行业监管的加强，网联平台的引入等一系列措施，在加速了行业洗牌的同时，对第三方支付机构而言也是一次新的发展机遇。越来越多的公司不满足于做单一业务平台，开始积极发展新兴业务，促进企业转型，互联网金融集团化、综合化趋势明显。另外，互联网科技的快速发展，用户规模的稳定增长，支付模式及支付场景的创新，使第三方支付行业继续保持高速的增长趋势，未来发展潜力巨大。

第 1 节 电子支付概述

✓ 5.1.1 电子支付的概念和特征

电子商务当事人可以约定采用电子支付方式支付价款。电子支付是指付款人与收款人为电子商务活动的需要，通过电子形式的支付指令实现货币资金转移的行为。

正是依赖高效、便捷、低成本的电子支付手段，我国电子商务市场才得以迅速发展到今天的规模。然而，相关的立法却远远滞后。"自 2011 年中国人民银行给支付宝颁发第一张第三方支付牌照以来，我国已成立了近 270 家电子支付公司。但这一领域一直缺乏法律或者行政法规的授权，此次立法可谓重大突破。"中国人民大学法学院副院长杨东说。

电子支付服务提供者为电子商务提供电子支付服务，应当遵守国家规定，告知用户电子支付服务的功能、使用方法、注意事项、相关风险和收费标准等事项，不得附加不合理交易条件。电子支付服务提供者应当确保电子支付指令的完整性、一致性、可跟踪稽核和不可篡改。

电子支付服务提供者应当向用户免费提供对账服务以及最近三年的交易记录。

电子支付服务提供者提供电子支付服务不符合国家有关支付安全管理要求，造成用户损失的，应当承担赔偿责任。

用户在发出支付指令前，应当核对支付指令所包含的金额、收款人等完整信息。

支付指令发生错误的，电子支付服务提供者应当及时查找原因，并采取相关措施予以纠正。造成用户损失的，电子支付服务提供者应当承担赔偿责任，但能够证明支付错误非自身原因造成的除外。

电子支付服务提供者完成电子支付后，应当及时准确地向用户提供符合约定方式的确认支付的信息。

用户应当妥善保管交易密码、电子签名数据等安全工具；用户发现安全工具遗失、被盗用或者未经授权的支付的，应当及时通知电子支付服务提供者。

未经授权的支付造成的损失，由电子支付服务提供者承担；电子支付服务提供者能够证明未经授权的支付是因用户的过错造成的，不承担责任。

电子支付服务提供者发现支付指令未经授权，或者收到用户支付指令未经授权的通知时，应当立即采取措施防止损失扩大。电子支付服务提供者未及时采取措施导致损失扩大的，对损失扩大部分承担责任。

"支付宝诞生后，余额宝、招财宝等互联网金融产品纷纷涌现，如果将互联网金融的创新发展比喻为高速行驶的汽车，那么电子支付就是高速公路。电子支付如果不规范好，互联网金融就将面临风险。"杨东认为，对电子支付立法，受益的将不仅是电子商务领域，也包括金融行业。

中国人民银行和国务院银行业监督管理机构应当依法对电子支付服务提供者进行监督管理。

与传统的支付方式相比，电子支付具有以下特征。

（1）电子支付是采用先进的技术通过数字流转来完成信息传输的，其各种支付方式都是采用数字化的方式进行款项支付的；而传统的支付方式则是通过现金的流转、票据的转让及银行的汇兑等物理实体流转来完成款项支付的。

（2）电子支付的工作环境是基于互联网这样一个开放的系统平台；而传统支付则是在较为封闭的系统中运作。

（3）电子支付使用的是最先进的通信手段，如 Internet；而传统支付使用的则是传统的通信媒介。电子支付对软、硬件设施的要求很高，一般要求有联网的计算机、相关的软件及其他一些配套设施；而传统支付则没有这么高的要求。

（4）电子支付具有方便、快捷、高效、经济的优势。用户只要拥有一台联网的计算机，便可足不出户，在很短的时间内完成整个支付过程。支付费用仅相当于传统支付的几十分之一，甚至几百分之一。

在电子商务中，支付过程是整个商贸活动中非常重要的一个环节，同时也是电子商务中准确性、安全性要求最高的业务过程。《中国支付清算行业运行报告（2017）》数据显示，2016 年全国共办理非现金支付业务 1 251.11 亿笔，金额 3 687.24 万亿元，同比分别增长 32.64%和 6.91%。

支付的概念及其变革

支付就是交易一方得到另一方的货物或服务后所给予的补偿，以保证交易双方的平衡。在古代，以物易物是人类最早使用的支付形式；生产扩大后，人们交换的商品种类与数量不断增大，这时迫切需要有一种特殊的商品来充当交换的一般等价物，就产生了货币。于是，在历史上很长时期内，货币支付（即现金支付）便成为主要的支付方式。

现金支付有其优点。现金，即中央银行发行的纸币和硬币。在现金交易中，买卖双方处于同一位置，而且交易是匿名的。卖方不需要了解买方的身份，因为现金的有效性和价值是由中央银行保证的。同时，现金具有使用方便和灵活的特点，一手交钱，一手交货。显然，现金是一种开放的支付方式。任何人只要持有现金，就可以进行款项支付，而无须经中央银行收回重新分配。

但是，现金交易也存在很多缺陷：第一，受时间和空间限制。对于在不同时间、地点进行的交易，无法采用现金支付。第二，受不同发行主体的限制。不同国家现金的单位和代表的购买力不同，给跨国交易带来不便。第三，不利于大宗交易。大宗交易涉及金额巨大，如果用现金支付，不仅不方便，而且不安全。第四，金融和经济监管部门对现金交易无法监控，不利于国家的经济宏观调控。

比现金支付更为先进的是票据支付。广义票据是指各种具有法律效力、代表一定权利的书面凭证，如股票、债券、货单、车船票等；狭义票据是指《票据法》规定的汇票、本票和支票。它们是载有一定的付款日期、付款地点、付款人的无条件支付的流通凭证，也是一种可以由持票人自由转让给他人的债券凭证。

银行本票是申请人将款项交给银行，银行签发给他凭以办理转账或支付现金的票据，分定额和不定额两种，适用于在同一城市支付各种款项；银行支票是单位或个人签发的、委托其开户银行付款的票据，在同一城市内各种款项的结算均可使用；银行汇票是由汇款人将款项交给当地银行，由银行签发给他持往异地采购商品办理结算或支取现金的票据，适用于"先拿票款—后发货"的结算。商业汇票由付款人（或承兑申请人）签发，经过购货单位或银行承诺付款，承兑人负有到期（期限不超过6个月）无条件支付票款的责任，适用于购货单位资金暂时不足，"先发货—后付款"的结算，同城或异地均可使用。销货单位收到商业汇票后，如未到期限便急需资金，可持承兑的汇票，以及增值税发票和发运单据复印件向银行申请贴现（贴现，即拿未到期票据到银行兑取资金，并由银行扣除从交付日至到期日这段时间的利息），也可以在汇票背后签字（称背书）后转让给第三者，以及时获取资金。

票据支付的出现弥补了现金交易的不足：通过使用票据，异地交易不必涉及大量现金，减少了携带大量现金的不便和风险；票据的使用使得交易可以异地异时进行，大大提高了交易实现的可能性，促进了交易的繁荣。由于票据支付最终必须通过银行兑付，这也为经济金融监管调控提供了条件。

但票据也存在一些问题。例如票据比较易于伪造、容易丢失，商业承兑汇票甚至存在拒绝付款和到期无力支付的可能。因此，使用票据支付仍然具有一定的风险。

现金支付属于开放型支付，而票据支付属于封闭型支付。一般来说，开放型支付比较方便，因为支付工具无须发行主体重新确认流通；而封闭型支付在这一点上显然不如开放型支付，重新回笼增加了作为支付工具本身的成本。但开放型支付存在较大的限制、不便和安全风险，使得票据传统支付方式在电子支付出现以前被广泛应用。

近十年来，由于经济的迅猛发展对支付的效率、安全和降低成本提出了更高的要求，而互联网的普及应用，更促进了电子交易和电子支付的兴起。

电子支付是指电子商务交易的当事人（包括消费者、厂商和金融机构）使用网络通信、

第 5 章　电子支付法律制度

密码技术，以及其他安全措施通过电子信息化手段进行的货币支付和资金流转。电子支付往往借助于银行及其他机构支持的某种金融工具来完成，如电子现金、电子支票和银行卡等。它无须任何实物的标记，用纯粹电子形式的货币，以数码的方式保存在计算机中。

与传统的支付方式相比，电子支付有许多优势：第一，电子支付是通过网络以先进安全的数字信息技术来完成支付行为，满足现代化社会高效便捷的商务活动需求，加快资金周转速度，降低企业的资金成本；第二，电子/网上支付使用开放的互联网平台，使商家和消费者很方便地加入电子支付系统。电子支付系统可以跨越时空，提供全球 7×24 小时的服务保证，使交易者能够足不出户，随时随地在很短的时间内进行消费支付活动；第三，电子支付通过网络和计算机实现，可以替银行节省许多办公场地、物资和人力，有助于降低交易成本。

 想一想

货币支付、票据支付和电子支付各有什么优缺点？

5.1.2　电子支付的形式

银行采用 IT 技术进行电子支付的形式有 5 种，分别代表着电子支付发展的不同阶段。第一阶段是银行利用计算机处理银行之间的业务，办理结算。第二阶段是银行计算机通过网络与其他机构计算机之间进行资金的结算，如代发工资等业务。第三阶段是利用网络终端向客户提供各项银行服务，如自助银行。第四阶段是通过银行卡介质利用 ATM、POS 向客户提供自动取款/消费扣款服务。银行卡是商业银行向个人和单位发行的一种支付结算工具，可用于购物消费、存取现金，并具有一定的消费信用功能。银行卡终端、各家银行的银行卡发卡系统、结算网络系统，以及中国银联的银行卡跨行交换网络组成了银行卡支付的运行环境。第五阶段是最新的阶段，即客户通过互联网随时随地实现银行的转账结算，这种形式的电子支付又称网上支付。

电子支付与传统支付相比，具有很大的优势，但也存在着更高的条件要求。主要表现为：第一，对软、硬件要求很高，电子支付要求银行配备联网的计算机、服务器、相关的软件和配套设施、专业技术人员。这使得实现电子支付的技术门槛和初期投入成本比较高。第二，安全性和支付信息私密性问题。互联网是开放的网络，不法分子很容易通过互联网窃取支付信息进行金融诈骗。这就需要采用先进的计算机安全技术和严格的行政管理双管齐下的方法进行防范，如建立安全的认证体系、设置防病毒、入侵检测、防火墙、加密设备等安全设施，并制定和执行严格的管理制度防止安全疏漏和内部作案等。第三，与传统支付不同，电子支付的记账凭证用无形的电子信息代替了传统的纸质凭证，这需要有相关法律法规来认可和保证电子支付的有效性。2004 年，人大通过了《中华人民共和国电子签名法》，从法律上认可和保证了具有电子签名的电子信息的有效性。公安部、信息产业部和人民银行等有关部委也制定和颁布了一批有关电子支付的法规。2018 年 8 月 31 日，由全国人大常委会审议通过的《电子商务法》第三章"电子商务合同的订立与履行"里有五条规范电子支付行为的专门条款。

091

5.1.3 电子支付的运行环境

电子支付是一种通信频次大、数据量不定、实时性强、分布面广的行为,因此电子支付的运行环境即网络平台必须是交换型的,安全保密好、稳定可靠的,并向社会公众开放的通信平台。最早的电子支付通信平台有电话交换网 PSTN、公用数据网、专用数据网、电子数据交换 EDI 网络平台等。这些网络平台的普及面和速度都明显跟不上业务发展的需要,近年来,以互联网平台作为运行环境的电子支付已经逐渐成为主流。

互联网络支付平台主要由互联网、支付网关、银行内部业务网、跨行网络平台和认证中心等部分组成,其网络结构如图 5-1 所示。

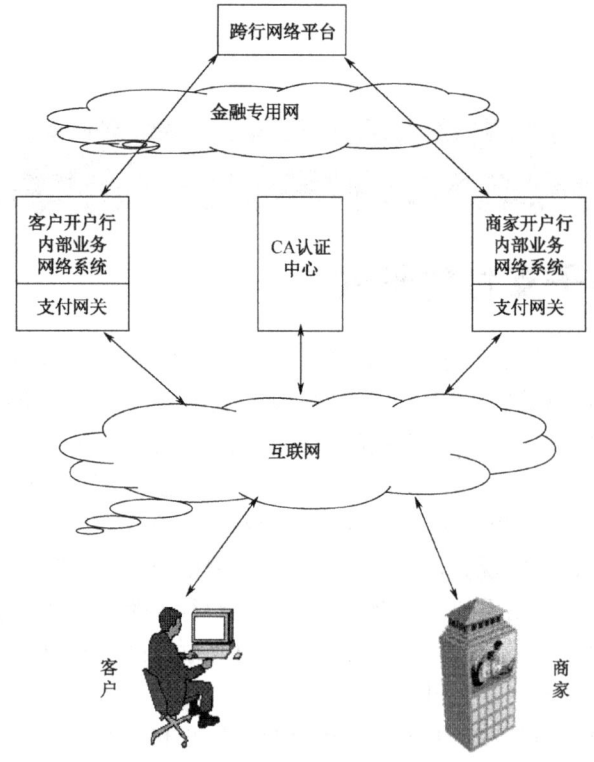

图 5-1 互联网络支付平台的网络结构

支付网关是特殊而重要的,它位于互联网和银行内部专用网之间,是两网之间的连接通道。设置支付网关的主要目的是完成外网和内网之间的安全通信、通信协议的转换和进行相关支付数据的加密、解密,将来自开放的互联网上的交易信息传给银行内部的专用网络,起到隔离和保护银行网络的作用。正是有了支付网关,整个互联网支付平台才是安全可靠的。

为了保证支付信息的真实性、完整性、保密性和不可否认性,现在网上支付普遍采用数字证书认证技术,使用公钥基础设施(PKI)。认证中心是 PKI 基础设施的核心,它负责发放和管理数字证书,并在网上支付过程中为交易各方提供证书有效性查询。

跨行网络平台负责跨行支付信息的传递和银行间的资金清算,目前国内最主要的跨行平台是人民银行的现代化支付系统。近年来国内还出现了许多第三方支付平台,为电子/网上支付环境提供了重要的补充。

第 2 节 电子支付法律关系

电子支付法律关系是电子支付法律所调整的电子支付当事人之间的权利和义务关系。与其他法律关系一样,电子支付法律关系也由主体、内容和客体三个要素构成。

5.2.1 电子支付法律关系的主体

电子支付涉及的当事人主要包括发端人、受益人、银行和认证机构(CA)四个。

1. 发端人

发端人即电子支付中的付款人,根据其与发端人银行所订立的服务协议,向发端银行发出付款的指示。

2. 受益人

受益人即电子支付中的收款人,根据其与受益人银行的服务协议,要求受益人银行妥当接收所划拨来的资金。

3. 银行

银行包括发端人银行、受益人银行和中间银行。银行是电子支付中的信用机构、支付中介和结算中介,其提供电子支付服务的依据是银行与电子支付客户所订立的金融服务协议。

4. 认证机构

认证机构(CA)即在网上建立的一种权威的、可信赖的、公正的第三方信任机构,为参与电子商务各方的各种认证要求提供证书服务,确认用户身份。

5.2.2 电子支付法律关系的内容

电子支付法律关系的内容比较复杂,各方当事人相互之间都形成合同关系,这些合同关系构成电子支付法律关系的内容。

1. 发端人与受益人之间的合同关系

发端人与受益人订立的合同关系,可以是买卖合同或者其他合同关系,合同所确立的一项重要内容是发端人向受益人支付一定的价款。

2. 发端人、受益人与银行之间的金融服务合同关系

发端人与受益人分别与银行订立金融服务合同,这里可以是同一家银行,也可以是不同的银行。作为发端人银行,在整个资金划拨的传送链中,承担着如约执行资金划拨指示的责任,一旦资金划拨失误或失败,应向客户进行赔偿;作为受益人银行,一方面,受益人银行与客户的服务协议要求它妥当地接收所划拨来的资金,即它一接收到发端人银行送来的资金划拨指示,便立即履行义务,如有失误或延误,则应按受益人银行与其客户的服务协议来处理。另一方面，发端人银行与受益人银行一般都是某一电子资金划拨系统的成员，相互负有合同义务，如受益人银行未能妥当执行资金划拨指示的，则应按合同同时向发端人银行和受益人承担责任。

3. 认证机构（CA）与用户之间的认证服务合同关系

在电子支付活动中，发端人、受益人都有可能成为证书用户，其相对方则成为证书信赖方。

5.2.3 电子支付法律关系的客体

电子支付法律关系的客体是电子支付行为。交易双方通过电子支付行为，实现资金从发端人银行账户到受益人银行账户的划拨。

第 3 节 第三方电子支付法律规范

5.3.1 第三方电子支付的概述

1. 第三方电子支付的定义

目前，对于第三方电子支付还没有准确的定义，一般认为第三方支付是在传统的电子支付模式中引入第三方机构建立的第三方支付平台，由该第三方机构承担资金的保管和清算费用的电子支付模式。在交易中，买方选购商品后，使用第三方支付平台提供的账户进行货款支付，由第三方支付平台通知卖家货款到达、进行发货；买方检验物品后，就可以通知付款给卖家，第三方支付平台再将款项转至卖家账户。目前，我国第三方支付平台的代表有支付宝、财付通等。

2. 第三方支付平台的由来

国内最早出现第三方支付平台是源于电子商务的需要。电子商务交易离不开电子支付，而传统的银行支付方式只具备资金的转移功能，不能对交易双方进行约束和监督；另外，支付手段也比较单一，交易双方只能通过指定银行的界面直接进行资金划拨，或者采用汇款方式；交易也基本全部采用款到发货的形式。在整个交易过程中，货物质量方面、交易诚信方面、退换要求方面都无法得到可靠保证，交易欺诈行为也时有发生。于是第三方支付平台应运而生。第三方支付平台是指与银行（通常是多家银行）签约，并由具备一定实力和信誉保障的第三方独立机构提供的交易支持平台。在通过第三方支付平台的交易中，买方选购商品后，使用第三方平台提供的方式和银行渠道进行货款支付，由第三方平台通知卖家货款到达、进行发货；买方检验物品后，就可以付款给卖家。此外，某些第三方支付平台还提供了一定期限内的退货服务；一些第三方平台提供多达二十家银行、数十种银行卡的选择，比起传统的单一银行的网上支付方式，更丰富了网上交易的支付手段。

第三方支付平台的特点在于"多渠道、多业务、多银行"，因此第三方支付平台在支付领域中具有其特殊的生命力。它的优点如下：第一，不参与买卖双方的具体业务，具有公信度，不会因触及客户商业利益而失去服务机会；第二，把众多的银行和银行卡整合到一个页面，方便网上客户，也降低了网民的交易成本；第三，可进行"多业务、多银行、多渠道"的服务创新；第四，对商家和消费者有双向财产保护能力，有效地限制了电子交易中的欺诈行为。

第三方支付平台中的"第三方"，是指电子交易中买方与卖方之外的第三方。第三方还有另一种含义，就是指在线支付客户与银行之外的第三方。例如 CFCA 目前正在策划筹建的支付平台，是 CFCA 以第三方身份为网上的企业和个人客户提供跨行支付服务。

3．第三方支付的优势

电子支付是电子商务产业链中不可或缺的重要环节，但是因为早期国有商业银行在电子银行方面的建设步伐相对迟缓，第三方支付公司（非金融机构、非银行机构）的崛起迅速填补了这一空白。随着第三方支付平台在整个电子商务，特别是 B2C、C2C 市场扮演越来越重要的角色，成为新的金融增值业务服务商。

（1）第三方支付平台作为中介方，可以促成商家和银行的合作。对于商家第三方支付平台可以降低企业运营成本，同时对于银行，可以直接利用第三方的服务系统提供服务，帮助银行节省网关开发成本。

（2）第三方支付服务系统有助于打破银行卡壁垒。由于中国实现在线支付的银行卡"各自为阵"，每个银行都有自己的银行卡，这些自成体系的银行卡纷纷与网站联盟推出在线支付业务，客观上造成消费者要自由地完成网上购物，手里面必须有十几张卡的后果。同时商家网站也必须装有各个银行的认证软件，这样就会制约网上支付业务的发展。第三方支付服务系统可以很好地解决这个问题。

（3）第三方支付平台能够提供增值服务，帮助商家网站解决实时交易查询和交易系统分析，提供方便及时的退款和止付服务。

（4）第三方电子支付平台可以对交易双方的交易进行详细记录，从而防止交易双方对交易行为可能的抵赖，以及为在后续交易中可能出现的纠纷问题提供相应的证据，虽没有使用较先进的 SET 协议，却起到了同样的效果。总之，第三方电子支付平台是当前所有可能的突破支付安全和交易信用双重问题中较理想的解决方案。

相对于传统的资金划拨交易方式，第三方支付可以比较有效地保证货物质量、交易诚信、退换要求等环节，在整个交易过程中，都可以对交易双方进行约束和监督。在不需要面对面进行交易的电子商务形式中，第三方支付为保证交易成功提供了必要的支持。因此随着电子商务在中国的快速发展，第三方支付行业也发展迅猛。

4．第三方支付的模式

目前，经营状况相对较好的第三方支付公司经营模式大致有两种。

（1）信用中介模式。信用中介模式是针对我国网上交易信用现状而特别推出的安全付款服务，其运作的实质是以第三方支付平台为信用中介。为了增强线上交易双方的信任度，更好地保证资金和货物的流通，充当信用中介的第三方支付服务应运而生，实行"代收代付"和"信用担保"。买方选购商品后，使用第三方平台提供的账户进行货款支付，并由第三方通知卖家货款到账、要求发货；买方收到货物，检验货物，并且进行确认后，再通知第三方付款；第三方再将款项转至卖家账户。这种模式的实质便是以支付公司作为信用中介，在买家确认收到商品前，代替买卖双方暂时保管货款。这种类型的典型代表是支付宝、财付通等。

（2）支付网关模式。第三方支付平台将多种银行卡支付方式整合到一个界面上，充当了电子商务交易各方与银行的接口，负责交易结算中与银行的对接，消费者通过第三方支付平台付款给商家，第三方支付为商家提供一个可以兼容多银行支付方式的接口平台。这种经营模式的特色是更注重与银行的合作。一些第三方支付平台目前已经实现了与消费者最常用的多家银行的数十种银行卡的直通服务，帮助商家促使更多消费者选择在线支付方式。消费者并不是其客户，它真正的客户是商家和银行，其收益来自银行的利益分成及按每笔交易向商家收取的服务费。这种类型的第三方支付平台有快钱、银联商务、拉卡拉等。

2017年1月13日，中国人民银行发布了一项支付领域的新规定《中国人民银行办公厅关于实施支付机构客户备付金集中存管有关事项的通知》，明确了第三方支付机构在交易过程中产生的客户备付金，今后将统一交存至指定账户，由央行监管，支付机构不得挪用、占用客户备付金。

想一想

你所熟悉的第三方支付产品有哪些？

5. 第三方支付平台的结构和功能

目前，国内出现了数十个第三方支付平台，这些平台的业务模式和技术实现方法不尽相同，但平台的结构则具有一个相似的基本点，即第三方支付平台前端直接面对网上客户，平台的后端连接各家商业银行，或通过人民银行支付系统连接各家商业银行，如图5-2所示。

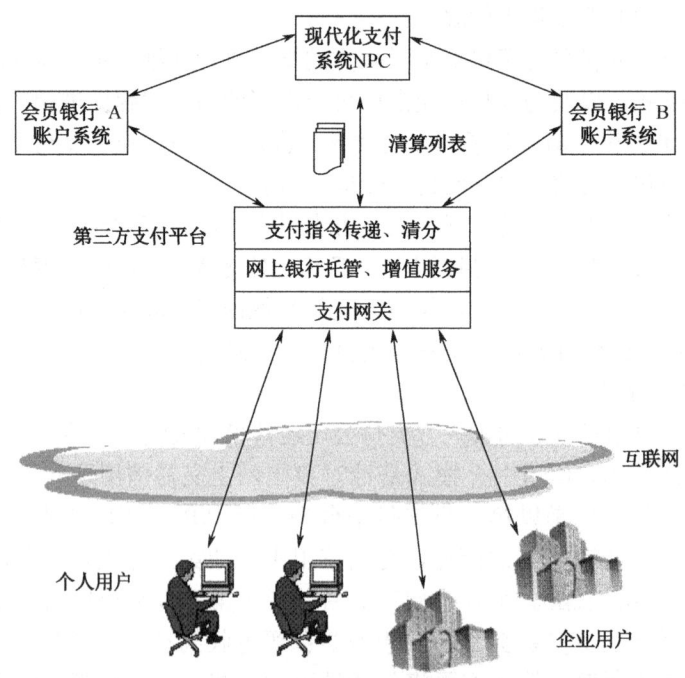

图5-2　第三方支付平台的结构

第三方支付平台的功能大致可归纳为3项：第一，接收、处理并向开户银行传递网上客户的支付指令；第二，进行跨行之间的资金清算（清分）；第三，代替银行，开展金融增值服务。

在这三项功能中，第一项接收、处理、传递支付指令是第三方支付平台必不可少的基本功能。第二项资金清算的功能则为选项，不同平台各有取舍，有的支付平台只具有第一项功能，不负责资金清算。第三项功能——代替银行，开展金融增值服务，是指在一些银行涉及不到的领域，第三方支付平台可以协助甚至代替银行开发很多金融产品，比如针对专门市场（如缴纳水电费等）、社区市场（如物业结算、小区管理费）、独立单位市场（如大型连锁企事业单位可能搞一套自己的东西或者委托第三方进行处理，拓展银行服务）、移动市场的相关产品。

5.3.2 第三方电子支付的主要风险

随着电子支付的发展，相应的法律问题也得到了人们更多的关注，焦点主要集中在以下 5 个方面。

1．主体资格和经营范围的风险

第三方支付，从事的业务介于网络运营和金融服务之间，其法律地位尚不明确。虽然多数第三方支付试图确立自己是为用户提供网络代收代付的中介地位，但是从所有这些第三方支付实际业务运行来看，支付中介服务实质上类似于结算业务。此外，在为买方和卖方提供第三方担保的同时平台上积聚了大量在途资金，表现出类似银行吸收存款的功能。按照《商业银行法》规定，吸收存款，发放贷款，办理结算是银行的专有业务。第三方支付平台经营的业务已突破了现有的一些特许经营的限制，究竟应当如何定位，是值得深思的问题。

2．结算和虚拟账户资金沉淀风险

根据目前的交易规则，客户在网上购物所缴纳的备付金是先存在第三方支付平台，直到客户收到货物后才转付到卖方账户。这样，巨额的客户备付金至少在第三方支付平台停留 3~7 天，形成大量的资金沉淀。随着客户数量的急剧增加，沉淀资金的规模非常巨大。由于支付与结算之间存在时滞，参与者若在资金滞留期内故意或因不可抗力因素而无法完成最终的结算，则将引发信用风险。在极端情况下，小范围的信用风险可能引发支付系统大范围的流动性风险，进而引发整个支付系统的系统性风险。

3．信用卡套现风险

第三方支付平台出现后，使得信用卡套现行为更加容易，为信用卡套现提供了非法的便利渠道，使得相应的监管更为困难。

4．洗钱与非法交易风险

第三方支付大都通过网络系统进行交易，支付公司和客户并非面对面地交易，在某种程度上有可能存在虚假交易的情况。同时，第三方支付平台没有权限监督网上交易者的款项用途，这就给非法资金流动提供了可能。而且，第三方支付平台并不属于银行系统，无法跟踪和监测资金的流向。这给金融监管部门带来资金流向监管的难度，也给犯罪分子的洗钱行为带来了可乘之机。目前而言，日益增长的交易范围和交易额为金融监管带来一定的困难，犯罪分子可利用虚拟交易或转移定价等方式实施资金转移以合法化其非法资金。

5．管理方面的风险

由于第三方支付系统运行在开放的互联网上，电子支付过程中有时会遭到黑客的攻击；

电子签名在电子支付中的应用不足，导致少数资金被盗；第三方支付机构内部管理的缺陷，存在一定的安全隐患。

5.3.3 第三方支付监管的基本思路

2010年6月，中国人民银行发布了《非金融机构支付服务管理办法》，同年12月又发布了《非金融机构支付服务管理办法实施细则》；2013年6月，中国人民银行发布了《支付机构客户备付金存管办法》；2015年12月，中国人民银行发布了《非银行支付机构网络支付业务管理办法》；2017年1月，中国人民银行发布了《中国人民银行办公厅关于实施支付机构客户备付金集中存管有关事项的通知》。这些文件形成了一套对第三方支付机构的监管办法。

1．资格审查条件

从事第三方支付的非银行支付机构应持有支付业务许可证。根据《非金融机构支付服务管理办法》第八条和第九条的规定，申请支付业务许可证的申请人应当具备下列条件。

（1）在中华人民共和国境内依法设立的有限责任公司或股份有限公司，且为非金融机构法人；

（2）有符合本办法规定的注册资本最低限额；

（3）有符合本办法规定的出资人；

（4）有5名以上熟悉支付业务的高级管理人员；

（5）有符合要求的反洗钱措施；

（6）有符合要求的支付业务设施；

（7）有健全的组织机构、内部控制制度和风险管理措施；

（8）有符合要求的营业场所和安全保障措施；

（9）申请人及其高级管理人员最近3年内未因利用支付业务实施违法犯罪活动或为违法犯罪活动办理支付业务等受过处罚。

申请人拟在全国范围内从事支付业务的，其注册资本最低限额为1亿元人民币；拟在省（自治区、直辖市）范围内从事支付业务的，其注册资本最低限额为3 000万元人民币。注册资本最低限额为实缴货币资本。

2．业务范围

非金融机构支付服务是指非金融机构在收付款人之间作为中介机构提供下列部分或全部货币资金转移服务。

（1）网络支付；

（2）预付卡的发行与受理；

（3）银行卡收单；

（4）中国人民银行确定的其他支付服务。

3．风险监督

第三方支付机构的风险监督主要体现在以下方面。

（1）建立清算业务风险防范机制，制定并实施识别、计量、监测和管理风险的制度；

（2）建立参与者信用风险损失分担的规则和程序；

（3）建立应急系统，制定应急预案，确保支付清算系统安全可靠地运行；

（4）提供担保或缴存支付清算风险保证金，保证金实行专户存储，用于抵补参与者因头寸不足而发生的流动性风险，保证支付清算业务持续进行；

（5）按照《中华人民共和国反洗钱法》的规定建立客户身份识别制度，按照规定执行大额交易和可疑交易报告制度；

（6）银行主管部门依法对支付清算组织进行现场检查和非现场检查。

4．客户备付金存管

客户备付金是指支付机构为办理客户委托的支付业务而实际收到的预收代付款货币资金。

（1）备付金银行。支付机构的备付金银行应当符合下列条件。

① 总资产不得低于2 000亿元，有关资本充足率、杠杆率、流动性等风险控制指标符合监管规定。支付机构在同一备付金银行仅开立备付金汇缴账户的，该银行的总资产不得低于1 000亿元。

② 具备监督客户备付金的能力和条件，包括有健全的客户备付金业务操作办法和规程，监测、核对客户备付金信息的技术能力，能够按规定建立客户备付金存管系统。

③ 境内分支机构数量和网点分布能够满足支付机构的支付业务需要，并具有与支付机构业务规模相匹配的系统处理能力。

④ 具备必要的灾难恢复处理能力和应急处理能力，能够确保业务的连续性。

（2）备付金的使用与划转。

① 支付机构应当在收到客户备付金或客户划转客户备付金不可撤销的支付指令后，办理客户委托的支付业务，不得提前办理。

② 支付机构通过银行转账方式接收的客户备付金，应当直接缴存备付金专用存款账户；按规定可以现金形式接收的客户备付金，应当在收讫日起2个工作日内全额缴存备付金专用存款账户。

③ 支付机构每月在备付金存管银行存放的客户备付金日终余额合计数，不得低于上月所有备付金银行账户日终余额合计数的50%。

④ 支付机构只能通过备付金存管银行办理客户委托的跨行付款业务，以及调整不同备付金合作银行的备付金银行账户头寸。支付机构在备付金合作银行存放的客户备付金，不得跨行划转至备付金存管银行之外的商业银行。

⑤ 不同支付机构的备付金银行之间不得办理客户备付金的划转。

⑥ 支付机构按规定为客户办理备付金赎回的，应当通过备付金专用存款账户划转资金，不得使用现金；按规定可以现金形式为客户办理备付金赎回的，应当先通过自有资金账户办理，再从其备付金存管账户将相应额度的客户备付金划转至自有资金账户。

⑦ 支付机构应当按季计提风险准备金，存放在备付金存管银行或其授权分支机构开立的风险准备金专用存款账户，用于弥补客户备付金特定损失，以及中国人民银行规定的其他用途。风险准备金按照所有备付金银行账户利息总额的一定比例计提。支付机构开立备付金收付账户的合作银行少于4家（含）时，计提比例为10%。支付机构增加开立备付金收付账户的合作银行的，计提比例动态提高。

⑧ 支付机构因办理客户备付金划转产生的手续费费用，不得使用客户备付金支付。

5. 网络支付业务

网络支付业务是指收款人或付款人通过计算机、移动终端等电子设备，依托公共网络信息系统远程发起支付指令，且付款人电子设备不与收款人特定专属设备交互，由支付机构为收付款人提供货币资金转移服务的活动。

（1）支付机构为客户开立支付账户的，应当对客户实行实名制管理。

（2）支付机构不得为金融机构，以及从事信贷、融资、理财、担保、信托、货币兑换等金融业务的其他机构开立支付账户。

（3）支付机构应根据客户身份对同一客户在本机构开立的所有支付账户进行关联管理，并按照下列要求对个人支付账户进行分类管理：① 对于以非面对面方式通过至少一个合法安全的外部渠道进行身份基本信息验证，且为首次在本机构开立支付账户的个人客户，支付机构可以为其开立Ⅰ类支付账户，账户余额仅可用于消费和转账，余额付款交易自账户开立起累计不超过 1 000 元（包括支付账户向客户本人同名银行账户转账）；② 对于支付机构自主或委托合作机构以面对面方式核实身份的个人客户，或以非面对面方式通过至少 3 个合法安全的外部渠道进行身份基本信息多重交叉验证的个人客户，支付机构可以为其开立Ⅱ类支付账户，账户余额仅可用于消费和转账，其所有支付账户的余额付款交易年累计不超过 10 万元（不包括支付账户向客户本人同名银行账户转账）；③ 对于支付机构自主或委托合作机构以面对面方式核实身份的个人客户，或以非面对面方式通过至少 5 个合法安全的外部渠道进行身份基本信息多重交叉验证的个人客户，支付机构可以为其开立Ⅲ类支付账户，账户余额可以用于消费、转账及购买投资理财等金融类产品，其所有支付账户的余额付款交易年累计不超过 20 万元（不包括支付账户向客户本人同名银行账户转账）。客户身份基本信息外部验证渠道包括但不限于政府部门数据库、商业银行信息系统、商业化数据库等。其中，通过商业银行验证个人客户身份基本信息的，应为Ⅰ类银行账户或信用卡。

（4）支付机构应当确保交易信息的真实性、完整性、可追溯性，以及在支付全流程中的一致性，不得篡改或者隐匿交易信息。

（5）对于客户的网络支付业务操作行为，支付机构应当在确认客户身份及真实意愿后及时办理，并在操作生效之日起至少 5 年内，真实、完整地保存操作记录。

（6）支付机构应当向客户充分提示网络支付业务的潜在风险，及时揭示不法分子新型作案手段，对客户进行必要的安全教育，并对高风险业务在操作前、操作中进行风险警示。

（7）支付机构可以组合选用下列三类要素，对客户使用支付账户余额付款的交易进行验证：① 仅客户本人知悉的要素，如静态密码等；② 仅客户本人持有并特有的，不可复制或者不可重复利用的要素，如经过安全认证的数字证书、电子签名，以及通过安全渠道生成和传输的一次性密码等；③ 客户本人生理特征要素，如指纹等。支付机构应当确保采用的要素相互独立，部分要素的损坏或者泄露不应导致其他要素损坏或者泄露。

央行频开罚单整合注销牌照第三方支付市场面临"最强"监管

根据央行在其官方网站披露的信息，最近又有 6 家第三方支付机构进入了已注销许可机构名单。截至目前,共有10家支付公司牌照被央行注销。与此同时,央行对支付公司的处罚力度也在明显加强,2017年初至今,央行已对超过10家支付机构开出罚单。业内人士表示,种种迹象表明,监管层正着力对第三方支付市场进行规范和整顿,而在此政策背景下,行业的进一步调整和洗牌在所难免。

《经济参考报》记者通过查询央行官网行政审批公示一栏得知,以上6家机构皆因合并而注销:上海富友金融网络技术有限公司被上海富友支付服务有限公司合并;上海华势信息科技有限公司被上海易生支付有限公司合并;北京资和信网络支付有限公司被北京资和信电子支付有限公司合并;上海付费通企业服务有限公司被上海付费通信息服务有限公司合并;浙江盛炬支付技术有限公司被海南新生信息技术有限公司合并;山东易通支付有限公司被山东鲁商一卡通支付有限公司合并。

根据官方公布的数据,目前持牌支付机构逾200家。业内人士分析指出,部分合并的支付机构之间存在关联关系,而监管层要求这些企业进行合并并注销牌照,体现出监管层希望进一步提高行业集中度的导向。2017年3月的两会记者会上,中国人民银行副行长范一飞曾表示,支付产业市场参与者众多,供给和需求有些失衡、供过于求,支付机构之间也存在过多竞争。2016年下半年,央行对27家非银行支付机构《支付业务许可证》进行续展,并明确表示,一段时期内原则上不再批设新机构,央行将重点做好对现有机构的规范引导和风险化解工作。

除了整合注销牌照之外,2016年以来,央行对支付公司的处罚力度也在明显加强。2017年初,易票联支付有限公司因"违反非金融机构支付服务管理规定、银行卡收单业务管理规定",被处罚约533万元。而就在最近,两大支付巨头财付通和支付宝也分别接到了央行的罚单。

对此,易观金融中心分析师王蓬博告诉《经济参考报》记者:"支付宝、财付通受到处罚,其警示意义远大于处罚意义。从这件事情上,我们也可以窥视到,监管实际上又有加强的趋势,而监管的收紧也是为了在保障金融安全基础上规范行业发展。"

实际上,2017年以来,央行针对支付市场的监管政策频出。2017年1月,央行发布通知称,自2017年4月17日起,支付机构应将客户备付金按照一定比例交存至指定机构专用存款账户,首次交存的平均比例为20%左右,最终将实现全部客户备付金集中存管。

丰瑞祥营销总裁李紫建认为,很多市场主体都盲目进军支付市场,与此同时却对传统的备付金管理、风控反洗钱、账户实名制等关注不够,这对整个支付行业是不利的,监管趋严对从业者是好事。

国付宝董事长鲁洪毅认为,第三方支付行业的集中度将进一步提升,届时,各个机构通过整合并购,优胜劣汰,会变得更加有序。

(资料来源:经济参考报,2017-05-22)

2017年5月17日,易观智库发布2017年第一季度《中国第三方支付移动支付市场季度监测报告》。数据显示,2017年第一季度,中国第三方移动支付市场交易规模达到188 091亿元,其中支付宝占比53.70%,财付通为39.51%,支付宝领先14个百分点。

电子商务法律法规

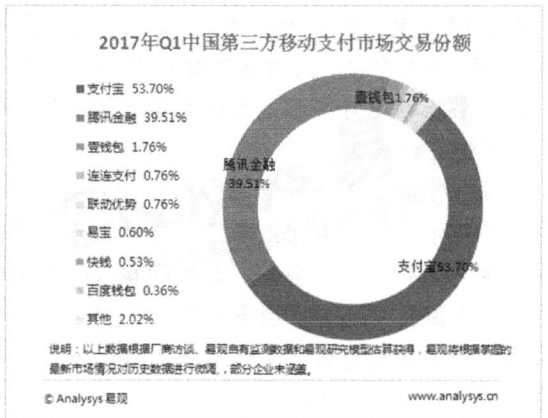

 实训目的

通过对实训材料的阅读,能够结合所学的电子支付有关法律知识进行分析,以检验对所学知识的理解和掌握。

 实训内容与步骤

(1)阅读实训背景材料。
(2)查询实训材料所涉及的法律知识。
(3)运用相关的法律知识分析解决问题。

对实训的背景材料一定要熟悉,运用的法律知识要准确。

 思考与练习

请在熟悉实训材料的基础上,结合所学的法律知识,分别回答下列问题:
(1)为什么支付宝这种支付工具能取得这么大的成功?
(2)如何解决第三方支付安全问题?

电子支付是电子商务中的核心环节,也是电子商务得以进行的基础条件。电子商务较之传统商务的优越性,成为吸引越来越多的商家和个人上网购物和消费的原动力。然而,如何通过电子支付安全地完成整个交易过程,又是人们在选择网上交易时所必须面对的而且是首先要考虑的问题。为了保证电子制度的迅速健康发展,必须对电子支付法律关系、第三方电子支付法律关系进行规范。

第 5 章　电子支付法律制度

本章主要介绍了电子支付的概念、电子支付的特征、电子支付法律关系的三要素。重点介绍了第三方电子支付的规范。规范包括：第三方电子支付的概念；第三方电子支付的主要风险；第三方电子支付的监管思路及监管办法。

1. 单项选择题

（1）电子支付服务提供者应当向电子支付服务接受者免费提供最近（　　）的交易记录。

　　A．1 年

　　B．2 年

　　C．3 年

　　D．4 年

（2）电子支付是指付款人与收款人为电子商务活动的需要，通过电子形式的支付指令实现（　　）的行为。

　　A．现金流转

　　B．数据传输

　　C．货币资金转移

　　D．票据传输

（3）（　　）在消费者和银行之间架起一道桥梁，具有支付网关或者内部结算的作用。

　　A．第一方支付

　　B．第二方支付

　　C．第三方支付

　　D．第四方支付

（4）关于电子支付的特征，其中错误的是（　　）。

　　A．电子支付是采用先进的技术通过数字流转来完成信息传输的

　　B．电子支付的工作环境是基于封闭的系统平台之中

　　C．电子支付使用的是最先进的通信手段

　　D．电子支付具有方便、快捷、高效、经济的优势

（5）未经授权的支付造成的损失，由电子支付（　　）承担，法律另有规定的除外。

　　A．发端人

　　B．银行

　　C．服务提供者

　　D．认证机构（CA）

2. 多项选择题

（1）电子支付服务提供者提供的服务不符合国家有关金融信息安全管理要求，造成电子支付服务接受者损失的，应当承担（　　）的责任。

　　A．赔偿应偿利息损失

　　B．返还资金

　　　　C．采取补救措施

　　　　D．补充差额

（2）电子支付是指（　　）与（　　）为电子商务活动的需要，通过电子形式的支付指令实现货币资金转移的行为。

　　　　A．付款人

　　　　B．银行

　　　　C．第三方

　　　　D．收款人

（3）电子支付涉及的当事人主要包括（　　）。

　　　　A．发端人

　　　　B．银行

　　　　C．受益人

　　　　D．认证机构（CA）

（4）依法对电子支付服务提供者进行监督管理的机构是（　　）。

　　　　A．保监局

　　　　B．银监局

　　　　C．中国人民银行

　　　　D．证监局

（5）电子支付服务接受者应当向电子支付服务提供者提供真实有效的（　　），并在相关信息变更后及时通知电子支付服务提供者。

　　　　A．个人信息

　　　　B．身份信息

　　　　C．联系信息

　　　　D．住房信息

3．分析题

（1）试述第三方支付的风险及监管思路。

（2）简述电子支付与传统支付相比有什么特征。

（3）简述第三方支付的几种模式。

快递物流与交付法律制度

本章重点/难点

快递与物流的概念；物流的模式；电子商务产品交付的概念；快递物流与交付的法律规范；快递物流服务提供者义务与责任；快递物流服务接受者义务与责任。

本章导图

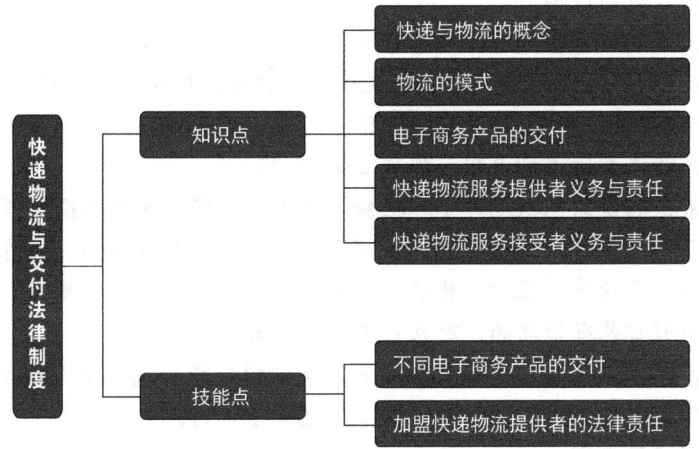

引例

京东物流独立运营：理想很丰满，现实很骨感

2017年4月25日，京东物流宣布独立，这也是继2016年11月宣布开放物流服务体系之后，京东在物流方面的又一个大动作。

独立之后的京东物流在运营方面将继续为京东外商家提供物流支持；同时，独立还可以降低京东集团成本压力，有消息称2015年京东物流快递账面亏损达94亿元。

早在几年前，马云和刘强东就物流是第三方还是自营有过分歧，马云认为不可行，而刘强东认为这恰恰是京东的优势。如今京东物流独立出来，刘强东想要做什么呢？

> **引例分析**

1. 京东为何要独立物流

其实，京东自营物流的问题很早之前就已经是业内讨论的热点了。

自营物流是一把双刃剑，一方面自营物流可以让电商对整个购物环节进行有效把控，从仓储到物流的速度可以加快。而另一方面，自营物流意味着电商要管理一个庞大的物流网络，管理数十万的员工，管理遍布全国甚至全世界的仓储物流资源，这种管理的难度不言而喻，而成本又非常高。

京东经过多年的坚持，最终发现，自营物流这个东西确实是太贵了。有消息称，2015 年京东物流快递账面亏损达 94 亿元。而 2016 年京东的盈利不过 10 亿元（非美国通用会计准则），这 10 亿元还是在占用了大量供货商货款，收取了 14 亿元第三方服务之后才做到的。

而京东自营的利润，面对着自营物流庞大的窟窿，始终入不敷出。卖货赚钱，物流亏钱，京东电商财报就不好看。

所以，京东想要把物流独立出来甩掉包袱。

2. 理想很丰满

按照京东的想法，京东物流已经有很大的规模，只给京东服务事实证明是入不敷出的，那么就干脆把这个物流独立出来，做成一个"顺丰"，一方面满足京东自己的需求，另外一方面承接社会的订单。

顺丰能把王卫做成首富，为什么京东物流就不能做起来呢？

实际上，2016 年 11 月以后，京东物流虽然不独立，但是已经开始承接第三方业务，也有一些企业与京东合作，所以京东很有信心。

如果，京东物流真的达到设想，那确实是一步好棋。

一方面，京东电商的包袱甩掉了。把物流甩出去，京东电商财报就好看了。2016 年 11 月，广州查了一个在京东开店卖假货的不法商家，引发媒体热议。京东被第三方的管理搞得焦头烂额。而物流一旦独立出去，京东就可以不依赖第三方赚钱，这对第三方的严格管理，杜绝假货是有帮助的。对京东电商是个大利好。

另外一方面，如果京东物流真的做起来，从亏损变成盈利，进而独立上市，这又是个大利好。哪怕京东物流当一个小号"顺丰"也是很好的。

刘强东的理想很丰满。

3. 现实很骨感

然而，原本亏损的京东物流独立出去就真能发展起来吗？

根据京东 2016 年财报显示，全年订单总数为 16 亿个，而中国邮政总局披露数据，2016 年快递业完成量达 313.5 亿件。京东物流在整个快递业市场中的份额占比为 5.1%。

2016 年全国快递业单件平均成本为 12.8 元，京东为 13.2 元，高于业内平均水平，京东常规的物流成本劣势比较明显。

也就是说，如果把京东物流独立出去，那么它只是一家份额不高，成本不低，而且亏损的快递企业。

在京东内部搞物流，自营优势是可以合理调配仓储物流，成本应该很低，但京东却做出了超过业界平均水平的成本。

而独立出去，承接社会业务，又没有京东自营的规划，这样成本会大幅提升。或者提高报价，或者亏本运营，凭什么打败"三通一达"？凭什么打败顺丰？

京东物流是温室中的花朵，而"三通一达"及顺丰都是血雨腥风中拼杀出来的，独立出来的。

现在京东自营商品，自己的物流可以做到当日达、次日达。而菜鸟通过大数据调动社会资源，也在部分地区能做到这个水平。如果把京东物流独立出去，京东还能做到当日达、次日达吗？

如果京东物流独立出去不能生存，或者需要京东电商做高额补贴，那么独立出去就没有意义了。电商的财报继续难看。

所以，京东独立物流这步棋看上去很美，但是要达到目的还需要一个艰苦的过程。

第1节 快递物流与交付概述

6.1.1 快递的概念

根据交通运输部《快递市场管理办法》第三条的规定，快递是指快速收寄、分发、运输、投递单独封装、具有名址的信件和包裹等物品，以及其他不需储存的物品，按照承诺时限递送到收件人或指定地点，并获得签收的寄递服务。

快递是电子商务 B2C、C2C 产业链的重要组成部分，发挥着至关重要的作用。在 B2C、C2C 产业链中，快递配送是实现网络购物交易的关键组成环节，是信息流、商流和资金流最终实现的根本保证。只有通过快递网络配送，将商品或服务真正转移到消费者手中，商务活动才能结束，快递实际上是以商流的后续者和服务者的姿态出现的。因此，快递配送服务的好坏能够直接影响消费者的网购行为，进而影响整个网络购物的发展。

6.1.2 物流的概念与模式

物流是物品从供应地向接收地的实体流动过程中，根据实际需要，将运输、储存、装卸搬运、包装、流通加工、配送、信息处理等功能有机结合起来实现用户要求的过程。物流是供应链活动的一部分，是为了满足客户需要而对商品、服务，以及相关信息从产地到消费地的高效、低成本流动和储存进行的规划、实施与控制的过程。

物流的一般模式包括自营物流、物流联盟、第三方物流和第四方物流。

1. 自营物流

自营物流是指电子商务企业借助于自身物质条件（包括物流设施、设备和管理机构等）自行组织的物流活动。对于电子商务企业来说，自营物流控制力强，配送速度快，但配送能力较弱，配送费用不易控制，规模化程度较低。如果电子商务企业有很高的顾客服务需求标准，其物流成本占总成本的比重较大，而自己的物流管理能力又比较强，宜采用这种方式。

目前采用自营物流的电子商务企业主要有两类。一类是资金实力雄厚且业务规模较大的电子商务企业,另一类是经营电子商务网站的传统大型制造企业或批发企业。目前国内自建物流的只有卓越亚马逊、京东商城、凡客诚品、红孩子和新蛋中国等。

2. 物流联盟

物流联盟是以物流为合作基础的企业战略联盟,它是指两个或多个企业之间,为了实现自己的物流战略目标,通过各种协议、契约而结成的优势互补、风险共担、利益共享的松散型网络组织。一般是电子商务网站、电子商务企业、物流企业等各方面通过契约形成优势互补、要素双向或多向流动、互相信任、共担风险、共享收益的物流伙伴关系。组建物流联盟可以降低成本,减少投资,获得管理技术,提高为顾客服务的水平,取得竞争优势,降低风险和不确定性。

3. 第三方物流

第三方物流是指物流渠道中的专业化物流中间人以签订合同的方式,在一定时期内,为其他公司提供所有或某些方面的物流业务服务。如果物流在电子商务企业中所占比重不大,且该企业自身物流管理能力也比较欠缺,采用"第三方物流"模式是最佳选择,它能够大幅度降低物流成本,提高为顾客服务的水平。

4. 第四方物流

第四方物流是指一个供应链集成商调配、管理和组织自己的及具有互补性的服务商的资源、能力和技术,以提供一个综合的供应链解决方案。通俗地讲,第四方物流是指集成商们利用分包商来控制与管理客户公司的点到点式的供应链运作。目前有些大型电子商务企业在规模化基础上,进一步整合了自营物流和供应商资源。在满足自营业务需求以外,这些企业也在提供独立的物流集成服务,不仅服务于自身的商户,也为更广大的客户群体提供了日益丰富和成熟的第四方物流服务。

快递物流服务提供者的设立、变更和终止,以及为电子商务提供快递物流服务应当遵守有关法律、行政法规的规定。

快递物流服务提供者以加盟方式为电子商务提供服务的,在加盟地域和业务范围内均应当具备经营资质,并签订书面协议约定权利义务。

加盟是指两个以上快递物流服务提供者依照有关法律、行政法规的规定采用统一的商标、商号或者运单等,共同组成服务网络,遵守共同的服务约定,提供快递物流服务的行为。

想一想

快递与物流有什么区别?

物流配送成功案例

物流配送,即从商品流通的经营方式来看的一种商品流通方式,是一种现代的流通方式。

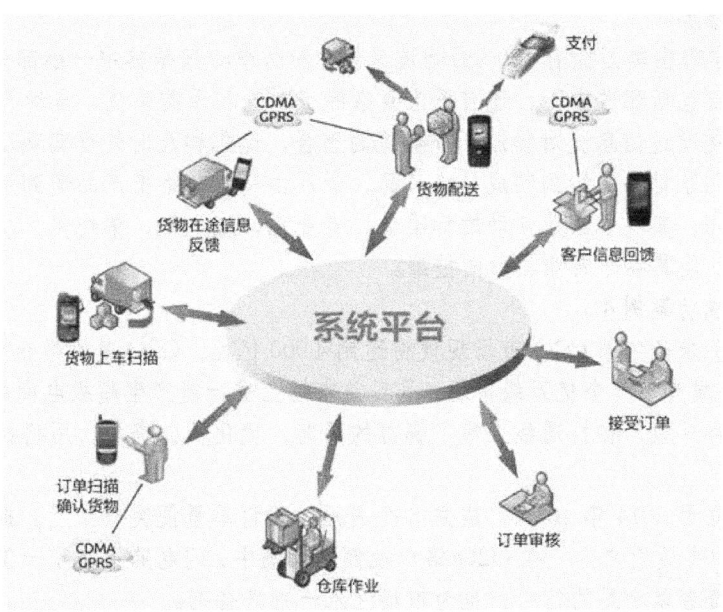

物流配送成功案例 1

在不到 20 年的时间内,戴尔计算机公司的创始人迈克尔·戴尔,白手起家把公司发展到 250 亿美元的规模。即使面对美国经济的低迷时期,在惠普等超大型竞争对手纷纷裁员减产的情况下,戴尔仍以两位数的发展速度前进。根据美国一家权威机构统计,戴尔 2001 年一季度的个人计算机销售额占全球总量的 13.1%,居世界第一。

戴尔公司分管物流配送的副总裁迪克·亨特一语道破天机:"我们只保存可供 5 天生产的存货,而我们的竞争对手则保存 30 天、45 天,甚至 90 天的存货。这就是区别。"

美国物流配送专家詹姆斯·阿尔里德在其专著《无声的革命》中写道,主要通过提高物流配送打竞争战的时代已经悄悄来临。看清这点的企业和管理人员才是未来竞争中的弄潮者,否则,一个企业将可能在新的物流配送环境下苦苦挣扎,甚至被淘汰出局。

物流配送成功案例 2

宁夏中邮物流有限责任公司(简称"宁夏中邮")成立于 2003 年 1 月 18 日,隶属于中国邮政集团,是专业经营和管理邮政物流业务的大型国有企业,是一家集仓储、封装、配送、加工、理货、运输和信息等服务于一身的现代化综合型物流企业。

从 2005 年开始,宁夏中邮响应自治区政府号召,肩负起宁夏 1 552 个医疗机构的药品配送任务。据 2007 年的有关数据统计,宁夏中邮的药品配送覆盖率达到 100%,平均计划配送率达到 80% 以上,并以中标药品仓储率第一、合同签订率第一等成绩,在行业中遥遥领先,受到业界好评。2007 年 2 月,宁夏中邮通过 GSP 认证,为宁夏邮政全面进入医药经营与配送领域奠定了有力的基础。

物流配送成功案例 3

沃尔玛前任总裁大卫·格拉斯曾这样总结:"配送设施是沃尔玛成功的关键之一,如果说我们有什么比别人干得好的话,那就是配送中心。"

沃尔玛公司于 1962 年建立了第一个连锁商店。随着连锁店铺数量的增加和销售额的增长,物流配送逐渐成为企业发展的"瓶颈"。于是,1970 年沃尔玛在公司总部所在地建立起第一家配送中心，集中处理配送公司所销商品的 40%。随着公司不断发展壮大，配送中心的数量也不断增加。

如今，沃尔玛在美国拥有 100%的物流系统，配送中心只是其中一小部分，沃尔玛完整的物流系统不仅包括配送中心，还有更为复杂的资料输入采购系统、自动补货系统等。

沃尔玛正是通过信息流对物流、资金流的整合、优化及时处理实现了有效的物流成本控制。从采购原材料开始到制成最终产品，最后由销售网络把产品送到消费者手中的过程变得高效有序，实现了商业活动的标准化、专业化、统一化、单纯化，从而达到实现规模效益的目的，使其在零售业界所向披靡。

物流配送成功案例 4

数据显示，未来中国 O2O 市场规模将达到 4 000 亿元，O2O 是无数企业的必争之地，生活类 O2O 会成为下一个亿万级市场，是目前市场上唯一能产生超级电商的领域。闪电购助力同城服务再升级，在打通线上线下资源的同时，优化社会资源，用科技提供便利，改变生活。

闪电购成立于 2014 年 10 月，成立 8 个月后，日订单量便突破十万，拥有数千合作商家、超过百万的有效用户……在 O2O 第一批倒闭大潮中，闪电购上交了一份如此华丽的答卷，不仅给投资者以十足的信心，也为市场注入一剂兴奋剂。

社区 O2O 服务竞争白热化，众多电商和互联网巨头纷纷进驻抢占市场，市场竞争也异常残酷。国际著名电商亚马逊携手旗下亚马逊生鲜（Amazon Fresh）进驻英国，为其在英国伦敦部分地区的金牌客户提供一小时内送达的生鲜配送服务。可以说，社区服务电商化是未来的一大趋势。然而，与美国亚马逊相对缓慢的城市拓展相比，闪电购作为中国社区电商的领导者，已经率先在中国六个主要城市（北京、上海、广州、深圳、苏州、杭州）完成了布局，在绝大部分城区实现了一小时送达的服务。

而一小时配送的实现，在整个产业链条上有三个基本点格外重要：商品端、运营端与配送端。在商品端，快消品单价不高且毛利低，水果生鲜冷链成本高易腐败；在运营端，多城市运营给整个公司带来很多压力，如何采购及怎么采购成为一大痛点；而在配送端，低毛利与易腐败的特性也导致货品物流外包将难以盈利。为此，闪电购将产地直采的控货策略、以加盟为主的"未来便利店"模式，以及专业化的物流配送有机地结合在一起，以商品、运营和配送端为切入口，助力同城电商升级。

（资料来源：物流圈，2017-04-13）

6.1.3 电子商务产品交付的类型

电子商务交易的产品主要包括三种类型：实物产品、信息产品和服务产品。电子商务产品交付是指利用物流、快递和网络传输等手段将产品由电子商务经营者转移到电子商务购买者手中的过程。电子商务当事人可以约定采用快递物流方式交付商品。

1. 信息产品交付

从狭义上说，信息产品是经过具有一定科学知识和工作经验的信息人员对科技成果或知识进行劳动加工而成的劳动产品。从广义上说，信息产品是由信息技术产业的信息产品和信息服务业提供的劳务组成的。从本质上说，任何可以被数字化的事物都是信息，如数据库内容、软件、电影、音乐、股票指数、电子音像制品、网页内容、电子邮件等都是信息产品。这些产品都是能够被数字化或数字模拟化的。

最高人民法院《关于审理买卖合同纠纷案件适用法律问题的解释》（简称"《解释》"）首度规定了电子信息产品的交付方式：一是交付权利凭证，二是以在线网络传输的方式接收或者下载该信息产品。

无实物载体的电子信息产品具有显著区别于传统买卖合同标的物的特征，如不以实物承载为必要、使用后无损耗、其本身易于复制并可迅速传播等。因此，对于标的物是无实物载体的信息产品买卖合同而言，其法律规则具有一定的特殊性。例如我国《合同法》中有关买卖合同交付方式的规定均以有体物的交付为原型，但信息产品已经逐步脱离了实物载体的束缚，更多的是以电子化的方式传送，以在线接收或者网络下载的方式实现交付，买卖双方都不接触实物载体，这与传统的买卖合同中出卖人向买受人转移对标的物的占有，并转移标的物所有权的交付方式有较大差异。

《解释》第五条专门规定，标的物为无须以有形载体交付的电子信息产品，当事人对交付方式约定不明确，且依照《合同法》第六十一条的规定仍不能确定的，买受人收到约定的电子信息产品或者权利凭证即交付。

买受人获得电子信息产品的密码，即属于得到了交付权利凭证；买受人以在线网络传输的方式接收或者下载这种信息产品，也即是收到约定的电子信息产品。

2．服务产品交付

服务产品是指不具有实体，而以各种劳动形式表现出来的无形产品，如旅游业、信息咨询、法律服务、金融服务等。

在实体社会中，服务产品可以区分为以设备为基础的服务产品和以人为基础的服务产品两部分。服务提供者通过由人力、物力和环境所组成的结构系统来销售和交付能被消费者购买和实际接收及消费的"功能和作用"。

在互联网环境下，服务产品的形成又分为两个阶段：第一阶段，通过网络浏览、网络订购、网络下单、网络支付形成服务产品的订单信息；第二阶段，通过实体社会服务系统实际完成服务产品的交付。随着科学技术的进步和社会经济的发展，服务产品在社会总产品中的比重不断增大，人们对物质财富的观念也在逐渐改变，承认服务产品的物质性的人越来越多。

对于经营者利用网络向消费者提供服务的交易，消费者接受经营者提供的服务后，生成电子或实物凭证，即视为经营者已经履行了交付义务。

在实体市场中，服务产品作为商品同其他商品相交换，也遵循商品交换中的一般规律，接受市场的调节。服务业经营者接受服务产品信息后，通过部分设备、原材料、工具等生产手段的储备，等到消费者到来后，完成服务产品的实物提供。

在网络市场中，服务产品的交付有自己特定的含义。以云计算服务为例，包括计算即服务（CompaaS）、数据储存即服务（DSaaS）、基础设施即服务（IaaS）、网络即服务（NaaS）、平台即服务（PaaS）和软件即服务（SaaS）等数种典型的云服务模式。下面仅以其中几例进行说明。

（1）IaaS 的交付。IaaS 的交付围绕着虚拟机、存储、网络等比较通用的基本资源，提供弹性、高可用性的互联网服务的各种组件。服务提供商需要保障这些服务的服务级别协议，并根据资源的实际使用进行计费，而用户则根据需要，进行成本、可用性、性能等方面的权衡选择。

（2）PaaS 的交付。PaaS 为用户提供一个可以部署并执行代码的环境、一些可以调用的 API，以及一些可用服务。PaaS 让开发者可以直接打造出富有弹性的服务而无须任何运维工作，可以说它是比 IaaS 更高层次的云服务。PaaS 交付的内容是可以执行代码的运行时环境，常用的环境是 Web 开发中比较常用的平台或框架的语言解释器，如 Java、NetFramework 等，并配合一些受限制的库或 API。交付内容一般还包括消息列队、数据存储、数据库、缓存等附加服务等。

（3）SaaS 的交付。SaaS 交付的内容形式很多，通常是通过 Web 的交付，展现在桌面、手机、平板等不同终端上。商业化的 SaaS 以面向企业的服务为主，面向制造业、贸易公司、专业批发、零售、社会服务业等行业客户提供不同的云应用服务，如企业内部的管理应用服务，涉及财务、进销存、CRM 等软件及服务；电子商务应用服务，涉及企业建站、网络营销、电商交易等软件及服务。在 SaaS 的交付过程中，服务平台将指定服务分发到指定的销售渠道，如服务提供商自己的应用商店、应用中心及第三方合作渠道销售网站等；用户在各个渠道中可以查看到指定的 SaaS，并了解 SaaS 相关介绍信息，如服务级别、服务功能、服务费用等。然后，用户可以选择适合自己的 SaaS，并以"时长＋用户数"等方式进行使用、购买服务，用户购买服务后，可以在指定的系统中查看和使用自己开通的服务。

第 2 节　快递物流与交付法律规范

✓ 6.2.1　安全要求

1. 收寄验视制度的建立与执行

快递物流服务提供者应当建立并严格实施作业技术规范，确保作业过程的安全性。

快递物流服务提供者在揽收电子商务交易物品时应当履行查验义务，不得违法揽收国家规定的禁止和限制寄递、运输的物品。

物流作为电子商务三个主要环节中的一环，安全问题贯穿于电子商务的始终。《中华人民共和国邮政法》（简称"《邮政法》"）、国标《物流中心作业通用规范》（GB/T 22126—2008）、《第三方物流服务质量要求》（GB/T 24359—2009）等均对物流作业的安全问题做出了相应的规定和标准。安全要求所涉及的电子商务物流业务的企业，包括为 B2B、B2C 和 C2C 提供物流服务的所有企业。这些企业都需要按照有关法律法规的要求，建立物流作业规范，保证作业安全。

《邮政法》第七十五条规定，邮政企业、快递企业不建立或者不执行收件验视制度，或者违反法律、行政法规以及国务院和国务院有关部门关于禁止寄递或者限制寄递物品的规定收寄邮件、快件的，对邮政企业直接负责的主管人员和其他直接责任人员给予处分；对快递企业、邮政管理部门可以责令停业整顿直至吊销其快递业务经营许可证。

禁止寄递物品（以下简称"禁寄物品"）主要包括以下几种。

（1）危害国家安全、扰乱社会秩序、破坏社会稳定的各类物品；

（2）危及寄递安全的爆炸性、易燃性、腐蚀性、毒害性、感染性、放射性等各类物品；

（3）法律、行政法规，以及国务院和国务院有关部门规定禁止寄递的其他物品。

邮政管理部门应当监督指导提供寄递服务的企业（以下简称"寄递企业"）落实收寄验视制度，督促企业加强寄递安全管理；监督指导寄递企业加强对从业人员的安全教育和培训；依法对寄递企业实施安全监督检查，查处违法收寄禁寄物品行为。

2. 寄递企业安全义务与责任

寄递企业应当建立健全安全教育培训制度，强化从业人员对禁寄物品的防范意识、辨识知识和处置能力。未经安全教育和培训的从业人员不得上岗作业。

寄递企业应当严格执行收寄验视制度，依法当场验视用户交寄的物品是否属于禁寄物品，以及物品的名称、性质、数量等是否与寄递详情单所填写的内容一致，防止禁寄物品进入寄递渠道。

寄递企业应当建立健全安全检查制度，配备符合国家标准或者行业标准的安全检查设备，安排具备专业技术和技能的人员对邮件、快件进行安全检查。

寄递企业应当制定禁寄物品处置预案，根据情况变化及时修订，并向邮政管理部门备案。寄递过程中发现禁寄物品的，应当按照预案规定妥善处置。

寄递企业完成收寄后发现禁寄物品或者疑似禁寄物品的，应当停止发运，立即报告事发地邮政管理部门，并按下列规定处理。

（1）发现各类枪支（含仿制品、主要零部件）、弹药、管制器具等物品的，应当立即报告公安机关；

（2）发现各类毒品、易制毒化学品的，应当立即报告公安机关；

（3）发现各类爆炸品、易燃易爆等危险物品的，应当立即疏散人员、隔离现场，同时报告公安机关；

（4）发现各类放射性、毒害性、腐蚀性、感染性等危险物品的，应当立即疏散人员、隔离现场，同时视情况报告公安、环境保护、卫生防疫、安全生产监督管理等部门；

（5）发现各类危害国家安全和社会稳定的非法出版物、印刷品、音像制品等宣传品的，应当及时报告国家安全、公安、新闻出版等部门；

（6）发现各类伪造或者变造的货币、证件、印章，以及假冒侵权等物品的，应当及时报告公安、工商行政管理等部门；

（7）发现各类禁止寄递的珍贵、濒危野生动物及其制品的，应当及时报告公安、野生动物行政主管等部门；

（8）发现各类禁止进出境物品的，应当及时报告海关、国家安全、出入境检验检疫等部门；

（9）发现使用非机要渠道寄递涉及国家秘密的文件、资料及其他物品的，应当及时报告国家安全机关；

（10）发现各类间谍专用器材或者疑似间谍专用器材的，应当及时报告国家安全机关；

（11）发现其他禁寄物品或者疑似禁寄物品的，应当依法报告相关政府部门处理。

邮政管理部门接到寄递企业发现禁寄物品的报告后，应当按规定向上级部门报告，并视情况联合公安、国家安全、卫生防疫、海关、检验检疫、新闻出版、工商行政管理、安全生产监督管理、野生动物行政主管等部门相互配合、依法处置。

寄递企业违法收寄禁寄物品的，邮政管理部门依照《中华人民共和国邮政法》《中华人民共和国反恐怖主义法》等法律、行政法规的规定予以处罚。寄递企业发生违规收寄行为，且造成严重后果,将可能面临最高罚款 50 万元的行政处罚。

用户违反《禁止寄递物品管理规定》的规定,在邮件、快件内夹带禁寄物品,将禁寄物品匿报或者谎报为其他物品交寄,造成人身伤害或者财产损失的,依法承担赔偿责任;构成犯罪的,依法追究刑事责任;尚不构成犯罪的,依照《中华人民共和国治安管理处罚法》及有关法律、行政法规的规定处罚。

快递物流服务接受者应当如实填写快递物流运单。快递物流服务提供者应当核对运单信息,对于运单填写不完整或者信息填写不实的,不予揽收。

6.2.2 信息处理

快递物流服务提供者应当向社会公示服务承诺事项。服务承诺事项发生变更的,应当及时公示。

快递物流服务提供者进行作业时,应当加强服务信息化、网络化和标准化建设,规范数据处理和数据管理程序,保证作业信息准确和可追溯。

电子商务经营主体收集用户个人信息,应当遵循合法、正当、必要原则,事先向用户明示信息收集、处理和利用的规则,并征得用户的同意。

电子商务经营主体不得以拒绝为用户提供服务为由强迫用户同意其收集、处理、利用个人信息。

禁止采用非法交易、非法入侵、欺诈、胁迫或者其他未经用户授权的手段收集个人信息。

电子商务经营主体修改个人信息收集、处理、利用规则的,应当取得用户的同意。用户不同意的,电子商务经营主体应当提供相应的补救方法。

电子商务物流企业应提供与客户相关信息共享的办法,以便于客户对其存储、运输物品状态的查询和跟踪。电子商务物流及快递企业应向用户提供自交寄之日起不少于一年的免费查询服务。

6.2.3 电子商务产品的交付

1. 实物产品交付

合同标的为交付商品并采用快递物流方式交付的,收货人签收时间为交付时间。合同当事人对交付方式、交付时间另有约定的,从其约定。

网站经营者委托电子商务物流企业作为承运人交付标的物的,承运人在根据运单指令将货物运送到指定收货地点时,经收货人或其授权人签字确认的或以其他方式表明收货人签收的,即视为履行完交付义务。

实物产品交付,特别是网络零售产品的交付,常常引起客户与网站经营者和承运人之间的矛盾。解决这些矛盾的方法,需要明确网站经营者、承运人和客户之间的责任和义务。随着业务模式的不断创新,如智能储物柜的出现,需要考虑电子签名确认或其他方式确认收货人签收。

2. 信息产品交付

电子商务合同的标的为在线提供数字产品的,以承担交付义务的一方当事人将数字产品发送至对方当事人指定的特定系统并且能够检索识别的时间为交付时间。

电子商务合同当事人对商品、服务和数字产品的交付方式、交付时间另有约定的，从其约定。

在线信息服务交易的经营者交付了用户账号与密码，即视为履行了交付义务。

接收信息产品的用户应当通过安装、试用或浏览该信息以确定所接收信息产品是否为所订购产品和是否符合合同规定。未在接受之时起合理期间提出异议的，即视为用户收到合同约定的信息产品，用户确有证据证明该信息产品不符合合同约定的除外。

信息产品是电子商务交易中的一种特殊商品，其交付的条件和收到的条件都没有明确的法律规定。因此，需要明确经营者履行交付义务的条件和用户收到信息产品的条件。

电子商务合同标的为采用在线传输方式交付的，合同标的进入对方当事人指定的特定系统并且能够检索识别的时间为交付时间。

3．服务产品交付

服务产品的交付也是电子商务遇到的一个新问题。电子商务网站提供了诸如旅游、餐饮、租车等服务信息产品，而获得这些产品的最终交付是旅游、餐饮、租车实体企业、网站经营者与用户之间的服务，限于获得相关实体企业的信息，所以，经营者或第三方交易平台利用网络征得消费者服务意愿后，经营者应根据消费者的需求意愿提供服务，并生成电子凭证，表示自己已经履行了交付义务。

合同标的为提供服务的，生成的电子凭证或者实物凭证中载明的时间为交付时间；前述凭证没有载明时间或者载明时间与实际提供服务时间不一致的，实际提供服务的时间为交付时间。

想一想

实物产品、信息产品、服务产品的交付时间分别是什么时候？

第 3 节　快递物流服务提供者、接受者的义务与责任

✓ 6.3.1　快递物流服务提供者的义务与责任

寄件人可以根据物品的重要性，自主选择经营者网站上保价或不保价递送服务的品种。

快递物流服务提供者为电子商务提供快递物流服务，应当遵守法律、行政法规，并应当符合承诺的服务规范和时限。快递物流服务提供者在交付商品时，应当提示收货人当面查验；交由他人代收的，应当经收货人同意。

快递物流服务提供者在服务过程中，电子商务交易物品发生延误、丢失、损毁或者短少的，应当依法赔偿。

快递物流服务提供者应当按照规定使用环保包装材料，实现包装材料的减量化和再利用。快递物流服务提供者以加盟方式为电子商务提供服务的，在加盟地域和业务范围内均

应当具备经营资质,并签订书面协议约定权利义务。

在网上发布商品或服务信息并与用户达成合同关系的经营者,与在线下实际向用户提供商品或服务的经营者是不一致的,由两者共同承担连带责任,另有约定的除外。电子商务交易中,网上发布商品或服务信息与线下提供的商品或服务不相符合的情况时有发生,一个重要原因是在网上发布商品或服务信息经营者与在线下实际向用户提供商品或服务的经营者不一致。法律上规定由两者共同承担连带责任,有利于维护消费者权益。

快递物流服务提供者的设立、变更和终止,以及为电子商务提供快递物流服务应当遵守有关法律、行政法规的规定。

快递物流服务提供者应当向社会公示服务承诺事项。服务承诺事项发生变更的,应当及时公示。

快递物流服务提供者进行作业时,应当加强服务信息化、网络化和标准化建设,规范数据处理和数据管理程序,保证作业信息准确和可追溯。

快递物流服务提供者应当建立并严格实施作业技术规范,确保作业过程的安全性。

快递物流服务提供者在揽收电子商务交易物品时应当履行查验义务,不得违法揽收国家规定禁止和限制寄递、运输的物品。

快递物流服务提供者提供代收货款服务的,应当建立严格的现金管理、安全管理和风险管控制度。快递物流服务提供者应当与电子商务经营主体签订协议,对收费标准、服务方式、争议处理等做出约定。

快递物流服务提供者在提供快递物流服务的同时,可以接受电子商务经营者的委托提供代收货款服务。代收货款是指快递物流服务提供者利用服务网络和资源,在提供快递物流服务的同时,为电子商务经营主体代收货款并结算的快递物流增值业务。

电子商务经营主体向消费者专项收取的快递物流服务费用不得高于快递物流服务提供者公示的服务价格,不得利用自身经营优势限定消费者选择快递物流服务提供者的范围。

✓ 6.3.2 快递物流服务接受者的义务与责任

快递物流服务接受者应当如实填写快递物流运单。快递物流服务提供者应当核对运单信息,对于运单填写不完整或者信息填写不实的,不予揽收。

对于与快递物流服务接受者有特殊约定或者提供代收货款服务的,快递物流服务提供者应当与快递物流服务接受者在合同中明确电子商务交易物品交付验收的权利义务。

顺丰菜鸟之争

2017 年 6 月 1 日,菜鸟网络发出声明,表示顺丰速递在 2017 年 6 月 1 日凌晨,关闭了自提柜数据的信息回传,同时在 2017 年 6 月 1 日中午,又进一步关闭了整个淘宝平台的物流信息回传。

在声明中,菜鸟网络声称顺丰这一行为"导致了部分商家和消费者的信息混乱,可能会造成商家和消费者的重大损失",并表示已经紧急建议商家暂时停止顺丰发货,改用其他物流公司的服务。

对于此，顺丰方面回应：2017年5月，"菜鸟基于自身商业利益出发，要求丰巢提供与其无关的客户隐私数据，此类信息隶属于客户，丰巢本着'客户第一'的原则，拒绝这一不合理要求。菜鸟随后单方面于2017年6月1日零时切断丰巢信息接口"。同时，顺丰还表示，阿里系平台已将顺丰从物流选项中剔除，菜鸟同时封杀第三方平台接口，已对商家发货造成困扰。

菜鸟方面则表示，在2017年5月31日晚上6点，菜鸟接到顺丰发来的数据接口暂停告知。2017年6月1日凌晨，顺丰就关闭了自提柜的数据信息回传，此后菜鸟就暂停了对于丰巢快递柜的电话数据端口。

丰巢信息端口的断连实际上也是整场战争的导火索，在这一端口断连后半天时间内，战火从丰巢与菜鸟迅速蔓延到顺丰与整个淘宝平台。顺丰的物流回传端口在2017年6月1日下午暂停。

2017年6月2日晚，国家邮政局召集菜鸟网络和顺丰速运高层来京，就双方关闭互通数据接口问题进行协调。双方同意从2017年6月3日12时起，全面恢复业务合作和数据传输。

实训目的

通过对实训材料的阅读，能够结合所学的快递物流与交付有关法律知识进行分析，以检验对所学知识的理解和掌握。

实训内容与步骤

（1）阅读实训背景材料。
（2）查询实训材料所涉及的法律知识。
（3）运用相关的法律知识分析解决问题。

实训提示

对实训的背景材料一定要熟悉，运用的法律知识要准确。

思考与练习

请在熟悉实训材料的基础上，结合所学的法律知识，完成下述任务。

通过网上查找资料，了解顺丰与菜鸟此次事件的起因、经过和结果，剖析两家公司数据之争背后的深层原因。

本章小结

快递物流的发展已经成为社会经济发展的主要推动力之一，在社会流通日益提速的今

天其地位尤其重要。快递物流业的发展除了要建立一套完善的科学管理体系和完善的制度外，同时还必须有相应的法律法规来保障和约束。但是，我国的物流法制跟不上形势，有些法律法规和规制，已落后于当前信息经济发展的需要，快递物流业缺少相应的法律依据。

产品交付是电子商务的最后一个重要环节。电子商务环境下企业成本优势的建立和保持必须以可行和高效的物流与交付作为保证。没有一个高效、合理、畅通的物流与交付系统，电子商务所具有的优势就难以得到有效的发挥，也难以得到快速发展。运用法律手段保证物流与交付质量，是电子商务吸引顾客、提高盈利水平的关键一环。本章从实物产品交付、信息产品交付和服务产品交付三个方面探讨法律对快递物流活动的规范，明确界定了快递物流服务提供者和服务接受者的义务和责任。

1. 单项选择题

（1）快递物流服务提供者在服务过程中，电子商务交易物品发生延误、丢失、损毁或者短少的，应当依法赔偿。以加盟方式提供快递物流服务的，（　　）。

　　A．加盟方无须承担赔偿责任

　　B．加盟方与被加盟方承担连带赔偿责任

　　C．加盟方承担全部赔偿责任

　　D．加盟方与被加盟方按双方约定承担赔偿责任

（2）电子商务经营主体向消费者专项收取的快递物流服务费用（　　）快递物流服务提供者公示的服务价格。

　　A．不得低于

　　B．不得高于

　　C．可以高于

　　D．必须高于

（3）电子商务合同的标的为交付商品并采用快递物流方式交付的，以（　　）为交付时间。

　　A．快递物流服务提供者发货时间

　　B．快递物流服务提供者送货时间

　　C．快递物流服务接受者签收时间

　　D．快递物流服务接受者付款时间

（4）电子商务合同的标的为提供（　　）的，以生成的电子或者实物凭证中所载明的时间为交付时间。

　　A．商品

　　B．服务

　　C．数字产品

　　D．虚拟产品

（5）电子商务合同的标的为（　　）的，以承担交付义务的一方当事人将数字产品发送至对方当事人指定的特定系统并且能够检索识别的时间为交付时间。

A．交付商品

B．提供服务

C．在线提供数字产品

D．虚拟产品

2．多项选择题

（1）快递物流服务提供者进行作业时，应当加强服务（   ）建设，规范数据处理和数据管理程序，保证作业信息准确和可追溯。

A．透明化

B．标准化

C．信息化

D．网络化

（2）快递物流服务提供者在服务过程中，电子商务交易物品发生（   ）的，应当依法赔偿。

A．延误

B．丢失

C．损毁

D．短少

（3）物流的一般模式包括（   ）。

A．自营物流

B．物流联盟

C．第三方物流

D．第四方物流

（4）加盟是指两个以上快递物流服务提供者依照有关法律、行政法规的规定采用统一的（   ）等，共同组成服务网络，遵守共同的服务约定，提供快递物流服务的行为。

A．商标

B．商号

C．物流

D．运单

（5）快递物流服务提供者提供代收货款服务的，应当建立严格的（   ）制度。

A．现金管理

B．安全管理

C．风险管理

D．人员管理

3．分析题

（1）简述信息产品和服务产品的交付方式。

（2）简述快递物流服务提供者和服务接受者的义务和责任。

第7章

电子商务数据信息法律制度

 **本章重点/难点**

电子商务个人信息概念；电子商务用户信息权利；电子商务经营主体信息义务；电子商务经营主体信息侵权行为认定与侵权责任的承担。

 **本章导图**

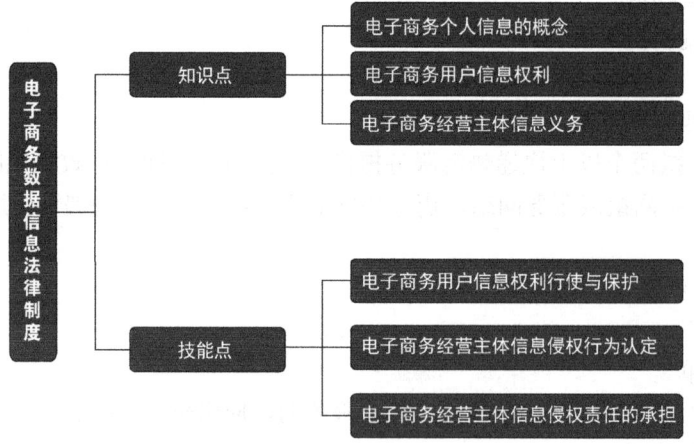

 引例

从互联网之父"蒂姆·伯纳斯·李（Tim Berners-Lee）"发明因特网使得数以亿计的人能够利用浩瀚的网络资源，再从 PC 互联网到移动互联网时代，这几十年来人类利用互联网这个工具不断颠覆着传统商业模式。但如果对这些数据运用和保护不当将面临巨大的法律风险，甚至关系到电商企业的存亡。下面以三起信息泄露事件看信息泄露的危害性。第一起：2013 年 11 月 27 日，从事电商工作的张某因"涉嫌非法获取公民个人信息罪"，而被杭州市公安局西湖分局刑事拘留，张某案发，由李某牵出。李某系阿里巴巴旗下支付宝的前技术员工，其利用工作之便，在 2010 年分多次在公司后台下载了支付宝用户的资料，资料内容超过 20GB。李某伙同两位同伙，随后将用户信息多次出售予电商公司、数据公司。

第二起：2013年下半年，一份名为"2 000万开房数据"的资料被网友疯狂下载，引发一场关于隐私和信任的危机。2014年2月14日上午，"2 000万开房信息泄露事件"首例诉讼在浦东法院进行了庭前的证据交换。原告王某龙起诉汉庭星空（上海）酒店管理有限公司和浙江慧达驿站网络有限公司，要求赔偿20万元。第三起：2014年3月22日，国内第三方漏洞报告平台乌云网发布的网络安全报告指出：携程安全支付日志可以下载，导致大量用户的银行卡信息泄露（包含持卡人姓名、身份证号码、银行卡号、信用卡CVV码、6位卡BIN）。一时间，携程旅行网遭到了用户的"口诛笔伐"。

引例分析

　　这三起事件所呈现出数据泄露的危害性主要有3个方面：① 广大公民的个人隐私及财产信息安全受到严重侵害。携程事件中，CVV码信息泄露，有业内人士指出"在交易网站上存储CVV码相当于有人偷偷配了你家的钥匙，同时，他还知道你家的所有信息"。这意味着如果这些信息被别有用心的人利用，你银行里的钱可能就被无声无息地划走了。哪个人听到这样的信息不后背发凉？个人隐私的泄露好比"皇帝的新装"中的故事，你自以为穿着衣服，但天下人看见的你是赤身裸体的，当你发现事实真相时你会如何的无地自容，你的人格受到了彻底的侮辱。② 电商企业的信誉度下降，对企业经营造成严重损害。受该事件影响，携程股价的跌幅当时一度达到了11%。而汉庭酒店已经面临诉讼，一旦败诉，不仅仅是对原告王某龙的个人赔偿问题，其面临的是所有数据库中的汉庭客户。笔者假设法院判决汉庭向王某龙赔偿100元，而2 000万数据库中有200万是汉庭的数据，这200万人都效仿王某龙来诉讼，汉庭付出的赔偿代价就是2亿元，简单来讲，汉庭对数据库中的客户都提供了免费住宿。如果说诉讼赔偿是大出血，那么客户流失就是内出血。而对于携程和汉庭的对手来说，一方面很庆幸这些漏洞不是发生在自己身上，另一方面也会开始准备接收从携程和汉庭流失的用户。因此，信息泄露事件有可能成为竞争对手打击自己的手段。③ 造成电商行业的信任危机，对互联网模式创新带来打击。电商行业发展之初的困境就是人们对于这种商业模式的交易信赖度和认可度，每个人第一次接触网络购物最大的心理障碍是对卖家诚信度的怀疑。经过这几年的发展，电商企业不断从技术上和模式上为人们排除了这种障碍，使得电商行业蓬勃发展。但是，信息安全保护的问题正在打击着人们对整个电商行业的信赖度。如果无法保证用户资金安全，还怎么会有用户将资金放在第三方交易平台中，支付平台没有了，交易又到哪里去呢。

第1节 电子商务个人信息

7.1.1 电子商务个人信息的概念

　　个人信息是指与个人相关的，能够直接或间接识别特定自然人的信息。2012年发布的

《信息安全技术公共及商用服务信息系统个人信息保护指南》规定:"个人信息是指可为信息系统所处理、与特定自然人相关、能够单独或通过与其他信息结合识别该特定自然人的计算机数据。"2013年发布实施的《电信和互联网用户个人信息保护规定》第四条规定:"用户个人信息,是指电信业务经营者和互联网信息服务提供者在提供服务的过程中收集的用户姓名、出生日期、身份证件号码、住址、电话号码、账号和密码等能够单独或者与其他信息结合识别用户的信息以及用户使用服务的时间、地点等信息。"

7.1.2 个人信息的分类

1. 直接个人信息和间接个人信息

根据能否直接识别特定的个人为标准,个人信息可分为直接个人信息和间接个人信息。直接个人信息是指可以直接识别特定个人的数据信息,如信息主体的姓名、住址、身份证号码等。间接个人信息是指仅拥有这些数据信息还不能直接识别出特定个人,需要通过与其他数据信息组合分析,才可以勾勒出特定个人的某种形象的信息。对直接个人信息的侵害后果一般比间接个人信息的后果严重。因此,间接个人信息的商业利用价值较大,对其正当合理的利用可以为社会创造出更大的价值。

2. 个人敏感信息和个人一般信息

根据信息的敏感程度,个人信息可分为个人敏感信息和个人一般信息。个人敏感信息是指涉及个人隐私核心领域、具有高度私密性、对其公开或利用将会对个人造成重大影响的个人信息,各行业个人敏感信息的具体内容根据接受服务的个人信息主体意愿和各自业务特点确定。例如有关基因信息、遗传信息、医疗记录、财务信息等个人信息。个人一般信息是指除个人敏感信息以外的个人信息。对于个人敏感信息,应强化保护;而对于个人一般信息,则强化利用。

3. 个人基本信息、个人网络活动信息和个人储存信息

根据信息涵盖的内容不同,个人信息可分为个人基本信息、个人网络活动信息和个人储存信息。个人基本信息是指姓名、性别、电话号码、出生日期、身份证号码、家庭住址、电子邮箱地址,以及消费者的银行账号和交易密码等重要财务信息。个人网络活动信息是指消费者在网络交易过程中浏览过的网页,关注过的产品,做出的产品评论,发布的有关信息等内容,通过对这些信息的追踪和分析,可以准确判断网民的消费倾向、购买习惯、个人喜好等信息,从而为商家下一步精准营销收集数据。个人储存信息是指网民存储在计算机、移动存储设备上的信息,包括电子邮箱、网络硬盘等虚拟空间存储的各类信息。无论以何种方式存储,消费者个人信息均可能含有隐私的内容,如个人日记、照片或视频等。

  想一想

个人信息与个人隐私、个人数据有什么区别?

第 2 节 电子商务数据信息主体权利与义务

7.2.1 电子商务用户信息权利

1. 信息的自主决定权

电子商务用户依法享有对其个人信息自主决定的权利。电子商务用户有权决定是否允许经营者收集其个人信息，决定收集个人信息的范围，信息收集后的使用方式，决定自己的个人信息是否公开，是否可以转让给他人。

2. 信息的知情权

知情权是指个人信息的权利人有权知道自己的哪些信息被收集，谁收集了自己的个人信息，收集这些信息的用途，以及信息将会以怎样的方式展现出来。电子商务经营主体对个人信息的处理和利用应当符合用户同意的处理利用规则。电子商务经营主体处理、利用个人信息的行为可能侵害用户合法权益的，用户有权请求电子商务经营主体中止相关行为。电子商务经营主体变更收集信息时约定的处理、利用的目的、方式和范围的，应当告知用户，并征得用户的明示同意。

3. 信息的查询和更正权

用户有权查阅与本人有关的个人信息。电子商务经营主体收到用户查询请求的，应当在核实身份后及时提供查询结果。用户对错误信息提出更正补充请求的，电子商务经营主体应当及时更正补充。针对经营者收集和处理个人信息的行为，用户有权访问、查阅，并要求经营者提供个人信息复制本，也有权对自己的个人信息进行整理和修改。如果经营者保存的个人信息不充分、不完整，用户有权要求更正。用户还享有请求信息处理者采取合理措施，确保个人信息正确与完整状态的权利。

4. 信息的删除权

信息的删除权是指个人信息的权利人有权要求拥有、处理其个人信息的机构将其信息永久删除的权利，除非信息保护留有合法的理由。即只要用户想终止或避免自己的个人数据在互联网或其他领域被使用、传播或泄露，就有权要求数据收集方和使用方彻底删除其数据，只要不影响言论自由和损害到社会公共利益即可。法定或者约定保存期限届满，电子商务经营主体应当主动或者按照用户的请求删除、停止处理和利用，或者销毁相关个人信息。

5. 信息的请求权和申诉权

电子商务经营主体处理、利用个人信息的行为可能侵害用户合法权益的，用户有权请求电子商务经营主体中止相关行为。申诉权是指如果经营者违法使用个人信息或因外部原因造成信息泄露，用户有权采取必要措施保障个人信息安全。如果经营者拒绝采取必要措施或技术手段，则用户有权提起诉讼或者以其他方式救济自己的权利。

7.2.2 电子商务经营主体信息义务

1. 电子商务经营主体收集用户个人信息的基本原则

电子商务经营主体收集用户个人信息，应当遵循合法、正当、必要原则，事先向用户明示信息收集、处理和利用的规则，并征得用户的同意。电子商务经营主体不得以拒绝为用户提供服务为由强迫用户同意其收集、处理、利用个人信息。电子商务经营主体修改个人信息收集、处理、利用规则的，应当取得用户的同意。用户不同意的，电子商务经营主体应当提供相应的救济方法。

2. 电子商务经营主体信息义务

（1）禁止义务。禁止采用非法交易、非法入侵、欺诈、胁迫或者其他未经用户授权的手段收集个人信息。

（2）用户同意义务。电子商务经营主体对个人信息的处理和利用应当符合用户同意的处理和利用规则。电子商务经营主体变更收集信息时约定的处理、利用的目的、方式和范围的，应当告知用户，并征得用户的明示同意。

（3）建立健全内部控制制度与技术管理措施义务。电子商务经营主体应当建立健全内部控制制度和技术管理措施，防止信息泄露、丢失、毁损，确保电子商务数据信息安全。在发生或者可能发生用户个人信息泄露、丢失、毁损时，电子商务经营主体应当立即采取补救措施，及时告知用户，并向有关部门报告。

（4）交换共享电子商务数据信息处理义务。电子商务经营主体交换共享电子商务数据信息的，应当对数据信息进行必要的处理，使之无法识别特定个人及其终端，并且无法复原。

（5）依法递交电子商务数据信息义务。电子商务经营主体应当依照法律、行政法规的规定向国家有关部门提供电子商务数据信息，有关部门应当采取必要措施保护相关数据信息的安全。

想一想

电子商务用户的哪些个人信息权利最容易被侵权？

第 3 节　电子商务经营主体信息侵权责任

7.3.1 电子商务经营主体信息侵权行为

1. 任意收集用户信息

为了网上购物或接受其他信息服务，消费者必须提供个人信息，如姓名、电话、住址、身份证号、信用卡号等,如利用会员注册收集用户信息,利用订单生成和物流配送收集用户信息。不正当的收集用户信息的行为有:在收集时,并不告诉用户为什么需要这些信息,特别是公开收集与所从事交易无关的信息,如个人身份证、社会保障卡号等。收集的用户资料往往是不完整、过期、不正确的,而用户又没有办法取消或改正这些错误的信息,用户信息保存缺乏安全性、保密性。

2. 二次加工用户信息

用户信息的二次加工是指电子商务经营者利用自身掌握的用户信息建立综合的数据库,然后对数据进行加工和挖掘,从中分析出一些用户并未透露且具有商业价值的信息,引导其营销策略。例如,消费者在电子商务第三方平台购买皮鞋,商家通过对皮鞋样式、颜色、大小等商品特征的挖掘,总结出消费者的年龄、消费爱好或需求,从而向其推销商品。由于目前我国对用户信息二次加工行为缺乏指导规范,未经用户本人许可的用户信息二次加工使用容易引起侵权纠纷。

3. 交换或买卖用户信息

用户信息交换是指用户信息和消费记录的主体直接与另一主体相互交换各自所掌握的用户信息,各取所需。为了获得更多的利润或经营便利,在运营过程中,许多电子商务经营主体在未经用户同意或授权情况下,直接将其掌握的用户信息和消费记录与合作伙伴共享,与电子商务经营者、物流公司、广告公司等相互交换各自掌握的用户信息。

用户信息买卖是指直接将收集和存储的用户个人信息作为自己的私有财产,明码标价、公开出售,以获取利润。

4. 泄露用户信息

目前,我国对用户个人信息保护的措施还没有统一标准,因此即使是一些国内知名的大型电商企业,在安全保护系统设置方面都比较薄弱,安全系统等级较低,数据库缺少完善的加密过程,从而导致用户信息很容易被盗取或泄露。

7.3.2 电子商务经营主体信息侵权责任

1. 民事责任

未经用户授权或同意,不得基于商业目的收集或利用用户信息,否则就是一种侵权行为,应当承担赔偿责任。《消费者权益保护法》第五十条规定:"经营者侵害消费者的人格尊严、侵犯消费者人身自由或者侵害消费者个人信息依法得到保护的权利的,应当停止侵害、恢复名誉、消除影响、赔礼道歉,并赔偿损失。"该条规定了经营者侵犯消费者个人信息的民事责任。

2. 行政责任

《消费者权益保护法》第五十六条规定:"经营者有侵害消费者人格尊严、侵犯消费者人身自由或者侵害消费者个人信息依法得到保护的权利的,除承担相应的民事责任外,其他有关法律、法规对处罚机关和处罚方式有规定的,依照法律、法规的规定执行;法律、法规未做规定的,由工商行政管理部门或者其他有关行政部门责令改正,可以根据情节单处或者并处警告、没收违法所得、处以违法所得 1 倍以上 10 倍以下的罚款,没有违法所得的,处以 50 万元以下的罚款;情节严重的,责令停业整顿、吊销营业执照。"

《全国人民代表大会常务委员会关于加强网络信息保护的决定》第十一条规定:"对违

反本决定行为的,依法给予警告、罚款、没收违法所得、吊销许可证或者取消备案、关闭网站、禁止有关责任人员从事网络服务业务等处罚,记入社会信用档案并予以公布;构成违反治安管理行为的,依法给予治安管理处罚。"

3. 刑事责任

《刑法》第二百五十三条规定了出售或者非法提供公民个人信息情节严重的承担刑事责任。该条规定:"违反国家有关规定,向他人出售或者提供公民个人信息,情节严重的,处三年以下有期徒刑或者拘役,并处或者单处罚金;情节特别严重的,处三年以上七年以下有期徒刑,并处罚金。违反国家有关规定,将在履行职责或者提供服务过程中获得的公民个人信息,出售或者提供给他人的,依照前款的规定从重处罚。窃取或者以其他方法非法获取公民个人信息的,依照第一款的规定处罚。单位犯前三款罪的,对单位判处罚金,并对其直接负责的主管人员和其他直接责任人员,依照各该款的规定处罚。"

 想一想

电子商务消费者(用户)应如何保护自己的个人信息?

最高人民法院关于审理利用信息网络侵害人身权益民事纠纷案件适用法律若干问题的规定

《最高人民法院关于审理利用信息网络侵害人身权益民事纠纷案件适用法律若干问题的规定》已于 2014 年 6 月 23 日由最高人民法院审判委员会第 1621 次会议通过,现予公布,自 2014 年 10 月 10 日起施行。

最高人民法院
2014 年 8 月 21 日
法释〔2014〕11 号

最高人民法院关于审理利用信息网络侵害人身权益民事纠纷案件适用法律若干问题的规定

(2014 年 6 月 23 日最高人民法院审判委员会第 1621 次会议通过)

为正确审理利用信息网络侵害人身权益民事纠纷案件,根据《中华人民共和国民法通则》《中华人民共和国侵权责任法》《全国人民代表大会常务委员会关于加强网络信息保护的决定》《中华人民共和国民事诉讼法》等法律的规定,结合审判实践,制定本规定。

第一条 本规定所称的利用信息网络侵害人身权益民事纠纷案件,是指利用信息网络侵害他人姓名权、名称权、名誉权、荣誉权、肖像权、隐私权等人身权益引起的纠纷案件。

第二条 利用信息网络侵害人身权益提起的诉讼,由侵权行为地或者被告住所地人民法院管辖。

侵权行为实施地包括实施被诉侵权行为的计算机等终端设备所在地,侵权结果发生地包括被侵权人住所地。

第三条 原告依据侵权责任法第三十六条第二款、第三款的规定起诉网络用户或者网络服务提供者的，人民法院应予受理。

原告仅起诉网络用户，网络用户请求追加涉嫌侵权的网络服务提供者为共同被告或者第三人的，人民法院应予准许。

原告仅起诉网络服务提供者，网络服务提供者请求追加可以确定的网络用户为共同被告或者第三人的，人民法院应予准许。

第四条 原告起诉网络服务提供者，网络服务提供者以涉嫌侵权的信息系网络用户发布为由抗辩的，人民法院可以根据原告的请求及案件的具体情况，责令网络服务提供者向人民法院提供能够确定涉嫌侵权的网络用户的姓名（名称）、联系方式、网络地址等信息。

网络服务提供者无正当理由拒不提供的，人民法院可以依据民事诉讼法第一百一十四条的规定对网络服务提供者采取处罚等措施。

原告根据网络服务提供者提供的信息请求追加网络用户为被告的，人民法院应予准许。

第五条 依据侵权责任法第三十六条第二款的规定，被侵权人以书面形式或者网络服务提供者公示的方式向网络服务提供者发出的通知，包含下列内容的，人民法院应当认定有效：

（一）通知人的姓名（名称）和联系方式；

（二）要求采取必要措施的网络地址或者足以准确定位侵权内容的相关信息；

（三）通知人要求删除相关信息的理由。

被侵权人发送的通知未满足上述条件，网络服务提供者主张免除责任的，人民法院应予支持。

第六条 人民法院适用侵权责任法第三十六条第二款的规定，认定网络服务提供者采取的删除、屏蔽、断开链接等必要措施是否及时，应当根据网络服务的性质、有效通知的形式和准确程度，网络信息侵害权益的类型和程度等因素综合判断。

第七条 其发布的信息被采取删除、屏蔽、断开链接等措施的网络用户，主张网络服务提供者承担违约责任或者侵权责任，网络服务提供者以收到通知为由抗辩的，人民法院应予支持。

被采取删除、屏蔽、断开链接等措施的网络用户，请求网络服务提供者提供通知内容的，人民法院应予支持。

第八条 因通知人的通知导致网络服务提供者错误采取删除、屏蔽、断开链接等措施，被采取措施的网络用户请求通知人承担侵权责任的，人民法院应予支持。

被错误采取措施的网络用户请求网络服务提供者采取相应恢复措施的，人民法院应予支持，但受技术条件限制无法恢复的除外。

第九条 人民法院依据侵权责任法第三十六条第三款认定网络服务提供者是否"知道"，应当综合考虑下列因素：

（一）网络服务提供者是否以人工或者自动方式对侵权网络信息以推荐、排名、选择、编辑、整理、修改等方式做出处理；

（二）网络服务提供者应当具备的管理信息的能力，以及所提供服务的性质、方式及其引发侵权的可能性大小；

（三）该网络信息侵害人身权益的类型及明显程度；

（四）该网络信息的社会影响程度或者一定时间内的浏览量；

（五）网络服务提供者采取预防侵权措施的技术可能性及其是否采取了相应的合理措施；

（六）网络服务提供者是否针对同一网络用户的重复侵权行为或者同一侵权信息采取了相应的合理措施；

（七）与本案相关的其他因素。

第十条 人民法院认定网络用户或者网络服务提供者转载网络信息行为的过错及其程度，应当综合以下因素：

（一）转载主体所承担的与其性质、影响范围相适应的注意义务；

（二）所转载信息侵害他人人身权益的明显程度；

（三）对所转载信息是否做出实质性修改，是否添加或者修改文章标题，导致其与内容严重不符以及误导公众的可能性。

第十一条 网络用户或者网络服务提供者采取诽谤、诋毁等手段，损害公众对经营主体的信赖，降低其产品或者服务的社会评价，经营主体请求网络用户或者网络服务提供者承担侵权责任的，人民法院应依法予以支持。

第十二条 网络用户或者网络服务提供者利用网络公开自然人基因信息、病历资料、健康检查资料、犯罪记录、家庭住址、私人活动等个人隐私和其他个人信息，造成他人损害，被侵权人请求其承担侵权责任的，人民法院应予支持。但下列情形除外：

（一）经自然人书面同意且在约定范围内公开；

（二）为促进社会公共利益且在必要范围内；

（三）学校、科研机构等基于公共利益为学术研究或者统计的目的，经自然人书面同意，且公开的方式不足以识别特定自然人；

（四）自然人自行在网络上公开的信息或者其他已合法公开的个人信息；

（五）以合法渠道获取的个人信息；

（六）法律或者行政法规另有规定。

网络用户或者网络服务提供者以违反社会公共利益、社会公德的方式公开前款第四项、第五项规定的个人信息，或者公开该信息侵害权利人值得保护的重大利益，权利人请求网络用户或者网络服务提供者承担侵权责任的，人民法院应予支持。

国家机关行使职权公开个人信息的，不适用本条规定。

第十三条 网络用户或者网络服务提供者，根据国家机关依职权制作的文书和公开实施的职权行为等信息来源所发布的信息，有下列情形之一，侵害他人人身权益，被侵权人请求侵权人承担侵权责任的，人民法院应予支持：

（一）网络用户或者网络服务提供者发布的信息与前述信息来源内容不符；

（二）网络用户或者网络服务提供者以添加侮辱性内容、诽谤性信息、不当标题或者通过增删信息、调整结构、改变顺序等方式致人误解；

（三）前述信息来源已被公开更正，但网络用户拒绝更正或者网络服务提供者不予更正；

（四）前述信息来源已被公开更正，网络用户或者网络服务提供者仍然发布更正之前的信息。

第十四条 被侵权人与构成侵权的网络用户或者网络服务提供者达成一方支付报酬，另一方提供删除、屏蔽、断开链接等服务的协议，人民法院应认定为无效。

擅自篡改、删除、屏蔽特定网络信息或者以断开链接的方式阻止他人获取网络信息，发布该信息的网络用户或者网络服务提供者请求侵权人承担侵权责任的，人民法院应予支持。接受他人委托实施该行为的，委托人与受托人承担连带责任。

第十五条 雇佣、组织、教唆或者帮助他人发布、转发网络信息侵害他人人身权益，被侵权人请求行为人承担连带责任的，人民法院应予支持。

第十六条 人民法院判决侵权人承担赔礼道歉、消除影响或者恢复名誉等责任形式的，应当与侵权的具体方式和所造成的影响范围相当。侵权人拒不履行的，人民法院可以采取在网络上发布公告或者公布裁判文书等合理的方式执行，由此产生的费用由侵权人承担。

第十七条 网络用户或者网络服务提供者侵害他人人身权益，造成财产损失或者严重精神损害，被侵权人依据侵权责任法第二十条和第二十二条的规定请求其承担赔偿责任的，人民法院应予支持。

第十八条 被侵权人为制止侵权行为所支付的合理开支，可以认定为侵权责任法第二十条规定的财产损失。合理开支包括被侵权人或者委托代理人对侵权行为进行调查、取证的合理费用。人民法院根据当事人的请求和具体案情，可以将符合国家有关部门规定的律师费用计算在赔偿范围内。

被侵权人因人身权益受侵害造成的财产损失或者侵权人因此获得的利益无法确定的，人民法院可以根据具体案情在50万元以下的范围内确定赔偿数额。精神损害的赔偿数额，依据《最高人民法院关于确定民事侵权精神损害赔偿责任若干问题的解释》第十条的规定予以确定。

第十九条 本规定施行后人民法院正在审理的一审、二审案件适用本规定。

本规定施行前已经终审，本规定施行后当事人申请再审或者按照审判监督程序决定再审的案件，不适用本规定。

（资料来源：法律图书馆）

京东12GB用户数据外泄 电商平台成信息泄露"重灾区"

2016年12月10日晚，据一本财经报道，近期一个12GB的数据包开始在黑市流通，其中包括用户名、密码、邮箱、QQ号、电话号码、身份证号码等多个维度，数据多达数千万条。而黑市买卖双方皆称，这些数据来自京东。对此，京东方面凌晨发布声明，并没有否认这些数据来自京东。但强调，该数据初步判断源于2013年的一次安全漏洞。京东表示，当时国内几乎所有互联网公司及大量银行、政府机构都受到影响，导致大量数据泄露，暗指这个问题不只是京东一家出问题。

据报道，一些地下渠道开始对数据进行明码标价交易，价格从"10万元到70万元"不等。业内人士称，数据已被销售多次。

值得注意的是，黑客会通过已泄露的用户名和密码，尝试批量登录其他网站，获取数据。而伤害值最高最直接的，就是撞进一些金融账户，直接将资金转走。

事实上，这已不是京东第一次被曝数据外泄。2015年，京东就被曝出大量用户隐私信息泄露，多名用户被骗走金钱，总共损失数百万元。直到一年后，京东才公布调查结果，

称是因为出现"内鬼"。所谓的"内鬼",是 3 位物流人员,通过物流流程,掌握了用户姓名、电话、地址、何时下单、所购货物等信息,总数据达到 9 313 条。而电商平台,一直是数据泄露的重灾区之一。

2014 年初,支付宝被曝 20GB 用户资料泄露。后经调查,此次泄露是"内部作案":支付宝前技术员工李某,利用职务之便,多次在公司后台下载用户资料。这 20GB 资料,包括用户个人的实名、手机、电子邮箱、家庭住址、消费记录等,相当精准。颇有意思的事,购买这些数据的买家,都是"友商",比如其他电商平台。

除了支付宝,早在 2012 年,1 号店被曝网上商城员工与离职、外部人员内外勾结,90 万用户资料被泄露,价格只需 500 元。

可见,"内鬼"是电商信息泄露的重要原因,除此之外,电商平台由于自身技术漏洞,被黑客戳中软肋,盗走数据,也是常见现象。

2014 年,是电商平台安全风险集中爆发的一年。3 月,当当网 113 位用户账户余额被盗用。黑客先是盗取用户登录信息,然后修改用户绑定手机、邮箱地址等信息,最后购买电子产品等贵重商品。当当网在舆论重压下,宣布给予用户补偿。同月,乌云漏洞平台曝光携程系统存在技术漏洞,可导致用户个人姓名、身份证号码、银行卡类别、银行卡卡号和银行卡用于支付的 6 位 BIN 码等重要信息泄露。而携程随后发布声明表示,确认共 93 人账户存在安全风险,已通知相关用户更换信用卡。2014 年底,中国铁路购票网站 12306 的 6 个子网站存在高危漏洞,致数十万条用户数据外泄,包括用户账号、明文密码、身份证号码、邮箱等敏感信息在内的数据被贩售。12306 随后表示:泄露的用户信息系经其他网站渠道流出。

如何保护自己的数据?

毫无疑问,在互联网生存依赖程度越来越高的今天,数据安全已经不仅仅是互联网公司的事,用户自身也得行动起来。

如何防止自己的数据泄露?以下几点攻略可供参考:① 安全支付系统存在漏洞,用户的支付日志可被轻易下载,导致大量用户银行卡信息(包含持卡人姓名、身份证号码、银行卡号、密码等)泄露,需要迅速登录相应网站支付系统,检查交易记录、银行流水,包括一些小额银行消费记录,因为有些银行短信通知有额度规定,往往被忽略。② 立即修改密码,并且牢记下来。③ 不要图省事,勿将同一密码在不同网站上使用。可用笔在纸上记下密码进行保存。④ 如果你有两个手机号,把捆绑的手机号(手机登录)修改成另外一个手机号,并同时修改密码。⑤ 不同互联网公司之间有些数据共享,有时离奇地出现"撞库"事件。因此,如果获悉一家网站信息泄露,同时也要尽可能地把名下涉及财产安全的密码都修改一遍。⑥ 日常使用信得过的杀毒软件,不去信不过的网站上填写信息,下单购物。尽量不要图省事使用一键下单之类设置,这类设置被劫持的可能性大于密码填写类操作。

(资料来源:凤凰网 WEMONEY 综合一本财经、腾讯科技报道整理)

 实训目的

通过对实训材料的阅读,能够结合所学的电子商务数据信息保护的有关法律知识进行分析,以检验对所学知识的理解和掌握。

实训内容与步骤

（1）阅读实训背景材料。
（2）查询实训材料所涉及的法律知识。
（3）运用相关的法律知识分析解决问题。

 **实训提示**

对实训的背景材料一定要熟悉，运用的法律知识要准确。

 思考与练习

请在熟悉实训材料的基础上，结合所学的法律知识，回答下列问题：
（1）实训中的有关电子商务经营主体侵犯了用户的哪些信息权利？
（2）用户可以依据哪些法律来保护自己的信息权利？
（3）在实践中，用户信息维权会碰到哪些困难？用户的维权重点应放在哪里？

本章小结

个人信息是指电子商务经营主体在电子商务活动中收集的姓名、身份证件号码、住址、联系方式、位置信息、银行卡信息、交易记录、支付记录、快递物流记录等能够单独或者与其他信息结合识别特定用户的信息。按不同的标准，个人信息可以分为直接个人信息和间接个人信息，个人敏感信息和个人一般信息，个人基本信息、个人网络活动信息和个人储存信息。电子商务用户依法享有信息的自主决定权、知情权、查询和更正权、删除权、请求权和申诉权。电子商务经营主体收集用户个人信息，应当遵循合法、正当、必要原则。电子商务经营主体依法履行下列信息义务：禁止义务，用户同意义务，建立健全内部控制制度与技术管理措施义务，交换共享电子商务数据信息处理义务，依法递交电子商务数据信息义务。

电子商务经营主体在电商运营过程中，需要对用户信息进行收集和分析，用以改善自身产品的用户体验或进行产品的开发和精准营销。用户信息侵权纠纷不断发生，电子商务经营主体依法承担信息侵权的民事、行政、刑事责任。

 **同步测试**

1. 单项选择题

（1）信息主体的姓名是（　　）。
    A．直接个人信息
    B．间接个人信息
    C．个人敏感信息

D．个人网络活动信息

（2）用户有权查阅与本人有关的个人信息，这是用户的（　　）。

A．信息的自主决定权

B．信息的查询权

C．信息的删除权

D．信息的请求权

（3）未经用户授权或者同意，不得基于商业目的收集或利用用户信息，否则就是一种侵权行为，应当承担（　　）责任。

A．行政

B．民事赔偿

C．刑事

D．罚款

（4）经营者有侵害消费者个人信息依法得到保护的权利的，除承担相应的民事责任外，法律、法规未做规定的，由工商行政管理部门或者其他有关行政部门责令改正，可以根据情节单处或者并处警告、没收违法所得、处以违法所得（　　）的罚款。

A．1倍以上5倍以下

B．2倍以上10倍以下

C．1倍以上10倍以下

D．2倍以上5倍以下

（5）违反国家有关规定，向他人出售或者提供公民个人信息，情节严重的，处（　　）或者拘役，并处或者单处罚金。

A．一年以下有期徒刑

B．两年以下有期徒刑

C．五年以下有期徒刑

D．三年以下有期徒刑

2．多项选择题

（1）电子商务经营主体收集用户个人信息，应当遵循（　　）原则，事先向用户明示信息收集、处理和利用的规则，并征得用户的同意。

A．合法

B．正当

C．必要

D．公开

（2）下列为电子商务经营主体信息侵权行为的是（　　）。

A．二次加工用户信息

B．交换用户信息

C．买卖用户信息

D．泄露用户信息

（3）电子商务经营主体信息侵权的法律责任包括（　　）。

A．民事责任

B．行政责任

C. 刑事责任

D. 违约责任

（4）下列属于电子商务经营主体信息侵权的行政责任的是（　　）。

A. 赔偿责任

B. 罚款

C. 没收违法所得

D. 吊销营业执照

（5）电子商务经营主体应履行下列信息义务（　　）。

A. 禁止义务

B. 用户同意义务

C. 建立健全内部控制制度与技术管理措施义务

D. 交换共享电子商务数据信息处理义务

3．分析题

（1）分析电子商务经营主体信息侵权行为的表现与认定。

（2）分析电子商务用户信息权利保护的法律依据有哪些？

第8章

电子商务知识产权法律制度

 **本章重点/难点**

电子商务知识产权定义；著作权概念、客体、内容、保护期限、限制，电子商务著作权保护；商标概念，注册商标专用权，电子商务商标权保护；域名概念，域名管理的法律规定，域名法律保护；专利概念，专利权主体、客体、内容，电子商务专利权保护。

 **本章导图**

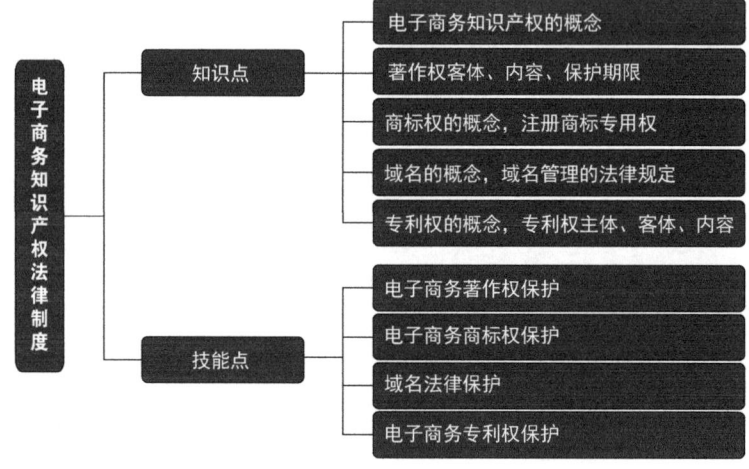

 引例

搜狐视频诉迅雷侵权终审胜诉 获赔 16.4 万元

2016 年 12 月 7 日消息，广东省深圳市中级人民法院就搜狐视频（以下简称"原告"）诉深圳市迅雷网络技术有限公司（以下简称"被告"）信息网络传播权侵权纠纷一案做出终审判决，判定被告构成信息网络传播权侵权，驳回上诉，维持原判。

被告开发并运营"迅雷影音""迅雷 HD"聚合软件，未经许可盗链原告享有独家信息网络传播权《金玉良缘》《妻子的秘密》《我的经济适用男》等作品内容，提供视频在线播放。至此,原告将被告诉至深圳市南山区人民法院。

本案一审中,深圳市南山区人民法院认为,被告迅雷公司在未取得涉案作品的权利人原告许可的情况下,通过技术手段分析、破解"搜狐视频"的相关代码并私自取得涉案影视作品信息,使得公众无须登录"搜狐视频",通过被告"迅雷影音""迅雷HD"聚合软件即可实现涉案作品的在线观看,其本身是一种新的作品使用方式,理应取得权利人的许可。被告的行为扩大了涉案影视作品的传播范围,造成了权利人的利益损失,侵害了其信息网络传播权,应当依法承担相应的侵权责任,判定:① 被告深圳市迅雷网络技术有限公司立即停止侵犯原告信息网络传播权行为;② 被告赔偿原告经济损失及维权合理费用共计人民币16.4万元。

二审中,深圳市中级人民法院经审理认定,本案为侵害作品信息网络传播权纠纷,被告虽然提供的是搜索链接服务,但未经授权跳过广告直接抓取视频,故意避开或者破坏原告为涉案作品采取的保护信息网络传播权的技术措施,已构成侵权,驳回上诉,维持原判,判决为终审判决。

> **引例分析**
>
> 本案的终审胜诉,明确了手机"聚合"软件盗链行为的非法性,认定"聚合"软件破解盗链行为构成对权利人的侵害,有效地维护了权利人的合法权益。聚合软件不劳而获的"拿来主义"不符合市场经济发展趋势,与我国知识产权战略和鼓励文化创新背道而驰,希望此案判决思路能够被广泛推广和应用,可以有效制止此类侵权行为继续大行其道,维护网络视频正版健康有序发展。

第1节 电子商务知识产权概述

随着电子商务的迅猛发展,对知识产权法产生了严重的影响,提出了许多方面的挑战。传统的知识产权制度受到了电子商务法律问题的冲击,如域名与商标的冲突,著作权、专利权的侵权问题。如何在以互联网为基础的电子商务时代保护知识产权是世界各国面临的重大课题。

8.1.1 知识产权概述

1. 知识产权的概念

知识产权是指权利人对其智力创造成果所依法享有的专有权利。

2. 知识产权的特征

知识产权是无形财产权,与有形财产权比较有以下4个特点。

(1) 无形性。知识产权的客体是智力成果,是一种无形资产。知识产权往往依附于有形的或无形的载体(如书籍、光盘等),知识产权可复制、易传播,这给知识产权的保护带来了难度,使得权利人的权益更容易受到侵害。

（2）专有性。专有性，又称独占性、排他性，是指唯有权利人能够享有知识产权，其他任何人不经权利人同意不得使用受保护的知识产权。

（3）地域性。知识产权只在产生的特定国家或地区的地域范围内有效，不具有域外效力。一国法律所确认和保护的知识产权，只能在这个国家领域内有效。要得到其他国家的保护，必须按照其他国家的法律规定或者国际公约，经特定程序获得。

（4）时间性。知识产权都有一定的法律保护期限。在保护期限之内，权利人的专用权利受到法律保护，期限届满，知识产权失去了效力，进入公共领域，成为社会公有财产，任何人都可以自由利用而不再发生侵权问题。

8.1.2 电子商务知识产权

1. 电子商务知识产权定义

由于计算机网络技术和数字技术的广泛应用，产生了电子商务这种商业模式。电子商务全方位地满足了人们的社会交往、购物、学习、消费、医疗等各种需要。电子商务为人们带来谈判、签约、订购商品等便利的同时，也必然带来知识产权问题。例如，在著作权领域，Internet 技术对著作权保护的客体、著作权权利内涵提出的新挑战；在专利领域，专利发明的性质在网络时代发生了巨大变化，Internet 上专利的电子申请方式成为新的法律问题；在商标领域，"Internet"中的"域名"和商标的关系，国际上商标和"域名"的保护和侵权等。一方面，知识产权权利人非常关心其知识产权有没有被侵犯；另一方面，知识产权的受让人、使用人也迫切地想了解其获得的知识产权是否可靠，是否构成侵权。

电子商务知识产权主要是指网络环境下的知识产权，即网络知识产权，就是由数字网络发展引起的或与其相关的各种知识产权。在传统概念中，著作权包括版权和邻接权，工业产权包括专利、商标、商号等。而网络知识产权除了传统知识产权的内涵外，还包括数据库、计算机软件、多媒体、网络域名、数字化作品、电子版权等，外延扩大了很多。

网络信息资源量大、数字化、网络化、更新快等特征决定了网络知识产权具有与传统知识产权完全不同的特点。知识产权最突出的特点之一就是它的"专有性"，而网络上的信息则是公开的、公用的，很难受到严格的控制。"地域性"是知识产权的又一特点，而网络传输的特点则是"无国界性"。

电子商务知识产权主要包括著作权、商标权、域名、专利权等方面的内容。

2. 电子商务经营主体保护知识产权义务

（1）电子商务经营主体应当依法保护知识产权，建立知识产权保护规则。电子商务第三方平台明知平台内电子商务经营者侵犯知识产权的，应当依法采取删除、屏蔽、断开链接、终止交易和服务等必要措施。

（2）电子商务第三方平台接到知识产权权利人发出的平台内经营者实施知识产权侵权行为通知的，应当及时将该通知转送平台内经营者，并依法采取必要措施。知识产权权利人因通知错误给平台内经营者造成损失的，依法承担民事责任。

平台内经营者接到转送的通知后，向电子商务第三方平台提交声明保证不存在侵权行为的，电子商务第三方平台应当及时终止所采取的措施，将该经营者的声明转送发出通知的知识产权权利人，并告知该权利人可以向有关行政部门投诉或者向人民法院起诉。

电子商务第三方平台应当及时公示收到的通知、声明及处理结果。

 **想一想**

电子商务知识产权包括哪些内容?

第 2 节 电子商务著作权保护

8.2.1 著作权概述

1. 著作权的概念

著作权是指法律赋予文学艺术、科学作品的作者对其创作的作品所享有的专有权利。著作权属于知识产权的范畴,随着网络科学技术的进步与发展,音像制品、计算机软件、信息网络传播、数据库等均属其保护对象。

2. 著作权法的概念

著作权法是指调整在著作权的产生、使用、保护过程中发生的各种社会关系的法律规范的总称。

我国的著作权法法律规范主要包括:《中华人民共和国著作权法》《中华人民共和国著作权法实施条例》《著作权集体管理条例》《计算机软件保护条例》《信息网络传播权保护条例》《保护文学和艺术作品伯尔尼公约》《世界知识产权组织版权条约》《关于审理涉及计算机网络著作权纠纷案件适用法律若干问题的解释》《互联网著作权行政保护办法》。

3. 著作权的客体

《著作权法》保护的对象是作品,是指文学、艺术和科学领域内,具有独创性并能以某种有形形式复制的智力成果。

根据我国《著作权法》第三条的规定,著作权法所称的作品,包括以下列形式创作的文学、艺术和自然科学、社会科学、工程技术等作品。

(1)文字作品;

(2)口述作品;

(3)音乐、戏剧、曲艺、舞蹈、杂技艺术作品;

(4)美术、建筑作品;

(5)摄影作品;

(6)电影作品和以类似摄制电影的方法创作的作品;

(7)工程设计图、产品设计图、地图、示意图等图形作品和模型作品;

(8)计算机软件;

(9)法律、行政法规规定的其他作品。

以上所述作品,利用数字化技术,将传统媒介上的作品原样移植到数字化媒介中,如将文章输入计算机中,将绘画、图纸等扫描到计算机中等,即这些作品被数字化后,并未改变作品的内容，改变的只是作品的存在形式。因此，数字化过程本身并不具有创造性，不产生新的作品，数字化作品的著作权仍由原作品的著作权人享有。

除了以上作品的数字化形式，还有凭借或者通过计算机完成的作品，即网络作品。根据最高人民法院《关于审理涉及计算机网络著作权纠纷案件适用法律若干问题的解释》第二条的规定，网络作品只要符合著作权法对作品的要求，即独创性、可复制性、合法性并且属于文学、艺术或科学领域，即为著作权的保护对象。

4．著作权的内容

著作权的内容，包括下列人身权和财产权。

（1）发表权，即决定作品是否公之于众的权利；

（2）署名权，即表明作者身份，在作品上署名的权利；

（3）修改权，即修改或者授权他人修改作品的权利；

（4）保护作品完整权，即保护作品不受歪曲、篡改的权利；

（5）复制权，即以印刷、复印、拓印、录音、录像、翻录、翻拍等方式将作品制作一份或者多份的权利；

（6）发行权，即以出售或者赠予方式向公众提供作品的原件或者复制件的权利；

（7）出租权，即有偿许可他人临时使用电影作品和以类似摄制电影的方法创作的作品、计算机软件的权利，计算机软件不是出租的主要标的的除外；

（8）展览权，即公开陈列美术作品、摄影作品的原件或者复制件的权利；

（9）表演权，即公开表演作品，以及用各种手段公开播送作品的表演的权利；

（10）放映权，即通过放映机、幻灯机等技术设备公开再现美术、摄影、电影和以类似摄制电影的方法创作的作品等的权利；

（11）广播权，即以无线方式公开广播或者传播作品，以有线传播或者转播的方式向公众传播广播的作品，以及通过扩音器或者其他传送符号、声音、图像的类似工具向公众传播广播的作品的权利；

（12）信息网络传播权，即以有线或者无线方式向公众提供作品，使公众可以在其个人选定的时间和地点获得作品的权利；

（13）摄制权，即以摄制电影或者以类似摄制电影的方法将作品固定在载体上的权利；

（14）改编权，即改编作品，创作出具有独创性的新作品的权利；

（15）翻译权，即将作品从一种语言文字转换成另一种语言文字的权利；

（16）汇编权，即将作品或者作品的片段通过选择或者编排，汇集成新作品的权利；

（17）应当由著作权人享有的其他权利。

5．著作权的保护期

按照《著作权法》的规定，作者的署名权、修改权、保护作品完整权的保护期不受限制。其发表权及著作财产权的保护期为作者终生及其死亡后50年，截止于作者死亡后第50年的12月31日；如果是合作作品，截止于最后死亡的作者死亡后第50年的12月31日。

法人或者其他组织的作品、著作权（署名权除外）由法人或者其他组织享有的职务作品，其发表权及相关权利的保护期为50年，截止于作品首次发表后第50年的12月31日，但作品自创作完成后50年内未发表的不再保护。

电影作品和以类似摄制电影的方法创作的作品、摄影作品，其发表权、相关权利的保护期为 50 年，截止于作品首次发表后第 50 年的 12 月 31 日，但作品自创作完成后 50 年内未发表的不再保护。

6．著作权的限制

（1）网络著作权的合理使用，是指在法律规定的情形下，任何人可以依法自由使用享有著作权的作品，而不必征得著作权人的同意，也不必向其支付使用报酬的法律制度。我国《著作权法》第二十二条规定：在下列情况下使用作品，可以不经著作权人许可，不向其支付报酬，但应当指明作者姓名、作品名称，并且不得侵犯著作权人依照本法享有的其他权利：

① 为个人学习、研究或者欣赏，使用他人已经发表的作品；

② 为介绍、评论某一作品或者说明某一问题，在作品中适当引用他人已经发表的作品；

③ 为报道时事新闻，在报纸、期刊、广播电台、电视台等媒体中不可避免地再现或者引用已经发表的作品；

④ 报纸、期刊、广播电台、电视台等媒体刊登或者播放其他报纸、期刊、广播电台、电视台等媒体已经发表的关于政治、经济、宗教问题的时事性文章，但作者声明不许刊登、播放的除外；

⑤ 报纸、期刊、广播电台、电视台等媒体刊登或者播放在公众集会上发表的讲话，但作者声明不许刊登、播放的除外；

⑥ 为学校课堂教学或者科学研究，翻译或者少量复制已经发表的作品，供教学或者科研人员使用，但不得出版发行；

⑦ 国家机关为执行公务在合理范围内使用已经发表的作品；

⑧ 图书馆、档案馆、纪念馆、博物馆、美术馆等为陈列或者保存版本的需要，复制本馆收藏的作品；

⑨ 免费表演已经发表的作品，该表演未向公众收取费用，也未向表演者支付报酬；

⑩ 对设置或者陈列在室外公共场所的艺术作品进行临摹、绘画、摄影、录像；

⑪ 将中国公民、法人或者其他组织已经发表的以汉语言文字创作的作品翻译成少数民族语言文字作品在国内出版发行；

⑫ 将已经发表的作品改成盲文出版。

前款规定适用于对出版者、表演者、录音录像制作者、广播电台、电视台的权利的限制。

《信息网络传播权保护条例》第六条规定：通过信息网络提供他人作品，属于下列情形的，可以不经著作权人许可，不向其支付报酬：

① 为介绍、评论某一作品或者说明某一问题，在向公众提供的作品中适当引用已经发表的作品；

② 为报道时事新闻，在向公众提供的作品中不可避免地再现或者引用已经发表的作品；

③ 为学校课堂教学或者科学研究，向少数教学、科研人员提供少量已经发表的作品；

④ 国家机关为执行公务，在合理范围内向公众提供已经发表的作品；

⑤ 将中国公民、法人或者其他组织已经发表的、以汉语言文字创作的作品翻译成的少数民族语言文字作品，向中国境内少数民族提供；

⑥ 不以营利为目的，以盲人能够感知的独特方式向盲人提供已经发表的文字作品；

⑦ 向公众提供在信息网络上已经发表的关于政治、经济问题的时事性文章；

⑧ 向公众提供在公众集会上发表的讲话。

另外，在第七条中规定了图书馆、档案馆、纪念馆、博物馆、美术馆通过信息网络提供、陈列、保存版本之合理使用的情形。

（2）著作权的法定许可，是指依法规定，使用者在利用他人已经发表的作品时，可以不经著作权人的许可，但应向其支付报酬的制度。

我国《著作权法》第三十三条规定："作品刊登后，除著作权人声明不得转载、摘编的外，其他报刊可以转载或者作为文摘、资料刊登，但应当按照规定向著作权人支付报酬。"

《信息网络传播权保护条例》第八条规定："为通过信息网络实施九年制义务教育或者国家教育规划，可以不经著作权人许可，使用其已经发表作品的片段或者短小的文字作品、音乐作品或者单幅的美术作品、摄影作品制作课件，由制作课件或者依法取得课件的远程教育机构通过信息网络向注册学生提供，但应当向著作权人支付报酬。"

8.2.2 电子商务著作权保护

1. 网络作品享有著作权

著作权保护的对象是作品。传统意义上的作品是以文字为主要表现形式，而在网络时代，大量的作品凭借或者通过计算机网络完成，即网络作品。网络作品通过计算机技术使其数字化，无论是文学作品，还是影视、音乐作品，在互联网中都可以作为信息流通，但作品数字化只是作品的新的表现形式，并不能改变作者对其创作的作品享有的著作权。因此，以各种形式表现出来的网络作品可以依照《著作权法》的规定享有著作权。

2. 作品享有网络传播权

按照《著作权法》的规定，作者对其作品享有信息网络传播权。在网络环境下，作者享有将其作品通过网络进行传播并获取收益的权利，享有禁止他人未经其许可而将其作品利用网络进行传播、侵害其著作权的行为，任何人未经许可将他人的作品上网传播，是对著作权人合法权益的侵犯。

3. 网上作品的侵权形式

网络给作品提供了短时间内迅速、大范围传播的途径，也为作品侵权提供了巨大的空间。网络作品的著作权所有人最担心的是作品未经其许可被自由下载，并得不到任何报酬。作品一旦上网，著作权所有人很难控制作品的非法下载。作者能控制作品首次进入数据库并得到应有的报酬，但如果有人将作品再次在网上公开，就可能被人任意下载，令著作权所有人对作品完全失去控制，而网络作品又是在全球范围内传播的，所以对著作权所有人造成的损失有可能是巨大的。

网上作品的侵权行为主要有以下几种表现形式。

（1）利用他人享有著作权的作品在网上盈利。

（2）利用电子公告板。互联网上有许多分类专题供大家自由上传文字、图片、游戏、音乐等内容的电子公告板，人们可以从公告板上下载自己喜欢的内容。侵权者将作品上传到网站的电子公告板上，是一种侵权行为。

（3）利用电子邮件传播受《著作权法》保护的作品。互联网提供了一种高效快捷的通信工具,用电子邮件给一个人发邮件和向一万个人发邮件在时间上和操作上是完全一样的。有些音乐迷和体育迷的团体,利用互联网互相传递交换热门的音乐和体育图片、游戏等软件;有人利用他人的作品建立起数据库,其他人可以利用网上的 FTR(文件传输协议)文件传输功能,从数据库中取走作品文件。

(4)建立个人网站公开发布他人享有著作权的作品。有些计算机发烧友和流行音乐迷热衷于建立专门供人下载和交换的热门软件或时下流行歌曲的"酷站",以在"同行"圈子中显示资源的丰富,由于这类团体中的人数众多,使著作权人的损失很大。

4.计算机软件的保护

计算机软件是指计算机程序及其有关文档。它是人类脑力劳动的智力成果,具有极高的社会价值和经济价值,又具有易复制、易改编的特点,往往成为不法盗版和篡改利用的对象。我国《著作权法》将计算机软件列入《著作权法》保护的作品范围,同时鉴于计算机软件的特殊性,《著作权法》明确规定计算机软件的保护办法由国务院另行规定。据此,国务院发布计算机软件法律保护的基本依据是《计算机软件保护条例》。

计算机软件著作权归属于软件的开发者。计算机软件著作权保护期限为 25 年,截止于软件首次发表后第 25 年的 12 月 31 日。

计算机软件著作权的侵权行为及法律责任如下。

《计算机软件保护条例》第二十三条规定,除《中华人民共和国著作权法》或者本条例另有规定外,有下列侵权行为的,应当根据情况,承担停止侵害、消除影响、赔礼道歉、赔偿损失等民事责任:

(1)未经软件著作权人许可,发表或者登记其软件的;

(2)将他人软件作为自己的软件发表或者登记的;

(3)未经合作者许可,将与他人合作开发的软件作为自己单独完成的软件发表或者登记的;

(4)在他人软件上署名或者更改他人软件上的署名的;

(5)未经软件著作权人许可,修改、翻译其软件的;

(6)其他侵犯软件著作权的行为。

《计算机软件保护条例》第二十四条规定,除《中华人民共和国著作权法》、本条例或者其他法律、行政法规另有规定外,未经软件著作权人许可,有下列侵权行为的,应当根据情况,承担停止侵害、消除影响、赔礼道歉、赔偿损失等民事责任;同时损害社会公共利益的,由著作权行政管理部门责令停止侵权行为,没收违法所得,没收、销毁侵权复制品,可以并处罚款;情节严重的,著作权行政管理部门可以没收主要用于制作侵权复制品的材料、工具、设备等;触犯刑律的,依照刑法关于侵犯著作权罪、销售侵权复制品罪的规定,依法追究刑事责任:

(1)复制或者部分复制著作权人的软件的;

(2)向公众发行、出租、通过信息网络传播著作权人的软件的;

(3)故意避开或者破坏著作权人为保护其软件著作权而采取的技术措施的;

(4)故意删除或者改变软件权利管理电子信息的;

(5)转让或者许可他人行使著作权人的软件著作权的。

有前款第一项或者第二项行为的,可以并处每件 100 元或者货值金额 1 倍以上 5 倍以下的罚款;有前款第三项、第四项或者第五项行为的,可以并处 20 万元以下的罚款。

5. 数据库的保护

数据库是按照现代化检索形式组织并存储于计算机中的独立作品、数据或者其他材料的有序集合。数据库是电子商务的重要基础，从查询、采购、产品展示、订购到销售、储运等所有网上贸易活动都离不开数据库的支持，因此与数据库相关的知识产权保护问题也日益突出。

根据《保护文学和艺术作品伯尔尼公约》《与贸易有关的知识产权协议》《世界知识产权组织版权条约》的规定，数据库应当纳入著作权法的保护范围，但由于其保护范围狭小而显得十分脆弱。数据库的法律保护问题正随着互联网技术和电子商务的发展而变得十分重要。

数据库的知识产权保护在我国尚处于有待发展的阶段。我国现行《著作权法》并未明确将数据库列入著作权保护的客体。仅在《著作权法》第十四条规定："汇编若干作品、作品的片段或者不构成作品的数据或其他材料，对其内容的选择或者编排体现独创性的作品，为汇编作品，其著作权由汇编人享有，但行使著作权时，不得侵犯原作品的著作权。"因我国是伯尔尼公约成员国、世界贸易组织成员、WCT缔约国，故我国《著作权法》第十四条的规定与以上3个国际条约中关于"汇编"的规定是一致的，即体现独创性的数据库是作为汇编作品而受到《著作权法》的保护。但以著作权保护数据库还存在许多困难和不足。

（1）保护范围仅限于独创性数据库，大量数据库由于其缺乏独创性而排除在著作权保护体系之外。

（2）《著作权法》只保护结构，不保护内容。对数据库的保护只是其作为汇编作品的整体，而不延及数据库的作品、信息、数据等，数据库内容就有可能在未经授权情况下通过电子方法被提取重新编排，进而产生一个内容相同的数据库而又没有侵犯原数据库的著作权。

总之，我国对数据库的保护尚未有一个系统、完整的方法。

> **想一想**
>
> 著作权的内容中哪些是著作人身权，哪些是著作财产权？

第3节 电子商务商标权保护

8.3.1 商标权概述

1. 商标的概念

商标俗称"牌子"，是指商品的生产经营者或者服务的提供者为区别同类商品和服务项目而置于其商品或服务项目中的商品标记和服务标记（见图8-1）。商标最基本的功能就是识别商品或服务的来源，区别相同商品或服务的不同经营者。它是随着商品经济的产生而产生的，并随着商品经济的发展而发展。商标作为区别商品或服务的标记，对于生产者或者经营者来说，商标是其商品、服务质量和信誉的标志；对于消费者来说，商标是指引他们消费行为的向导。

图 8-1　各类商标

商标有很多种类，按构成、用途和使用等可以分为以下 5 类。

（1）商标按其构成要素划分，有文字商标、图形商标和组合商标。文字商标是指以文字组成的商标，包括汉字、外国文字等。图形商标是指由图形构成的商标。组合商标是指由文字、记号和图形三种商标的构成因素中的任何两种或三种组合而成的商标。

（2）商标按其用途划分，有商品商标和服务商标。商品商标是指商品生产经营者对其生产或者经营的商品使用的，与他人的商品相区别的可视性标志。服务商标是指商品生产经营者对其提供的服务项目使用的，与他人的服务项目相区别的可视性标志。

（3）商标按其使用者划分，有制造商标、销售商标和集体商标。制造商标又称生产商标，如我国扬子电器公司的"扬子"商标。销售商标是指销售者为销售商品使用的商标。集体商标是指以团体、协会或者其他组织名义注册，供该组织成员在商务活动中使用，以表明使用者在该组织中的成员资格的标志。

（4）商标按其管理划分，有注册商标和未注册商标。注册商标是指由商标所有人申请，经国家商标局核准注册，并予公告的商标。未注册商标是指未经核准注册而在市场上使用的商标，这种商标没有专用权。

（5）商标按其使用人动机划分，有联合商标、防御商标和证明商标。联合商标是指同一个商标所有人在相同的商品上注册一些相近似的商标，或在同一类型的不同商品上注册几个相近似的商标。防御商标即商标所有人在非类似商品上将其商标分别注册。证明商标是指用来证明商品或服务的来源、原料、制造方法、质量、精密度或其他特点的商标。

2．商标法的概念

商标法是指调整国家和商标所有人在商标注册、使用、管理和保护商标专用权的活动中所产生的社会经济关系的法律规范的总称。我国的商标法法律规范主要包括：《中华人民共和国商标法》《商标法实施条例》《保护工业产权巴黎公约》《商标国际注册马德里协定》《与贸易有关的知识产权协议》。

3．注册商标专用权

（1）注册商标专用权及其取得。注册商标专用权（商标权）是指商标注册人依法对其注册商标所享有的专有权利。按照我国《商标法》的规定，自然人、法人或者其他组织在生产经营活动中，对其商品或服务需要取得商标专用权的，应当向商标局申请商标注册。按照这一规定，我国注册商标专用权的取得实行注册取得原则，只有经过注册的商标，才受法律的保护。另外，商标专用权还可以通过注册商标的转让、继承等方式取得。

商标注册应当遵循自愿注册与强制注册相结合原则、诚信原则、申请在先原则。取得商标专用权必须由申请人按规定的商品分类表填报使用商标的商品类别和商品名称。商标注册申请人可以通过一份申请就多个类别的商品申请注册同一商标。商标注册申请等有关文件，可以以书面方式或者数据电文方式提出。申请人所申报的事项和所提供的材料应当真实、准确、完整。

对申请注册的商标，商标局应当自收到商标注册申请文件之日起 9 个月内审查完毕，符合《商标法》有关规定的，予以初步审定公告。在审查过程中，商标局认为商标注册申请内容需要说明或者修正的，可以要求申请人做出说明或者修正。申请人未做出说明或者修正的，不影响商标局做出审查决定。申请注册的商标，凡不符合《商标法》有关规定或者同他人在同一种商品或者类似商品上已经注册或者初步审定的商标相同或近似的，由商标局驳回申请，不予公告。对于公告期满无异议的商标，商标局予以核准注册，发给商标注册证，并予公告。

（2）注册商标专用权的内容。

① 独占使用权。商标注册人对其注册商标享有完整的使用权。首先，注册人在不违反法律规定的情况下，按照自己的意愿，在商标局核准使用的商品或服务上使用其注册商标，任何他人不得干涉。其次，注册人有权对其注册商标进行广告宣传，也可以利用其注册商标进行广告宣传。最后，除非注册人因违反《商标法》被商标局撤销注册商标，或者因有效期届满超过宽展期没有续展被商标局注销商标，任何他人不得剥夺注册人的注册商标专用权，也不得强令转让注册商标专用权或许可他人使用。

② 禁止权。商标注册人对其注册商标享有独占的、排他的使用权，即未经注册人的许可，任何他人不得在相同或类似商品上使用相同或近似商标。未经注册人许可，在相同或类似商品上使用其与注册人的商标相同或近似商标，即构成商标侵权，注册人有权要求侵权人停止侵权行为，并赔偿由此给注册人造成的经济损失，工商行政管理机关可以对侵权人处以罚款。假冒他人注册犯罪的，除赔偿被侵权人的经济损失外，还应当依法追究刑事责任。

③ 转让权。注册商标的所有人，有权通过签订转让合同的方式有偿或无偿地转让其注册商标。转让注册商标，实际上是转让注册商标专用权。根据我国《商标法》的规定，转让注册商标，应当向商标局提出申请，商标局核准后予以公告。

④ 使用许可权。商标注册人有权通过签订许可合同的方式，许可他人使用其注册商标并取得收益的权利。

⑤ 投资权。注册商标的所有人有可以将其商标专用权作为知识产权进行投资并取得收益的权利。

（3）注册商标的保护期限与续展。注册商标的有限期为 10 年，自核准注册之日起计算。

注册商标有效期满，需要继续使用的，商标注册人应当在期满前 12 个月内按照规定办理续展手续。在此期间未能办理的，可以给予 6 个月的宽展期。每次续展注册的有效期为 10 年，自该商标上一届有效期满次日起计算。期满未办理续展手续的，注销其注册商标。10 年届满后，仍可以延续另一个 10 年。注册商标的续展，说明注册商标的专用期限是无限制的，可以一次又一次地续展。

（4）注册商标专用权的保护。注册商标专用权的保护范围，以核准注册的商标和核定使用的商品为限。有下列行为之一的，均属侵犯注册商标专用权。

① 未经商标注册人的许可，在同一种商品上使用与其注册商标相同的商标的；

② 未经商标注册人的许可，在同一种商品上使用与其注册商标近似的商标，或者在类似商品上使用与其注册商标相同或者近似的商标，容易导致混淆的；

③ 销售侵犯注册商标专用权的商品的；

④ 伪造、擅自制造他人注册商标标识或者销售伪造、擅自制造的注册商标标识的；

⑤ 未经商标注册人同意，更换其注册商标并将该更换商标的商品又投入市场的；

⑥ 故意为侵犯他人注册商标专用权行为提供便利条件的，帮助他人实施侵犯商标专用权行为的；

⑦ 给他人注册商标专用权造成其他损害的。

上述侵犯注册商标专用权行为之一，引起纠纷的，由当事人协商解决；不愿协商或者协商不成的，商标注册人或者利害关系人可以向人民法院起诉，也可以请求工商行政管理部门处理。工商行政管理部门处理时，认定侵权行为成立的，责令立即停止侵权行为，没收、销毁侵权商品和主要用于制造侵权商品、伪造注册商标标识的工具，并可处以罚款。当事人对处理决定不服的，可以自收到通知之日起 15 日内向人民法院起诉；侵权人期满不起诉又不履行的，工商行政管理部门可以申请人民法院强制执行。进行处理的工商行政管理部门根据当事人的请求，可以就侵犯商标专用权的赔偿数额进行调解；调解不成的，当事人可以向人民法院起诉。对侵犯注册商标专用权的行为，工商行政管理部门有权依法查处；涉嫌犯罪的，应当及时移送司法机关依法处理。

侵犯商标专用权的赔偿数额，按照权利人因侵权所受到的实际损失确定；实际损失难以确定的，可以按照侵权人因侵权所获得的利益确定；权利人的损失或者侵权人获得的利益难以确定的，参照该商标许可使用费的倍数合理确定。对恶意侵犯商标专用权，情节严重的，可以在按照上述方法确定数额的 1 倍以上 3 倍以下确定赔偿数额。赔偿数额应当包括权利人为制止侵权行为所支付的合理开支。权利人因被侵权所受到的实际损失、侵权人因侵权所获得的利益、注册商标许可使用费难以确定的，由人民法院根据侵权行为的情节判决给予 300 万元以下的赔偿。销售不知道是侵犯注册商标专用权的商品，能证明该商品是自己合法取得并说明提供者的，不承担赔偿责任。侵犯他人的注册商标，构成犯罪的，除赔偿被侵权人的损失外，还应当依法追究刑事责任。

商标局、商标评审委员会，以及从事商标注册、管理和复审工作的国家机关工作人员不得从事商标代理业务和商标生产经营活动。从事商标注册、管理和复审工作的国家工作人员玩忽职守、滥用职权、徇私舞弊，违法办理商标注册、管理和复审事项，收受当事人财物，谋取不正当利益，构成犯罪的，依法追究刑事责任；尚不构成犯罪的，依法给予处分。

（5）商标权保护诉前保全措施。商标注册人或者利害关系人有证据证明他人正在实施或者即将实施侵犯其注册商标专用权的行为，如不及时制止将会使其合法权益受到难以弥补的损害的，可以依法在起诉前向人民法院申请采取责令停止有关行为和财产保全的措施。

为制止侵权行为，在证据可能灭失或者以后难以取得的情况下，商标注册人或者利害关系人可以依法在起诉前向人民法院申请保全证据。

8.3.2 电子商务商标权保护

电子商务活动与商标有密切的关系，电子商务的发展也为商标法律保护带来了新的问题。

1. 电子商务中的商标权

在电子商务活动中，不可避免地会涉及注册商标的使用与注册商标的侵权。

（1）电子商务注册商标使用。电子商务经营主体提供的商品和服务在进入市场时需要将自己的商品和服务与他人提供的商品和服务区别开来，即电子商务经营主体需要有自己的商品商标和服务商标。例如提供网络服务的经营主体搜狐、网易等，提供网络交易平台的阿里巴巴，以及数量庞大的网上经营主体，在提供商品和服务时就会产生自己的商标专用权。

电子商务经营主体在从事商品贸易、服务提供、广告宣传等电子商务商业活动中，也会涉及对他人商标权的使用。

（2）电子商务注册商标侵权。电子商务经营主体除了自身商标权的使用外，还涉及对他人商标权的使用，如果电子商务主体擅自使用他人注册商标、在相同或类似的商品或服务上使用了与他人相同或相近似的商标，都有可能使自己成为商标侵权的主体。

电子商务有别于传统的商业模式，在电子商务活动中，产生了一些新的商标侵权形式，对商标权的保护提出了新的问题。传统商标的侵权形式是存在现实的表现形式，无论认定还是查处都比较好查找证据。但电子商务是利用网络完成交易，商标侵权的形式更加多样与复杂。电子商务中商标侵权形式的表现有网页上的商标标记侵权、网络链接上的商标侵权、网络搜索引擎上的隐形商标侵权、将商标作为域名侵权、用商标图形作为网页装潢侵权等。

2. 电子商务商标权保护

因网络的开放性，使得电子商务商标侵权行为的实施简单易行，商标争议的解决难度很大，被侵权人不易察觉，侵权人身份较难确定，证据难以获取，但是网上商标侵权行为的损害后果比传统商标侵权更为严重，侵权损害范围更广，可以跨国界、跨行业，不良影响持续时间更长，对商标权人的商业信誉损害后果严重。因此，迫切需要解决电子商务中商标权保护问题。除加强对互联网的管理，提高广大电子商务经营主体对网上知识产权的重要性认识外，还需要尽快完善相关的法律法规，加强执法力度，切实保护商标权，加强电子商务中商标的行政保护措施。

想一想

什么是驰名商标？认定驰名商标的因素有哪些？

第4节 域名法律保护

8.4.1 域名概述

1．域名的概念

域名是指互联网络上识别和定位计算机的层次结构式的字符标识,与该计算机的互联网协议(IP)地址相对应。换句话说,域名就是接入互联网的单位在互联网上的名称,在互联网上,人们通过域名来查找入网单位的网络地址。

2．域名的法律特征

(1)标识性。域名产生的基础是为了在互联网上区分各个不同组织与机构,即计算机用户。正如自然人以自己的姓名来相互识别一样,在互联网上不同的组织机构是以各自的域名来标识自身而相互区别的。

(2)唯一性。为了保证域名标识作用的发挥,域名必须在全球范围内具有唯一性。

(3)排他性。由于互联网是覆盖全球的,使用范围的广泛性决定了域名必须具有绝对的排他性。在互联网上使用域名必须先申请注册,申请注册遵循"先申请先注册"的原则,即只有欲申请注册的域名不与已注册的所有域名相同,才能获得有效注册,一旦获得注册,它就必须排除此后欲申请注册的与此相同的域名。可见,域名的排他性是其唯一性的进一步延展和必要保证。域名的唯一性是全球范围的,因此其排他性也必须是全球性的、绝对的。

对于企业来说,域名是企业通过互联网进行销售、宣传等活动的标识,与人们经常使用的企业名称和商标具有类似的作用。对于人们在寻找企业主页、查询有关的商业信息、增强该企业的竞争力方面都有很重要的作用。由于域名具有以上特性,使得域名成为网络中企业重要的无形资产,蕴含着很高的商业价值。

3．域名与商标

域名与商标都具有标识性和排他性,并且都具有广告宣传的功能,这是它们的共同之处。域名与商标有以下几点区别。

(1)两者适用的对象不同。商标是用来标识商品或服务的,只能用在商品或服务上;而域名是用来标识计算机用户的,计算机用户不是商品。

(2)两者标识性的基础不同。商标的标识性源于其显著性,当不同法律主体生产或经营的商品或服务根本不同时,两个或两个以上完全相同的商标可以同时获得注册。域名的标识性是由它的唯一性来保障的。不论法律主体从事的业务属何种类,也不论是否分别处于不同的国家或地区,都不能注册相同的域名。

(3)两者排他性的基础不同。已注册商标在不同种类的商品或服务上,或在申请注册的地域范围之外,或是超出注册的有效期,其排他性灭失,商品种类、地域性、时效性是商标排他性的依据,并且这种排他性是相对的。已注册域名只要按时缴纳维护费就可以在全球范围内，无限期地与所有已注册或将注册的域名相排斥，既无地域性也无时效性，并且是绝对的。唯一性和"先申请先注册"原则是域名排他性的基础。

（4）两者取得的原则不同。商标取得的原则因国家而异，有的国家采取注册在先原则，有的国家采取使用在先原则，有的国家采取混合原则。域名采取注册在先原则，不先注册就不得在互联网上使用。

4．域名与商号

域名与商号都可以用于区分不同的市场主体，具有标识性和排他性，而且这种标识性和排他性是无限期的。域名和商号都以注册或登记为前提，这是域名与商号的共同之处。

它们的主要区别在于商号的标识性和排他性受到地域范围的限制，具有地域性，而域名的标识性和排他性则无此限制，它是全球性的，是绝对的。另外，商号一般采用文字的形式，域名则可以以电子数据的形式存在。

✓ 8.4.2 域名管理的法律规定

为促进中国互联网络的健康发展，保障中国互联网络域名系统安全、可靠地运行，规范中国互联网络域名系统管理和域名注册服务，根据国家有关规定，参照国际上互联网络域名管理准则，工业和信息化部于 2017 年 8 月审议通过了《互联网域名管理办法》，并于 2017 年 11 月 7 日起施行。原信息产业部 2004 年 11 月公布的《中国互联网域名管理办法》同时废止。

1．域名系统的管理机构

工业和信息化部对全国的域名服实施监督，主要职责是：

（1）制定互联网络域名管理的规章及政策；

（2）制定中国互联网域名体系、域名资源发展规划；

（3）管理境内的域名根服务器运行机构和域名注册管理机构；

（4）负责域名体系的网络与信息安全管理；

（5）依法保护用户个人信息和合法权益；

（6）负责与域名有关的国际协调；

（7）管理境内的域名解析服务；

（8）管理其他与域名服务相关的活动。

2．对互联网域名根服务器及设立域名根服务器运行机构的管理

在中华人民共和国境内设置域名根服务器及设立域名根服务器运行机构，应当经工业和信息化部批准。申请设立域名根服务器及设立域名根服务器运行机构的，应当具备以下条件：

（1）域名根服务器设置在境内，并且符合互联网发展相关规划及域名系统安全稳定运行要求；

（2）是依法设立的法人，该法人及其主要出资者、主要经营管理人员具有良好的信用记录；

（3）具有保障域名根服务器安全可靠运行的场地、资金、环境、专业人员和技术能力以及符合电信管理机构要求的信息管理系统；

（4）具有健全的网络与信息安全保障措施，包括管理人员、网络与信息安全管理制度、应急处置预案和相关技术、管理措施等；

（5）具有用户个人信息保护能力、提供长期服务的能力及健全的服务退出机制；

（6）法律、行政法规规定的其他条件。

申请设立域名根服务器及设立域名根服务器运行机构、域名注册管理机构化，应当向工业和信息化部提交以下书面申请材料。申请设立域名注册服务机构的，应当向住所地省、自治区、直辖市通信管理局提交申请材料。申请材料应当包括：

（1）申请单位的基本情况及其法定代表人签署的依法诚信经营承诺书；

（2）对域名服务实施有效管理的证明材料，包括相关系统及场所、服务能力的证明材料、管理制度、与其他机构签订的协议等；

（3）网络与信息安全保障制度及措施；

（4）证明申请单位信誉的材料。

3．对域名注册管理机构和域名注册服务机构的管理

在中华人民共和国境内设立域名注册管理机构和域名注册服务机构，应当经工业和信息化部批准。

申请成为域名注册管理机构，应当具备下列条件。

（1）在中华人民共和国境内设置顶级域名服务器（不含镜像服务器），且相应的顶级域名符合国际互联网络域名体系和我国互联网络域名体系；

（2）有与从事域名注册有关活动相适应的资金和专业人员；

（3）有从事互联网络域名等相关服务的良好业绩和运营经验；

（4）有为用户提供长期服务的信誉或者能力；

（5）有业务发展计划和相关技术方案；

（6）有健全的域名注册服务监督机制和网络与信息安全保障措施；

（7）符合国家其他有关规定。

申请成为域名注册管理机构的，应当向工业和信息化部提交下列材料。

（1）有关资金和人员的说明材料；

（2）对中华人民共和国境内的顶级域名服务器实施有效管理的证明材料；

（3）证明申请人信誉的材料；

（4）业务发展计划及相关技术方案；

（5）域名注册服务监督机制和网络与信息安全技术保障措施；

（6）拟与域名注册服务机构签署的协议范本；

（7）法定代表人签署的遵守国家有关法律、政策和我国域名体系的承诺书。

从事域名注册服务活动，应当具备下列条件。

（1）是依法设立的企业法人或事业法人；

（2）注册资金不得少于人民币 100 万元，在中华人民共和国境内设置有域名注册服务系统，且有专门从事域名注册服务的技术人员和客户服务人员；

（3）有为用户提供长期服务的信誉或者能力；

（4）有业务发展计划及相关技术方案；

（5）有健全的网络与信息安全保障措施；

（6）有健全的域名注册服务退出机制；

（7）符合国家其他有关规定。

申请成为域名注册服务机构，应当向工业和信息化部提交以下书面材料。

（1）法人资格证明；

（2）拟提供注册服务的域名项目及技术人员、客户服务人员的情况说明；

（3）与相关域名注册管理机构或境外的域名注册服务机构签订的合作意向书或协议；

（4）用户服务协议范本；

（5）业务发展计划及相关技术方案；

（6）网络与信息安全技术保障措施的证明；

（7）证明申请人信誉的有关材料；

（8）法定代表人签署的遵守国家有关法律、政策的承诺书。

域名注册管理机构应当自觉遵守国家相关的法律、行政法规和规章，保证域名系统安全、可靠地运行，公平、合理地为域名注册服务机构提供安全、方便的域名服务。无正当理由，域名注册管理机构不得擅自中断域名注册服务机构的域名注册服务。

域名注册服务机构应当自觉遵守国家相关法律、行政法规和规章，公平、合理地为用户提供域名注册服务。域名注册服务机构不得采用欺诈、胁迫等不正当手段要求用户注册域名。

域名注册管理机构应当配置必要的网络和通信应急设备，制定切实有效的网络通信保障应急预案，健全网络与信息安全应急制度。因国家安全和处置紧急事件的需要，域名注册管理机构和域名注册服务机构应当服从工业和信息化部的统一指挥与协调，遵守并执行工业和信息化部的管理要求。

4．域名注册

（1）域名注册申请人。域名注册申请人必须是依法登记并且能够独立承担民事责任的组织，不是独立法人的单位和个人不能申请注册域名。

（2）我国互联网络域名体系结构。

① 顶级域名：我国在国际互联网络信息中心（InterNIC）正式注册并运行的顶级域名是 CN。在顶级域名下，采用层次结构设置各级域名。

② 二级域名：我国互联网络的二级域名分为"类别域名"和"行政区域名"两类。"类别域名"有6个，说明域名持有者的属性（见表8-1），"行政区域名"有34个，适用于我国各省、自治区、直辖市、特别行政区的组织（见表8-2）。

表 8-1 我国的类别域名

域　　名	适 用 范 围
AC	科研机构
COM	工、商、金融等企业
EDU	教育机构
GOV	政府部门
NET	互联网络、接入网络的信息中心（NIC）和运行中心（NOC）
ORG	各种非营利性组织

表 8-2 我国的行政区域名

域名	适用范围	域名	适用范围	域名	适用范围	域名	适用范围
BJ	北京市	SH	上海市	TJ	天津市	CQ	重庆市
HE	河北省	SX	山西省	NM	内蒙古自治区	LN	辽宁省
JL	吉林省	HL	黑龙江省	JS	江苏省	ZJ	浙江省
AH	安徽省	FJ	福建省	JX	江西省	SD	山东省
HA	河南省	HB	湖北省	HN	湖南省	GD	广东省
GX	广西壮族自治区	HI	海南省	SC	四川省	GZ	贵州省
YN	云南省	XZ	西藏自治区	SN	陕西省	GS	甘肃省
QH	青海省	NX	宁夏回族自治区	XJ	新疆维吾尔自治区	TW	台湾
HK	香港	MO	澳门				

③ 三级域名：三级域名的命名原则如下。

a．三级域名用字母（A~Z，a~z，大小写等价）、数字（0~9）和连接符（-）组成，各级域名之间用实点（.）连接，三级域名长度不得超过 20 个字符；

b．如无特殊原因，建议采用申请人的英文名（或者缩写）或者汉语拼音名（或者缩写）作为三级域名，以保持域名的清晰性和简洁性。

④ 三级以下（含三级）域名命名的限制原则如下。

a．未经国家有关部门的正式批准，不得使用含有"CHINA""CHINESE""CN""NATIONAL"等字样的域名；

b．不得使用公众知晓的其他国家或者地区名称、外国地名、国际组织名称；

c．未经各级地方政府批准，不得使用县级以上（含县级）行政区划名称的全称或者缩写；

d．不得使用行业名称或者商品的通用名称；

e．不得使用他人已在中国注册过的企业名称或者商标名称；

f．不得使用对国家、社会或者公共利益有损害的名称。

（3）域名注册的申请。申请人有选择上一级域名的权利。在"类别域名"下申请域名的单位，应当根据其单位的性质在相应的二级域名下申请注册域名。申请域名注册的，必须向上一级域名管理单位提出申请。

任何组织或个人注册和使用的域名，不得含有下列内容。

① 反对宪法所确定的基本原则的；

② 危害国家安全，泄露国家秘密，颠覆国家政权，破坏国家统一的；

③ 损害国家荣誉和利益的；

④ 煽动民族仇恨、民族歧视，破坏民族团结的；

⑤ 破坏国家宗教政策，宣扬邪教和封建迷信的；

⑥ 散布谣言，扰乱社会秩序，破坏社会稳定的；

⑦ 散布淫秽、色情、赌博、暴力、凶杀、恐怖或者教唆犯罪的；

⑧ 侮辱或者诽谤他人，侵害他人合法权益的；

⑨ 含有法律、行政法规禁止的其他内容的。

申请域名注册的，应当提交下列文件、证件。

① 域名注册申请表；

② 本单位介绍信；
③ 承办人身份证复印件；
④ 本单位依法登记文件的复印件。

域名注册申请表至少应当包含以下内容：单位名称（包括中文名称、英文和汉语拼音全称及缩写），单位所在地点，单位负责人，域名管理联系人和技术联系人，承办人，通信地址，联系电话，电子邮件地址，主、辅域名服务器的机器名和所在地点，网络地址，机型和操作系统，拟申请的注册域名、理由和用途，以及其他事项。

申请人的名称要与印章、有关证明文件一致。可以用电子邮件、传真、邮寄等方式提出注册申请，随后在 30 日内以其他方式提交《域名管理办法》第 15 条中列出的全部文件，其申请时间以收到第一次注册申请的日期为准。如在 30 日内未收到《域名管理办法》第十五条中列出的全部文件，则该次申请自动失效。

申请人的责任如下：
① 申请人必须遵守中国对互联网络的有关法规；
② 申请人对自己选择的域名负责；
③ 申请人应当保证其申请文件内容的真实性，并且在申请人了解的范围内，保证其选定的域名的注册不侵害任何第三方的利益；申请人应当保证此域名的注册不是为了任何非法目的；
④ 在申请被批准以后，申请人就成为该注册域名的管理单位，必须遵照本办法对该域名进行管理和运行。

域名注册服务遵循"先申请先注册"原则。域名注册申请者应当提交真实、准确、完整的域名注册信息，并与域名注册服务机构签订用户注册协议。域名注册完成后，域名注册申请者即成为其注册域名的持有者。

（4）域名注册的审批。

按照"先申请先注册"的原则受理域名注册，不受理域名预留。

若申请注册的域名和提交的文件符合《域名管理办法》的规定，域名管理单位应当在收到《域名管理办法》第十五条所列文件之日起的 10 个工作日内，完成批准注册和开通运行，并发放域名注册证。

若申请注册的域名或者提交的文件不符合《域名管理办法》的规定，域名管理单位应当在收到《域名管理办法》第十五条所列文件之日起的 10 个工作日内，通知申请人。申请人应当在 30 日内对其申请文件进行修改。如果逾期不答复或者提交的文件仍然不符合《域名管理办法》的规定，则该次申请自动失效。

各级域名管理单位不负责向国家工商行政管理部门及商标管理部门查询用户域名是否与注册商标或者企业名称相冲突，是否侵害了第三者的权益。任何因这类冲突引起的纠纷，由申请人自己负责处理并承担法律责任。当某个三级域名与在中国境内注册的商标或者企业名称相同，并且注册域名不为注册商标或者企业名称持有方拥有时，注册商标或者企业名称持有方若未提出异议，则域名持有方可以继续使用其域名；若注册商标或者企业名称持有方提出异议，在确认其拥有注册商标权或者企业名称权之日起，各级域名管理单位为域名持有方保留 30 日域名服务，30 日后域名服务自动停止，其间一切法律责任和经济纠纷均与各级域名管理单位无关。

（5）注册域名的注销。已注册的域名出现下列情形之一时，原域名注册服务机构应当予以注销，并以书面形式通知域名持有者。

① 域名持有者或其代理人申请注销域名的；
② 域名持有者提交的域名注册信息不真实、不准确、不完整的；
③ 域名持有者未按照规定缴纳相应费用的；
④ 根据人民法院、仲裁机构或域名争议解决机构做出的裁判，应当注销的；
⑤ 违反相关法律、行政法规及《域名管理办法》规定的。

5．域名争议

域名争议是指因互联网域名的注册或使用而引发的争议。根据《域名管理办法》的规定，2014年9月1日起施行的《中国互联网络信息中心域名争议解决办法》（以下简称"《域名争议解决办法》"）具体规定了争议解决的问题。

（1）适用范围。适用于因互联网络域名的注册或者使用而引发的争议。所争议域名应当限于由中国互联网络信息中心负责管理的CN域名和中文域名。但是，所争议域名注册期限满两年的，域名争议解决机构不予受理。

（2）争议解决机构。域名争议由中国互联网络信息中心认可的争议解决机构受理解决。

（3）争议的解决制度。争议解决机构实行专家组负责争议解决的制度。专家组由一名或三名掌握互联网络及相关法律知识，具备较高职业道德，能够独立并中立地对域名争议做出裁决的专家组成。域名争议解决机构通过在线方式公布可供投诉人和被投诉人选择的专家名册。

任何人认为他人已注册的域名与其合法权益发生冲突的，均可以向争议解决机构提出投诉。

争议解决机构受理投诉后，应当按照程序规则的规定组成专家组，并由专家组根据《域名争议解决办法》及程序规则，遵循"独立、中立、便捷"的原则，在专家组成立之日起14日内对争议做出裁决。

裁决程序使用的语言为中文，但投诉人和被投诉人另有约定，或者专家组决定采用其他语言的除外。

投诉人和被投诉人应当对各自的主张承担举证责任。

符合下列条件的，投诉应当得到支持。

① 被投诉的域名与投诉人享有民事权益的名称或者标志相同，或者具有足以导致混淆的近似性；
② 被投诉的域名持有人对域名或者其主要部分不享有合法权益；
③ 被投诉的域名持有人对域名的注册或者使用具有恶意。

被投诉人在接到争议解决机构送达的投诉书之前具有下列情形之一的，表明其对该域名享有合法权益。

① 被投诉人在提供商品或服务的过程中已善意地使用该域名或与该域名相对应的名称；
② 被投诉人虽未获得商品商标或有关服务商标，但所持有的域名已经获得一定的知名度；
③ 被投诉人合理地使用或非商业性地合法使用该域名，不存在为获取商业利益而误导消费者的意图。

投诉人针对同一被投诉人的多个域名提出争议的，投诉人或者被投诉人可以请求争议解决机构将多个争议合并为一个争议案件，由同一个专家组处理。是否合并处理，由专家组决定。

在专家组就有关争议做出裁决之前，投诉人或者被投诉人认为专家组成员与对方当事人有利害关系，有可能影响案件的公正裁决的，可以向争议解决机构提出要求专家回避的请求，但应当说明提出回避请求所依据的具体事实和理由，并举证。是否回避，由争议解决机构决定。

在域名争议解决程序中，除域名注册服务机构根据争议解决机构的要求提供与域名注册及使用有关的信息外，中国互联网络信息中心和域名注册服务机构不以任何身份或者方式参与争议解决程序。

专家组根据投诉人和被投诉人提供的证据及争议涉及的事实，对争议进行裁决。专家组认定投诉成立的，应当裁决注销已经注册的域名，或者裁决将注册域名转移给投诉人。专家组认定投诉不成立的，应当裁决驳回投诉。

在依据《域名争议解决办法》提出投诉之前，争议解决程序进行中，或者专家组做出裁决后，投诉人或者被投诉人均可以就同一争议向中国互联网络信息中心所在地的中国法院提起诉讼，或者基于协议提请中国仲裁机构仲裁。

争议解决机构裁决注销域名或者裁决将域名转移给投诉人的，自裁决公布之日起满10日的，域名注册服务机构予以执行。但被投诉人自裁决公布之日起10日内提供有效证据证明有管辖权的司法机关或者仲裁机构已经受理相关争议的，争议解决机构的裁决暂停执行。

对于暂停执行的争议解决机构的裁决，域名注册服务机构视情况做如下处理：
① 有证据表明，争议双方已经达成和解的，执行和解协议；
② 有证据表明，有关起诉或者仲裁申请已经被驳回或者撤回的，执行争议解决机构的裁决。
③ 有关司法机关或者仲裁机构做出裁判，且已发生法律效力的，执行该裁判。

在域名争议解决期间以及裁决执行完毕前，域名持有人不得申请转让或者注销处于争议状态的域名，也不得变更域名注册服务机构，但受让人以书面形式同意接受争议解决裁决约束的除外。

8.4.3 域名法律保护

1．原则性规定

《民法通则》第四条规定，民事活动应当遵循自愿、公平、等价有偿、诚实信用的原则。《反不正当竞争法》第二条规定，经营者在市场交易中，应当遵循自愿、平等、公平、诚实信用的原则，遵守公认的商业道德。根据这些法律规定，在域名的注册和使用活动中必须遵守诚实信用原则，而其他民事活动也不能违背诚实信用原则损害域名所有人的利益。

《民法通则》第五条规定，公民、法人合法的民事权益受法律保护，任何组织和个人不得侵犯。域名包括在民法保护的民事权益中，因而受到民法的保护。

2．商标法及相关司法解释的规定

《商标法》第五十二条第五项规定了其他侵犯商标权的情形，《最高人民法院关于审理民事纠纷案件适用法律若干问题的解释》第一条第三项进一步解释，将与他人注册商标相同或者相近似的文字注册为域名，并且通过该域名进行相关商品交易的电子商务，容易使相关公众产生误认的，为商标法规定的其他侵权行为之一。这一规定主要用来规定域名的不当注册和使用，以保护商标权人的权利。

《域名争议解决办法》第九条规定，被投诉的域名持有人具有下列情形之一的，其行为构成恶意注册或者使用域名：

（1）注册或者受让域名是为了向作为民事权益所有人的投诉人或其竞争对手出售、出租或者以其他方式转让该域名，以获取不正当利益；

（2）多次将他人享有合法权益的名称或者标志注册为自己的域名，以阻止他人以域名的形式在互联网上使用其享有合法权益的名称或者标志；

（3）注册或者受让域名是为了损害投诉人的声誉，破坏投诉人正常的业务活动，或者混淆与投诉人之间的区别，误导公众；

（4）其他恶意的情形。

3．专门性规定

2001年7月24日施行的《最高人民法院关于审理涉及计算机网络域名民事纠纷案件适用法律若干问题的解释》（以下简称《解释》），对涉及计算机网络域名注册、使用等行为的民事纠纷做出了规定。其主要内容在于如何认定域名的注册和使用构成侵权和不正当竞争。《解释》第四条规定，人民法院审理域名纠纷案件，对符合以下各项条件的，应当认定被告注册、使用域名等行为构成侵权或者不正当竞争：

（1）原告请求保护的民事权益合法有效；

（2）被告域名或其主要部分构成对原告驰名商标的复制、模仿、翻译或音译；或者与原告的注册商标、域名等相同或近似，足以造成相关公众的误认；

（3）被告对该域名或其主要部分不享有权益，也无注册、使用该域名的正当理由；

（4）被告对该域名的注册、使用具有恶意。

关于"恶意"，《解释》第五条规定，被告的行为被证明具有下列情形之一的，人民法院应当认定其具有恶意：

（1）为商业目的将他人驰名商标注册为域名的；

（2）为商业目的注册、使用与原告的注册商标、域名等相同或近似的域名，故意造成与原告提供的产品、服务或者原告网站的混淆，误导网络用户访问其网站或其他在线站点的；

（3）曾要约高价出售、出租或者以其他方式转让该域名获取不正当利益的；

（4）注册域名后自己并不使用也未准备使用，而有意阻止权利人注册该域名的；

（5）具有其他恶意情形的。

被告举证证明在纠纷发生前其所持有的域名已经获得一定的知名度，且能与原告的注册商标、域名等相区别，或者具有其他情形足以证明其不具有恶意的，人民法院可以不认定被告具有恶意。

人民法院审理域名纠纷案件，根据当事人的请求及案件的具体情况，可以对涉及的注册商标是否驰名依法做出认定。

总之，域名可以作为一种民事权益受到保护，在他人注册和使用域名时，域名可作为一种在先权受到保护，他人的民事活动必须遵循诚实信用原则，不能违背此原则而损害域名所有人的利益。

电子商务法律法规

> **想一想**
>
> 域名保护的法律依据主要有哪些？

第5节 电子商务专利权保护

8.5.1 专利权概述

1．专利的概念

"专利"一词，通常有三种含义：① 专利是专利权的简称，指依照《专利法》的规定，某项发明创造向国家专利机关申请专利，经审查批准授予该项发明在一定期限内的独占权。这是专利的最基本的含义之一。② 专利是指《专利法》保护的创造发明，一般包括发明、实用新型和外观设计三种专利。③ 专利是指专利文献，其重要部分为记载发明创造内容的专利说明书。

2．专利法的概念

专利法是调整因确认和保护发明创造的专有权，以及在利用专有的发明创造过程中而产生的社会关系的法律规范的总称。

3．专利权的概念

专利权是指一项发明创造，由申请人向国家专利审批机关提出专利申请，经国家专利审批机关依法审查核准后，向专利申请人授予的、在规定的时间内对该项发明创造享有的专有权。

（1）专利权主体。专利权的主体即专利权人，是指依法享有专利权并承担相应义务的人。专利权的主体主要包括发明人或设计人、申请人、专利权人和外国人。

① 发明人或设计人。发明人或设计人是指对发明创造的实质性特点做出创造性贡献的人。在完成发明创造的过程中，只负责组织工作的人、为物质技术条件的利用提供方便的人或者从事其他辅助工作的人，不是发明人或设计人。

② 申请人。申请人即提出专利申请的人。通常情况下，专利发明人和专利申请人是同一人。但是由于以下两种情况，会使发明人和申请人不为同一人。

第一，发明人以外的人依合同转让或依法继承而取得专利申请权。发明人完成发明后，是否申请专利由其自己决定，若不申请专利，则可以将专利申请的权利依合同转让给他人。转让专利申请权，当事人应当订立书面合同，并向国务院专利行政部门登记，转让合同自登记之日起生效。

第二，职务发明。职务发明在无合同约定的情况下，单位是专利的申请人。

③ 专利权人。专利权人是指依法享有专利权的个人或单位。专利申请人并不必然地成为专利权人，只有在专利被批准后才能成为专利权人。对于职务发明，单位申请获得批准

后单位就是专利权人,若合同有约定的从其约定,约定优先。

职务发明创造是指执行本单位的任务或者主要是利用本单位的物质技术条件所完成的发明创造,职务发明创造申请专利的权利属于单位;申请被批准后,该单位为专利权人。

执行本单位的任务所完成的发明创造主要是指:

a. 在本职工作中做出的;

b. 履行本单位交付的本职工作之外的任务所做出的;

c. 退职、退休或调动工作一年内做出的,与其在原单位承担的本职工作或分配的任务有关的发明创造。本单位的物质条件是指本单位的资金、设备、零部件、原材料或不对外公开的技术资料。

④ 外国人。外国人包括具有外国国籍的自然人和法人。在中国有经常居所或营业场所的外国人,享有与中国公民或单位同等的专利申请权和专利权。在中国没有经常居所或营业场所的外国人、外国企业或外国其他组织在中国申请专利的,依照其所属国同中国签订的协议或共同参加的国际条约,或者依照互惠原则,可以申请专利,但应当委托依法设立的专利代理机构办理。

(2)专利权客体。专利权客体,即专利权的保护对象。《专利法》第二条规定:"本法所称的发明创造是指发明、实用新型和外观设计。"因此,《专利法》保护的对象就是发明创造,即发明、实用新型和外观设计。

① 发明。发明是指对产品、方法或者其改进所提出的新的技术方案。发明分为物品发明和方法发明。对发明所授予的专利权为发明专利权。

② 实用新型。实用新型是指对产品的形状、构造或者其结合所提出的适于实用的新的技术方案。其独创性较发明小,要求也比发明低,所以俗称"小发明"。对实用新型所授予的专利权为实用新型专利权。

③ 外观设计。外观设计是指对产品的形状、图案、色彩或者其结合,以及色彩与形状、图案的结合所做出的富有美感并适于工业应用的设计。对外观设计所授予的专利权为外观设计专利权。

(3)专利权的取得。发明人或者设计人要取得专利权,必须按照《专利法》的规定向国家专利机关提出申请。除发明人本人或者设计人本人可以提出申请外,发明人或者设计人的合法受让人、继承人也可以提出。

专利局受理专利申请后,依照法定程序和内容对专利申请进行审查,做出是否批准授予专利权的决定。我国《专利法》对发明专利申请和实用新型、外观设计专利申请采取两种不同的审批制度。对发明专利申请实行早期公开、迟延审查制度;对实用新型和外观设计专利申请实行登记制度。

专利局收到发明专利申请后,经初步审查认为符合要求的,自申请之日起满18个月,即行公布。专利局可以根据申请人的请求早日公布申请。发明专利申请自申请之日起3年内,专利局可以根据申请人随时提出的请求,对其申请进行实质审查;申请人无正当理由逾期不请求实质审查的,该申请即被视为撤回。专利局认为必要的时候,可以自行对发明专利申请进行实质审查。发明专利申请经实质审查没有发现驳回理由的,由专利局做出授予发明专利权的决定,发给发明专利证书,同时予以登记和公告。发明专利自公告之日起生效。

实用新型和外观设计专利申请经初步审查没有发现驳回理由的,由专利局做出授予实用新型或外观设计专利权的决定，发给相应的专利证书，同时予以登记和公告。实用新型和外观设计专利权自公告之日起生效。

（4）专利权的内容。

① 独占实施权。发明和实用新型专利权被授予后，除《专利法》另有规定外，任何单位或个人未经专利权人许可，都不得实施其专利权，即不得为生产经营目的制造、使用、许诺销售、销售、进口其专利产品，或使用其专利方法，以及使用、许诺销售、销售、进口依照该专利方法直接获得的产品。

外观设计专利权被授予后，任何单位或个人未经专利权人许可，都不得实施其专利，即不得为生产经营目的制造、销售、进口其外观设计专利产品。

② 实施许可权。实施许可权是指专利权人可以许可他人实施其专利技术并收取专利使用费。任何单位或者个人实施他人专利的，应当与专利权人订立实施许可合同，向专利权人支付专利使用费。被许可人无权允许合同规定以外的任何单位或者个人实施该专利。

③ 转让权。专利权可以进行转让。转让时，双方须订立书面合同，并向国务院专利行政部门登记，由国务院专利行政部门予以公告，专利权的转让自登记之日起生效。中国单位或者个人向外国人、外国企业或者外国组织转让专利申请权或者专利权的，应当依照有关法律、行政法规的规定办理手续。

④ 指示权。发明人或者设计人有权在专利文件中写明自己是发明人或者设计人，专利权人有权在其专利产品或者该产品的包装上标明专利标识。

⑤ 投资权。专利权人有可以将其专利权作为知识产权进行投资并取得收益的权利。

（5）专利权的期限。任何专利权都有一定的期限，只是各国专利法规定的期限不尽一致。根据我国《专利法》的规定，发明专利权的期限为20年，实用新型和外观设计专利权的期限为10年，均自申请之日起计算。

专利权期限届满时，专利权自行失效，专利权人不再享有专利的独占权，该发明创造成为社会公共财富，任何单位和个人都可以自由地、无偿地使用。

（6）专利权的保护。专利权的保护是指国家通过行政与司法程序，采取有效措施，制止侵犯专利权，保障专利权人权利的法律行为。《专利法》对专利权的保护范围有明确的规定。根据《专利法》的规定，发明或者实用新型专利权的保护范围以其权利要求的内容为准，说明书及附图可以用于解释权利要求的内容。外观设计专利权的保护范围以表示在图片或者照片中的该产品的外观设计为准，简要说明可以用于解释图片或者照片所表示的该产品的外观设计。

未经专利权人许可，实施其专利，即侵犯其专利权，引起纠纷的，由当事人协商解决；不愿协商或协商不成的，专利权人或利害关系人可以向人民法院起诉，也可以请求管理专利工作的部门处理。

管理专利工作的部门处理时，认定侵权行为成立的，可以责令侵权人立即停止侵权行为，当事人不服的，可以自收到处理通知之日起15日内向人民法院起诉；侵权人期满不起诉又不停止侵权行为的，管理专利工作的部门可以申请人民法院强制执行。

假冒专利的，除依法承担民事责任外，由管理专利工作的部门责令改正并予公告，没收违法所得，可以并处违法所得4倍以下的罚款，没有违法所得的，可处以20万元以下的罚款；构成犯罪的，依法追究刑事责任。

8.5.2 电子商务专利权保护

1. 电子商务中的专利权

（1）电子商务专利的开发和利用。电子商务经营主体在从事各类经营活动、参与市场竞争的过程中，不可避免地会涉及自身专利技术的开发和利用。一方面，随着竞争的加剧，知识产权成为企业核心的竞争力，电子商务经营主体自身的专利技术开发和利用也会更加突出。因此，专利技术开发和利用成为电子商务经营主体重要的活动内容，电子商务活动与专利技术、专利权的关系将日益密切。另一方面，电子商务经营主体为节约开发成本，可以通过专利受让和专利许可的方式取得专利权或者专利技术的使用权，成为电子商务经营主体和电子商务活动涉及专利权的一种方式。

（2）电子商务专利侵权。在对他人的专利技术、专利方法的应用过程中，电子商务经营主体可能会侵犯他人的专利权，成为专利权的侵权主体。例如，未经专利权人的许可而使用权利人的专利技术、专利方法的行为，就是侵犯他人专利权的行为。

2. 电子商务专利权保护

自2009年以来，电子商务领域发生了许多专利侵权案件，这些侵权案例使得电子商务专利立法的完善迫在眉睫。

电子商务中可获得专利权的客体如下。

（1）电子商务技术。电子商务技术包括计算机基础技术、通信基础技术、数据处理基础技术，以及经营系统、基础结构技术等。这些技术领域的专利都是通过一定的载体来获取专利权的，其特性可参见传统专利权的特点，权利的保护亦可参见传统专利权保护的依据。

（2）商业方法系统。商业方法是指从事商业经营的方法，包括提供商品及服务的方法、市场营销方法、交易方法、产品的利用方法等，商业方法被授予专利权后被称为商业方法专利。商业方法专利的应用主要分布在客户端和网络服务器端的应用层。商业方法目前在一些国家的法律体系中有相应的立法保护，但一直是国际上争议的热点课题。现阶段，我国专利保护最权威、最系统的法律为《专利法》，其中关于商业方法专利的保护没有给出明确的规定。

  想一想

专利申请要遵循哪些原则？

电子商务与知识产权

由于计算机网络技术和数字技术的广泛应用，使人们的智能和计算机的高速运行能力汇集和融合起来，创造了新的社会生产力；而电子商务更便利地满足着人们的社会交往、购物、学习、消费、医疗等各种需要。可以说，电子商务活动就是在网络环境下使一部分

商品流通"隐形化"的过程。不过，我们在享受着电子商务为我们带来谈判、签约、订购商品等便利的同时，也必须注意随之而来的一些问题，其中知识产权的保护与管理就是其中之一。电子商务活动中涉及知识产权的问题很多。

1. 知识产权与电子商务之间的矛盾

从广义上来讲，知识产权所包含的内容非常广泛，但本文仅仅讨论与电子商务密切相关的几类，包括版权（在我国称为著作权）、专利权、商标权等。近几十年以来，由于计算机网络技术的迅速发展，导致了数据信息共享的需求，并发生了与知识产权固有特性的强烈冲突。知识产权最突出的特点之一就是它的"专有性"；而网络上的信息则是公开的、公用的，很难受到严格的控制。"地域性"是知识产权的又一特点，而网络传输的特点则是"无国界性"。知识产权与电子商务这些相反的特性导致了二者间的矛盾和冲突。

目前，为解决上述矛盾和冲突，世界大多数国家主张通过缔结国际公约来进一步强化对知识产权的"专有性"的保护。1996年12月，世界知识产权组织（WIPO）在日内瓦主持缔结的《世界知识产权组织版权条约》和《世界知识产权组织表演与唱片条约》中，就针对网络环境，增加了版权保护的新权利，同时对现有权利向数字化的应用延伸做出了解释。同时，对于电子商务影响巨大的知识产权法律国际"一体化"也需要有一个共同的标准，世界贸易组织订立的《与贸易有关的知识产权协议》（TRIPS协议）就是一例。在知识经济中，强化知识产权专有性和国际知识产权法律国际"一体化"的趋势，是不可阻挡的潮流，这对发展中国家是一个重大的挑战。中国作为发展中国家中的一个大国，必须研究自己的对策。要抓紧健全和完善知识产权法律保护制度，努力适应知识产权保护的国际化进程，以便在国际竞争中，确保中华民族在新世纪立于不败之地。

2. 电子商务中的知识产权问题分析

（1）电子商务中的版权问题。版权又称著作权，是基于特定作品的精神权利，以及全面支配该作品并享受其利益的经济权利的合称。一般来讲，版权的客体是指版权法所认可的文学、艺术和科学等作品（简称作品）。但是在信息时代，计算机软件、数据库、多媒体技术给版权的客体带来了新的内容。目前，世界上已经建立了一个比较全面的版权保护法律体系，将计算机软件纳入版权保护中，给软件提供更加及时和完善的保护。1972年，菲律宾第一个把"计算机程序"列为"文学艺术作品"中的一项，1980年后，美国、匈牙利、澳大利亚及印度先后把计算机程序或者计算机软件列为版权法的保护客体。1985年之后，又有日本、法国、英国、联邦德国、智利、多米尼加、新加坡等国，以及我国台湾与香港地区，都把它列到了版权法之中。1990年我国制定的《著作权法》《计算机软件保护条例》和《计算机软件著作权登记办法》等立法建立了对计算机软件的保护。

电子商务的版权侵权涉及网络服务商侵权问题和链接侵权问题。网络服务商根据其提供服务内容的不同，主要分为网络内容服务商和网络中介服务商两大类。网络内容服务商是指自己组织信息通过网络向公众传播的主体。网络内容服务商会提供一些网页，在这些网页上面的内容就存储在网页所在的服务器上。如果网络内容服务商提供的内容服务未经版权人允许，则构成了对作品的复制权的侵犯。网络中介服务商的基本特征是按照用户的选择传输或接收信息，其本身并不组织、筛选所传播的信息。这一基本特征决定了其在版权保护法律体系中具有与网络内容提供商不同的法律地位，从而使得其可能承担的侵权责任问题显得更趋复杂，更具有时代性。

信息共享始终是互联网的理想追求，因此链接技术的出现就深受人们欢迎。所谓链接是指使用超文本标志语言 HTML 的标记指令，通过 URL 指向其他内容。链接的对象可以是一个网站，也可以是网站中的某个网页，甚至是网页中的某个组成部分。关于链接技术的侵权问题，目前并没有一个统一的说法，不同的国家有很大的差别。主要来讲，链接可能侵犯的有作品的复制权、演绎权及精神权利等。关于这方面的论题，还有待于进一步的研究。

(2) 电子商务中的专利问题。专利，是专利权的简称，指的是一种法律认定的权利。它是指对于公开的发明创造所享有的一定期限内的独占权。专利制度并非一成不变，它必须随着科技发展所提出的新问题而不断变化。网络技术对专利领域也提出了大量问题。例如，计算机软件能否成为专利制度保护的客体；因特网的广泛性和开放性对专利"三性"（新颖性、创造性、实用性）中的"新颖性"特点提出了挑战，以及专利的电子申请方式中涉及的法律问题等，都是在网络环境中需要讨论和解决的问题。

在专利法中一般都规定，授予专利的发明创造必须具有新颖性，新颖性是授予发明或实用新型专利的实质要件之一。传统的专利法并没有规定在 Internet 上公开发明创造应采取什么样的原则，因此在 Internet 上公布的发明是否还具有新颖性就是一个值得探讨的问题。

专利的电子申请在网络环境下也有了新的问题。电子申请就是以电子文件的形式，向国家知识产权主管行政机关提交有关专利的申请。而传统的做法是以纸质文件为载体进行的。世界知识产权组织（WIPO）起草的《专利法条约（草案）》和《专利合作条约》细则的修改中，已确认了电子申请的合法性。日本专利局已于 1990 年 12 月开始接受专利的电子申请。韩国已经着手进行通过 Internet 申请专利的实验。美国、日本、欧洲三国专利局正在进行通过 Internet 联机申请专利的准备，并把实现专利文献无纸化作为今后的发展方向。

(3) 电子商务中的域名和商标问题。域名是一种资源标志符，是因特网主机的 IP 地址，由它可以转换成特定主机在因特网中的物理地址。域名作为一种在 Internet 上的地址名称，在区分不同的站点用户上起着非常重要的作用。域名是作为一种技术性手段建立起来的，它在本质上并不是一种知识产权，因此域名本来并不能像商标那样被作为知识产权受到保护。但是，随着域名商业价值的不断增强，法律已经开始将某些知识产权的权利内容赋予域名，以保护权利人利益。

我国《商标法》只规定可受保护标识为"文字、图案或其组合"，而没有把在网上出现的某一动态过程作为商标来保护。在网络环境下的商业活动，已使人们感到用"视觉感知"去认定，比起用"文字、图案"认定商标更能适应商业活动的发展需要。当前在我国最突出的问题是在网络环境下，"域名注册"与商标权的冲突。虽然 1997 年 5 月国务院部门发布了《中国互联网络域名注册暂行管理办法》，但其中只规定了"不得使用不属于自己的已注册商标，申请域名注册"，并没有禁止以他人的商标和商号抢注域名。因而"域名"已实际上成为商誉乃至商号的一部分，并作为无形资产被交易着。

域名具有唯一性，即它在全球范围内是独一无二的，但同时域名又通常都是按照"登记在先"的原则来进行登记的。因此，一旦有人先对某个名字进行了注册，其他人就不得再使用该名字来命名其网址。因为域名具有较高的商业价值，抢注者希望借助于被抢注者的良好名誉得到网络用户的访问,一旦抢注成功,网络用户将无法访问到该域名真正代表的被抢注企业的站点,而是访问到抢注者的站点。法律应当制止这种恶意抢注行为,保护被抢注者的域名名称或商标利益。

3. 知识产权相关法律在电子商务活动中的适用研究

在电子商务快速发展的同时,传统的知识产权法面临着如何认定电子商务中的侵权行为,以及如何保护电子商务中出现的新的知识产权等问题。为解决这些新问题,国际社会一方面通过制定新的公约加以协调,另一方面要求各国知识产权法做出相应的调整,以适应全球电子商务发展的需要。

首先是版权法的适用问题。版权法在电子联网技术中有一些发展。传统的版权法要求作者的作品必须附着在载体上,或相关的载体(磁盘、磁带)上,才会受到保护,但在互联网领域,作者所写的内容通过机器来帮助人们阅读,也就构成了"附着在载体上"这个法律要件。以美国"花花公子"案为例,这是第一个涉及计算机网络纠纷的版权案。《花花公子》杂志诉 Starware 公司从网络上取得其 53 张照片资料,并将其放在 CD-ROM 上贩卖而侵犯了其版权。法院经审理,判决《花花公子》杂志胜诉。通过这个案子可以看出,版权的概念在网络环境下必须得到新的扩展。

其次,在商标法上也会面临新环境下的适用问题。在这一方面,不同的国家规定不同。美国奉行的是先使用原则,即谁首先使用这个名称,谁就获得相关的权利。但网络上的域名登记问题毕竟不是简单的商标法问题,现在并没有一个明确的法律来调整这个问题。美国商务部电信与信息司于1998年初公布的《因特网名称与地址的技术性管理的改进方案》列举了七方面的问题;中国为探寻符合国际标准和适合中国国情的域名制度,于1997年5月30日由国务院信息办印发了《中国互联网络域名注册暂行管理办法》。目前,现有的国际知识产权法缺乏保护域名的专门制度,但是,巴黎公约、伯尔尼公约和 TRIPS 协议(与贸易有关的知识产权协议的简称)等主要的国际知识产权法所规定的基本原则与规则,可能对建立域名的知识产权国际保护制度起到指导作用。因特网国际协会与美国的 IANA,以及全球产业界、因特网用户等已达成初步协议,成立新的全球性管理顶级域名机构。这说明国际社会正在加紧努力,协调这一基础性领域内错综复杂的问题。

最后是知识产权的管辖权问题。一般从民诉方面来讲,要起诉时需要在侵权发生地或在被告所在地进行,但在联网系统里,传统的原则并不适用。因为联网系统里所出现的诽谤、错误及误导性的信息,有时候根本无法知道它是从哪里来的。就传统的法律而言,提出了一个新课题:"到底在哪儿起诉?"从传统的民法理论来看,因为在被告所在地或侵权发生地起诉,有时候原告离之很远,对原告的起诉权不利。但在互联网系统中,由于不知道被告(向互联网输送信息的人)具体在哪个地方,反而对原告起诉有利,因为原告既然不知道被告在哪儿,原告就可以随便挑选从法律上和地点上对自己最有利的地方起诉。这样,就形成了美国法律上所讲的 FIM 效应。根据一般原则,应该在因网络里的诽谤及错误等信息而引起伤害的地方起诉。

(资料来源:智飞法律网)

郭某升、郭某锋、孙某标假冒注册商标案

基本案情：

公诉机关指控：自 2013 年 11 月底至 2014 年 6 月期间，被告人郭某升为谋取非法利益，伙同被告人郭某锋、孙某标在未经三星（中国）投资有限公司授权许可的情况下，从他人处批发假冒三星手机裸机及配件进行组装，利用其在淘宝网上开设的"三星数码专柜"网店进行"正品行货"宣传，并明显低于市场价格公开对外销售，共计销售假冒的三星手机 20 000 余部，销售金额 2 000 余万元，非法获利 200 余万元，应当以假冒注册商标罪追究其刑事责任。被告人郭某升在共同犯罪中起主要作用，系主犯，应从重处罚。被告人郭某锋、孙某标在共同犯罪中起辅助作用，系从犯，应当从轻处罚。

被告人郭某升、郭某锋、孙某标及其辩护人对其未经"SAMSUNG"商标注册人授权许可，组装假冒的三星手机，并通过淘宝网店进行销售的犯罪事实无异议，但对非法经营额、非法获利提出异议，辩解称其淘宝网店存在请人刷信誉的行为，真实交易量只有 10 000 多部。

法院经审理查明："SAMSUNG"是三星电子株式会社在中国注册的商标，该商标有效期至 2021 年 7 月 27 日；三星（中国）投资有限公司是三星电子株式会社在中国投资设立，并经三星电子株式会社特别授权负责三星电子株式会社名下商标、专利、著作权等知识产权管理和法律事务的公司。2013 年 11 月，被告人郭某升通过网络中介购买店主为"汪×"、账号为"play201×-198×"的淘宝店铺，并改名为"三星数码专柜"，在未经三星（中国）投资有限公司授权许可的情况下，从深圳市华强北远望数码城、深圳福田区通天地手机市场批发假冒的三星 I8552 手机裸机及配件进行组装，并通过"三星数码专柜"在淘宝网上以"正品行货"进行宣传、销售。被告人郭某锋负责该网店的客服工作及客服人员的管理，被告人孙某标负责假冒的三星 I8552 手机裸机及配件的进货、包装及联系快递公司发货。

（资料来源：人民法院报）

 实训目的

通过对实训材料的阅读，能够结合所学的电子商务数据信息保护的有关法律知识进行分析，以检验对所学知识的理解和掌握。

 实训内容与步骤

（1）阅读实训背景材料。
（2）查询实训材料所涉及的法律知识。
（3）运用相关的法律知识分析解决问题。

实训提示

对实训的背景材料一定要熟悉,运用的法律知识要准确。

思考与练习

请在熟悉实训材料的基础上,结合所学的法律知识,回答下列问题:

(1)实训中的郭某升、郭某锋、孙某标三人的行为是否构成对三星商标的侵权?为什么?

(2)如果构成商标侵权,依法应承担哪些法律责任?

本章小结

知识产权是指权利人对其智力创造成果所依法享有的专有权利。电子商务知识产权主要是指网络环境下的知识产权,即网络知识产权,就是由数字网络发展引起的或与其相关的各种知识产权,除了传统知识产权的内涵外,还包括数据库、计算机软件、多媒体、网络域名、数字化作品、电子版权等,外延扩大了很多。

著作权是指法律赋予文学艺术、科学作品的作者对其创作的作品所享有的专有权利。电子商务著作权保护主要涉及网络作品享有著作权、作品享有网络传播权、网上作品侵权形式、计算机软件的保护、数据库的保护等。

注册商标专用权(商标权)是指商标注册人依法对其注册商标所享有的专有权利。电子商务中商标侵权行为的损害后果比传统商标侵权更为严重,侵权损害范围更广,可以跨国界、跨行业,不良影响持续时间更长,对商标权人的商业信誉损害后果严重。因此,迫切需要解决电子商务中商标权保护问题。

域名是指互联网络上识别和定位计算机的层次结构式的字符标识,与该计算机的互联网协议(IP)地址相对应。域名管理的法律规定主要依据《中国互联网络域名管理办法》,域名保护的主要法律依据有《民法通则》《商标法》《最高人民法院关于审理民事纠纷案件适用法律若干问题的解释》《中国互联网络信息中心域名争议解决办法》《最高人民法院关于审理涉及计算机网络域名民事纠纷案件适用法律若干问题的解释》。

专利权是指申请人对其发明创造所享有的专有权利。在对他人的专利技术、专利方法的应用过程中,电子商务经营主体可能会侵犯他人的专利权,成为专利权的侵权主体,电子商务中可获得专利权的客体为电子商务技术、商业方法等。

1. 单项选择题

(1)网络著作财产权的保护期为作者终生及其死亡后( )。

    A. 50 年

B. 20 年

C. 30 年

D. 40 年

（2）根据《中国互联网络域名管理办法》的规定，（　　）负责域名的管理工作。

A. 工业和信息化部

B. 国家新闻出版广电总局

C. ICANN

D. 中国互联网络信息中心

（3）注册商标的有限期为 10 年，自（　　）起计算。

A. 使用之日

B. 申请之日

C. 审查之日

D. 核准注册之日

（4）以下属于网络作品著作财产权的是（　　）。

A. 发表权

B. 署名权

C. 信息网络传播权

D. 修改权

（5）根据我国《专利法》的规定，发明专利权的期限为 20 年，实用新型和外观设计专利权的期限为 10 年，均自（　　）起计算。

A. 批准之日

B. 申请之日

C. 使用之日

D. 审查之日

2．多项选择题

（1）电子商务中商标侵权形式表现有（　　）。

A. 网络搜索引擎上的隐形商标侵权

B. 网页上的商标标记侵权

C. 网络链接上的商标侵权

D. 将商标作为域名侵权

（2）以下属于网络作品著作人身权的有（　　）。

A. 发表权

B. 发行权

C. 信息网络传播权

D. 修改权

（3）专利权客体即专利权的保护对象包括（　　）。

A. 发明

B. 实用新型

C. 外观设计

D. 作品

（4）已注册的域名出现下列情形之一时，原域名注册服务机构应当予以注销，并以书面形式通知域名持有者：（　　）。

　　A．域名持有者申请注销域名的

　　B．域名持有者提交的域名注册信息不真实的

　　C．域名持有者未按照规定缴纳相应费用的

　　D．根据人民法院做出的裁判，应当注销的

（5）电子商务第三方平台明知平台内电子商务经营者侵犯知识产权的，应当依法采取（　　）等必要措施。

　　A．删除

　　B．屏蔽

　　C．断开链接

　　D．终止交易和服务

3．分析题

（1）分析网络著作权保护的客体有哪些。

（2）如何理解域名的商业价值？如何认定域名的恶意抢注？

（3）分析商业方法可专利的原因。

第 9 章

电子商务消费者权益保护法律制度

 **本章重点/难点**

电子商务消费者的概念；电子商务消费者权利；电子商务经营者义务；国家对消费者合法权益的保护；电子商务消费争议解决途径与方法；电子商务中侵害消费者权益的法律责任。

 **本章导图**

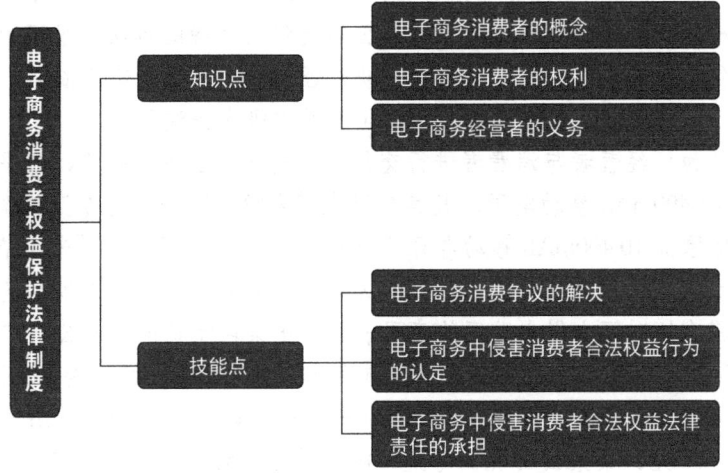

 引例

网络抢购侵犯了消费者的公平交易权？
——王某与某某公司网络购物合同纠纷上诉案

上诉人（原审原告）：王某
被上诉人（原审被告）：某某公司
基本案情：
王某于 2014 年 4 月 8 日从某某公司的官方网站上购入了 10 400mAh 和 5 200mAh 两种规

格的移动电源，前者的广告标价为49元，实卖69元，存在价格欺诈，并且后者的数据线有问题。但因某某公司提出有条件的质保政策，致使王某被拒保。现王某诉至法院，请求判令：① 某某公司就价格欺诈赔偿王某324元；② 撤销双方的网络购物合同，王某退还某某公司涉案两套移动电源设备，某某公司退还王某价款共计108元，其中包括10 400mAh移动电源价格69元和5 200mAh移动电源价格39元；③ 某某公司支付王某快递费15元；④ 某某公司赔偿王某交通费、打印费、复印费预估100元；⑤ 诉讼费用由某某公司承担。

某某公司则答辩称：① 某某公司在宣传中不存在价格欺诈行为，页面显示价格错误是因为后台系统错误的原因，王某在庭审中也称知道价格是错误的，故并不存在误解行为，本案不存在可撤销合同的情况；② 关于快递费，是因为王某并未按照某某公司的维修规则中的规定将全部货物退回，导致某某公司目前无法退还快递费；③ 关于交通费、打印费、复印费等，因王某没有证据证明，故某某公司不同意支付；④ 如果王某同意解除合同，某某公司可以退还108元价款及快递费15元。

一审法院判决认为：本案中，某某公司在其网上发布的广告为要约邀请，王某提交的订单中明确显示10 400mAh移动电源的价格为69元，王某在庭审中亦认可其在付款前已经知晓该价格，故认定某某公司并不存在欺诈行为。关于5 200mAh移动电源问题，因王某并未将整套产品寄回，而是只寄回了数据线，导致某某公司无法进行整套产品的检测，责任在王某自己。故王某以某某公司存在价格欺诈、5 200mAh移动电源不提供整套产品就不能保修为由要求撤销合同不成立。鉴于此，该院对王某的第一、第二项诉讼请求不予支持。王某主张5 200mAh移动电源的数据线存在问题，但并未将整套产品寄回，导致某某公司无法对产品进行检测，故该院对王某要求某某公司支付快递费的诉讼请求不予支持。王某要求某某公司支付交通费、打印费、复印费，缺乏证据证明，且无法律依据，故不予支持。

王某不服一审法院上述民事判决，上诉至某某中级人民法院。

二审法院认为：经营者与消费者进行交易，应当遵循自愿、平等、公平、诚实信用的原则。本案就10 400mAh移动电源，某某公司在"米粉节"抢购前专门制作了宣传页面进行广告宣传，即原价10 400mAh移动电源"米粉节"特价49元，在"米粉节"当日该广告仍然存在。由于某某公司网络抢购这种销售方式的特殊性，该广告与商品的抢购界面直接链接且消费者需在短时间内做出购买的意思表示。王某由于认同某某公司广告价格49元，故在"米粉节"当日做出抢购的意思表示，其真实意思表示的价格应为49元，但从某某网站订单详情可以看出，王某4月8日14时30分下单，订单中10 400mAh移动电源的价格为69元，并非49元。某某公司现认为某某商城活动界面出现错误，存在广告价格与实际结算价格不一致之情形，但其解释为计算机后台系统出现错误。由于某某公司事后就其后台系统出现错误问题并未在网络上向消费者做出声明，且其无证据证明"米粉节"当天其计算机后台系统出现故障，导致其广告价格与实际结算价格不一致，故法院认定某某公司对此存在欺诈消费者的故意，王某关于10 400mAh移动电源存在欺诈请求撤销合同合理，法院予以支持。根据《消费者权益保护法》第五十五条之规定，某某公司应当赔偿王某324元。合同撤销后，王某应退还其购买的某某公司10 400mAh移动电源一个。

> **引例分析**
>
> 本案之所以备受关注，其原因在于被告是国内目前非常知名的互联网企业某某公司，被告知名的原因在于其惯用的"饥饿营销"手段。本案中，双方争论的焦点是广告标价为 49 元的移动电源，实际形成交易订单时为 69 元，这样的交易是双方真实意思的表示还是由于某某公司价格欺诈所产生的直接后果，在这个问题的认定上，一审法院和二审法院观点截然不同。《消费者权益保护法》第五十五条规定："经营者提供商品或者服务有欺诈行为的，应当按照消费者的要求增加赔偿其受到的损失，增加赔偿的金额为消费者购买商品的价款或者接受服务的费用的三倍；增加赔偿的金额不足五百元的，为五百元。法律另有规定的，依照其规定。"《合同法》第十五条规定："要约邀请是希望他人向自己发出要约的意思表示。寄送的价目表、拍卖公告、招标公告、招股说明书、商业广告等为要约邀请。"一审法院将广告宣传认定为要约邀请，而将实际付款前的价格认定为要约，因此得出判决。而二审法院考虑了该商品抢购的特殊情况，即消费者需要在极短的抢购时间内做出是否购买商品的判断，而对该商品价格及品质的认定还是以广告内容为准，某某公司并没有证据证明其后台系统出现错误，不能排除其存在欺诈的故意，故法院因此判决撤销合同，某某公司赔偿王某 324 元。
>
> 本案中，一审法院根据《合同法》认定销售广告属于要约邀请符合法律规定，但是却没有考虑到抢购这种交易方式的特殊性，在抢购中，消费者的真实意思表示往往不是在交易确认时才固定下来的；二审法院考虑了交易的特殊性，做出的判决更加具备合理性。

第 1 节 消费者权益保护法和电子商务消费者概述

9.1.1 消费者权益保护法概述

1．消费者的概念

《中华人民共和国消费者权益保护法》（后简称"《消费者权益保护法》"）第二条规定："消费者为生活消费需要购买、使用商品或者接受服务，其权益受本法保护；本法未做规定的，受其他有关法律、法规保护。"第六十二条规定："农民购买、使用直接用于农业生产的生产资料，参照本法执行。"因此，我国立法中的"消费者"主要是指为生活消费需要而购买、使用商品或者接受服务的人。

2．消费者权益保护法的概念

消费者权益保护法是指调整在消费者权益保护过程中发生的社会关系的法律规范的总称。狭义的消费者权益保护法仅指《中华人民共和国消费者权益保护法》（1993 年 10 月 31 日第八届全国人民代表大会常务委员会第四次会议通过，自 1994 年 1 月 1 日起施行；2009

年 8 月 27 日第十一届全国人民代表大会常务委员会第十次会议《关于修改部分法律的决定》第一次修正；根据 2013 年 10 月 25 日第十二届全国人民代表大会常务委员会第五次会议《关于修改的决定》第二次修正，自 2014 年 3 月 15 日施行）。广义的消费者权益保护法是指调整生活消费关系的所有法律、法规，包括《消费者权益保护法》《反不正当竞争法》《产品质量法》《商标法》《食品卫生法》《广告法》，以及其他法律、法规中有关消费者权益保护的规范。

3．消费者权益保护法的适用范围

根据《消费者权益保护法》的规定，消费者权益保护法的适用范围如下。

（1）消费者为生活消费需要购买、使用商品或者接受服务，其权益受《消费者权益保护法》保护。

（2）经营者为消费者提供其生产、销售的商品或者提供服务，应当遵守《消费者权益保护法》。在消费者权益保护法对某些问题未做规定时，经营者应当遵守其他有关法律、法规。

（3）农民购买、使用直接用于农业生产的生产资料，参照《消费者权益保护法》执行。

9.1.2 电子商务消费者概述

1．电子商务消费者的概念

电子商务消费者是指通过互联网络购买、使用商品或者接受服务的消费者。《消费者权益保护法》中的消费者包括电子商务消费者，电子商务消费者与一般消费者之间并没有本质的区别，只不过是购买、使用商品或接受服务的方式不同。在电子商务交易中发生消费纠纷时，合法权益受到侵害的消费者可以按照《消费者权益保护法》主张自己的合法权利。但是，网络环境毕竟不同于现实环境，电子商务消费会出现一些传统消费方式所没有遇到的新问题，需要一些特殊保护规则，即电子商务消费者在享有传统消费者享有的基本权利的同时，还应该享有一些特殊的保护。

2．电子商务消费的主要特点

（1）消费不是面对面的消费。电子商务消费并非面对面的消费，没有面对面的议价、选物的过程，消费者不能直接感官触摸或接触货物，而只能通过商品描述、图片等广告或宣传去实现购物，也不可能检验货物，更不可能充分挑选货物。在电子商务中，若经营者没有充分公开相关信息，就有可能导致消费者误解，甚至上当受骗。

（2）消费不是即时清结的消费。在电子商务交易中，通常由消费者通过信用卡或其他支付手段付款，经营者收到货款后才发货；或是先由经营者送货上门，然后付款。

 想一想

国际消费者组织为什么把 3 月 15 日定为"世界消费者权益日"？

第 2 节　电子商务消费者权利概述

9.2.1　电子商务消费者权利的概念

电子商务消费者权利是指消费者为了满足生活消费的需要，依法具有的为或不为一定行为，以及要求经营者为或不为一定行为的资格，是消费者利益在法律上的体现，是国家对消费者进行保护的前提和基础。

9.2.2　电子商务消费者权利

1．安全权

安全权是指消费者在购买、使用商品和接受服务时享有人身、财产安全不受损害的权利。消费者有权要求经营者提供的商品和服务，符合保障人身、财产安全的要求。商品生产者、销售者应当对其提供的商品质量负责，服务提供者应当对其提供的服务质量负责。对于网上购物消费者来说，其安全权具体包括人身安全、财产安全、隐私安全 3 个方面。

（1）人身安全权。电子商务消费者人身安全权是指消费者在网上所购买的物品不会对自己的生命和健康造成威胁。与传统的消费者一样，从网上购买商品的消费者也有获得质量合格的商品的权利，质量不合格的商品可能会给消费者的人身带来损害。

（2）财产安全权。电子商务消费者财产安全权是指消费者的财产不受侵害的权利。网上支付方便、快捷，被越来越多的商家和消费者所接受。然而，通过网络银行支付货款对消费者的财产安全权具有一定的威胁，应该以法律来保障消费者进行电子支付过程中的财产权。

（3）隐私安全权。电子商务消费者隐私安全权是指消费者享有的私人生活安宁与私人信息依法受到保护，不被他人非法侵扰、知悉、搜索、利用和公开等的一种人格权。随着现代信息技术和网络技术的广泛应用，使侵犯隐私权的概率和范围也随之提高和扩大。因此，应完善我国在网络和电子商务领域中有关隐私权保护方面的法律法规。

2．知情权和选择权

电子商务经营主体应当全面、真实、准确披露商品或者服务信息，保障消费者知情权和选择权。

（1）知情权。知情权是指消费者享有知悉其购头、使用的商品或者接受服务的真实情况的权利。消费者有权根据商品或者服务的不同情况，要求经营者提供商品的价格、产地、生产者、用途、性能、规格、等级、主要成分、生产日期、有效期限、检验合格证明、使用方法说明书、售后服务，或者服务的内容、规格、费用等有关情况。

电子商务法首先要保护消费者在进行网上活动和购物过程中，有了解真实的商品或者服务信息的权利，即向消费者提供商品和服务的广告及其相关信息是客观、真实的。

（2）选择权。选择权是指消费者享有自主选择商品或者服务的权利。消费者有权自主选择提供商品或者服务的经营者,自主选择商品品种或者服务方式,自主决定购买或者不购买任何一种商品、接受或者不接受任何一项服务。消费者在自主选择商品或者服务时,有权进行比较、鉴别和挑选。

消费者的自由选择权应在网上活动和购物中能够充分体现。网上购物的最大特征是消费者主导性,购物意愿掌握在消费者手中,其可以根据自己不同的意志加以选择。

3. 公平交易权

公平交易权是指消费者享有公平交易的权利。消费者在购买商品或者接受服务时,有权获得质量保障、价格合理、计量正确等公平交易条件,有权拒绝经营者的强制交易行为。

电子商务消费者在网上进行交易时,同样享有获得公平交易条件的权利。具体表现在:消费者有权要求商品具备适销性,即电子商务经营主体所提供的商品应当具有公众普遍认为其应当具备的功能,并具有相应的质量保障。消费者有权要求电子商务经营主体所提供的商品或服务的定价要合理。计量不足的行为实际上是用隐蔽的手段抬高商品价格,是对消费者的不公平,消费者有权要求商品计量准确。强制交易行为违反消费者的意愿,是对消费者权益的侵犯,因此,法律明确规定禁止强制交易。

电子商务经营主体销售商品或者提供服务,应当保证商品或者服务的完整性,不得将商品或者服务不合理拆分,不得另行收取不合理费用。

4. 求偿权

求偿权是指消费者因购买、使用商品或者接受服务受到人身、财产损害的,享有依法获得赔偿的权利。

在网络消费中,这种权利的前提是消费者在网上进行交易的过程中或使用商品和服务后,对其人身或财产造成了一定的损害,可以通过这种权利的行使给消费者的损害带来适当的补偿。在传统的消费模式中,如果消费者的人身或财产受到损害时,消费者可以直接找到提供商品和服务的一方,请求赔偿。而在网络交易中,当消费者利益受损时,应该找谁请求赔偿?商品生产者、销售者应当对其提供的商品质量负责,服务提供者应当对其提供的服务质量负责。消费者通过电子商务第三方平台购买商品或者接受服务,其合法权益受到损害的,可以向商品生产者、销售者或者服务提供者要求赔偿。电子商务第三方平台不能向消费者提供平台内经营者的真实名称、地址和其他有效联系方式的,消费者可以要求电子商务第三方平台先行赔偿;电子商务第三方平台向消费者赔偿后,有权向平台内经营者追偿。

5. 结社权

结社权是指消费者享有依法成立维护自身合法权益的社会组织的权利。

《消费者权益保护法》规定,消费者协会和其他消费者组织是依法成立的对商品和服务进行监督的保护消费者合法权益的组织。消费者组织通过履行其法定公益性职责,保护消费者权益,不得从事商品经营和营利性服务,不得以收取费用或其他牟取利益的方式向消费者推荐商品和服务。各级人民政府对消费者协会履行职责应当予以必要的经费等支持。

6. 获取知识权

获取知识权是指消费者享有获得有关消费和消费者权益保护方面的知识的权利。法律规定消费者享有获知权,一方面,通过各种措施促进电子商务及其他知识的传播和普及,使消费者掌握所需商品或者服务的知识和使用技能,正确使用商品,提高自我保护意识;另一方面,督促经营者及时、客观、全面地披露有关商品、服务的信息。

7. 获得尊重权

获得尊重权是指消费者在购买、使用商品和接受服务时,享有其人格尊严、民族风俗习惯得到尊重的权利,享有个人信息依法得到保护的权利。

8. 监督权

监督权是指消费者享有对商品和服务,以及保护消费者权益工作进行监督的权利。消费者有权检举、控告侵害消费者权益的行为和国家机关及其工作人员在保护消费者权益工作中的违法失职行为,有权对保护消费者权益工作提出批评、建议。

电子商务经营主体制定、修改交易规则和格式条款,应当征求消费者和消费者组织的意见。

第3节 电子商务经营者义务概述

9.3.1 电子商务经营者义务的概念

经营者是向消费者提供商品或服务的法人、其他经济组织和个人,是以盈利为目的的从事生产经营活动并与消费者相对应的另一方当事人。

电子商务经营者义务是指在电子消费领域中,经营者作为与消费者相对应的另一方主体,所应承担的义务。一般来讲,消费者的权利就是经营者应当承担的义务。《消费者权益保护法》从保护消费者合法权益的需要出发,针对消费者的权利,相应地规定了经营者的义务。

9.3.2 电子商务经营者义务

1. 依法定或约定履行义务

经营者向消费者提供商品或者服务,应当依照本法和其他有关法律、法规的规定履行义务。经营者和消费者有约定的,应当按照约定履行义务,但双方的约定不得违背法律、法规的规定。经营者向消费者提供商品或者服务,应当恪守社会公德,诚信经营,保障消费者的合法权益;不得设定不公平、不合理的交易条件,不得强制交易。

2. 听取意见和接受监督义务

经营者应当听取消费者对其提供的商品或者服务的意见,接受消费者的监督。

3. 保障安全义务

经营者应当保证其提供的商品或者服务符合保障人身、财产安全的要求。对可能危及人身、财产安全的商品和服务,应当向消费者做出真实的说明和明确的警示,并说明和标明正确使用商品或者接受服务的方法,以及防止危害发生的方法。宾馆、商场、餐馆、银行、机场、车站、港口、影剧院等经营场所的经营者,应当对消费者尽到安全保障义务。

经营者发现其提供的商品或者服务存在缺陷,有危及人身、财产安全危险的,应当立即向有关行政部门报告和告知消费者,并采取停止销售、警示、召回、无害化处理、销毁、停止生产或者服务等措施。采取召回措施的，经营者应当承担消费者因商品被召回支出的必要费用。

4. 提供真实信息义务

经营者向消费者提供有关商品或者服务的质量、性能、用途、有效期限等信息，应当真实、全面，不得作虚假或者引人误解的宣传。经营者对消费者就其提供的商品或者服务的质量和使用方法等问题提出的询问，应当做出真实、明确的答复。经营者提供商品或者服务应当明码标价，以便于消费者选择和有关部门监督。

5. 标明真实名称和标记的义务

经营者应当标明其真实名称和标记。租赁他人柜台或者场地的经营者，应当标明其真实名称和标记。

6. 出具相应的凭证和单据义务

经营者提供商品或者服务，应当按照国家有关规定或者商业惯例向消费者出具发票等购货凭证或者服务单据；消费者索要发票等购货凭证或者服务单据的，经营者必须出具。由于购货凭证或者服务单据具有重要的证据价值，对于界定消费者和经营者的权利义务亦具有重要意义。因此，明确经营者出具相应的凭证和单据的义务，有利于保护消费者权益。

7. 质量担保义务

经营者应当保证在正常使用商品或者接受服务的情况下其提供的商品或者服务应当具有的质量、性能、用途和有效期限；但消费者在购买该商品或者接受该服务前已经知道其存在瑕疵，且存在该瑕疵不违反法律强制性规定的除外（《产品质量法》规定，伪劣产品致消费者人身伤亡，即使消费者事先知道，经营者也要承担产品质量责任）。

经营者以广告、产品说明、实物样品或者其他方式表明商品或者服务的质量状况的，应当保证其提供的商品或者服务的实际质量与表明的质量状况相符。

经营者提供的机动车、计算机、电视机、电冰箱、空调器、洗衣机等耐用商品或者装饰装修等服务，消费者自接受商品或者服务之日起6个月内发现瑕疵，发生争议的，由经营者承担有关瑕疵的举证责任。

8. "三包"义务

经营者提供的商品或者服务不符合质量要求的，消费者可以依照国家规定、当事人约定退货，或者要求经营者履行更换、修理等义务。没有国家规定和当事人约定的，消费者可以自收到商品之日起7日内退货；7日后符合法定解除合同条件的，消费者可以及时退货，不符合法定解除合同条件的，可以要求经营者履行更换、修理等义务。依照前款规定进行退货、更换、修理的，经营者应当承担运输等必要费用。

经营者采用网络、电视、电话、邮购等方式销售商品，消费者有权自收到商品之日起7日内退货，且无须说明理由，但下列商品除外：① 消费者定做的；② 鲜活易腐的；③ 在线下载或者消费者拆封的音像制品、计算机软件等数字化商品；④ 交付的报纸、期刊。除前款所列商品外，其他根据商品性质并经消费者在购买时确认不宜退货的商品，不适用无理由退货。消费者退货的商品应当完好；经营者应当自收到退回商品之日起7日内返还消费者支付的商品价款。退回商品的运费由消费者承担；经营者和消费者另有约定的，按照约定。

"三包"是指包修、包换、包退。在三包有效期内，消费者凭发票及三包凭证办理修理、换货、退货。三包包括法定三包和约定三包。在保修期内两次修理仍不能正常使用的，经营者应当负责更换或者退货。对包修、包换、包退的大件商品，消费者要求经营者修理、更换、退货的，经营者应当承担运输等合理费用。

属下列情况之一者，不实行三包，但是可以实行收费修理。

（1）消费者因使用、维护、保管不当造成损坏的；
（2）非承担三包修理者拆动造成损坏的；
（3）无三包凭证及有效发票的；
（4）三包凭证型号与修理产品型号不符或者涂改的；
（5）因不可抗力造成损坏的。

9．不得从事不公平、不合理的交易的义务

为了保障消费者的公平交易权，经营者不得以格式条款、通知、声明、店堂告示等方式做出对消费者不公平、不合理的规定，不得利用格式条款并借助技术手段强制交易，或者减轻、免除其损害消费者合法权益应当承担的民事责任。格式条款、通知、店堂告示等含有对消费者做出的不公平、不合理的规定或者减轻、免除损害赔偿责任等内容的，其内容无效。

10．不得侵犯消费者的人身权的义务

消费者的人身权是最基本的人权，消费者的人身自由、人格尊严不受侵犯。经营者不得对消费者进行侮辱、诽谤，不得搜查消费者的身体及其携带的物品，不得侵犯消费者的人身自由。

11．向消费者提供信息的义务

采用网络、电视、电话、邮购等方式提供商品或者服务的经营者，以及提供证券、保险、银行等金融服务的经营者，应当向消费者提供经营地址、联系方式、商品或者服务的数量和质量、价款或者费用、履行期限和方式、安全注意事项和风险警示、售后服务、民事责任等信息。

12．依法或以约定收集、使用信息的义务

经营者收集、使用消费者个人信息，应当遵循合法、正当、必要的原则，明示收集、使用信息的目的、方式和范围，并经消费者同意。经营者收集、使用消费者个人信息，应当公开其收集、使用规则，不得违反法律、法规的规定和双方的约定收集、使用信息。

经营者及其工作人员对收集的消费者个人信息必须严格保密，不得泄露、出售或者非法向他人提供。经营者应当采取技术措施和其他必要措施，确保信息安全，防止消费者个人信息泄露、丢失。在发生或者可能发生信息泄露、丢失的情况时，应当立即采取补救措施。经营者未经消费者同意或者请求，或者消费者明确表示拒绝的，不得向其发送商业性信息。

想一想

电子商务经营者提供的商品或服务不符合保障人身、财产安全的要求时，承担责任的原则是过错责任原则还是无过错责任原则？

第 4 节　电子商务消费者权益保护

9.4.1　电子商务中消费者权益保护面临的问题

电子商务中消费者权益保护主要面临以下 7 类问题，其中包括 6 类常见的侵犯消费者权益的情形（见表 9-1）与损害赔偿权难以实现的问题。

表 9-1　电子商务中消费者权益遭受侵犯的常见情形

面临问题	权利种类				
	知情权	人身安全权	财产安全权	自主选择权	公平交易权
网络消费欺诈	√	√	√		
网络虚假广告	√				√
网络消费合同履行		√			√
网络格式合同				√	√
网络支付安全			√		
网络隐私权保护		√			

1. 网络消费欺诈问题

网络消费欺诈是指经营者以非法占有为目的，在网络上实施的利用虚构的商品和服务信息或其他不正当手段欺骗、误导消费者，使消费者合法权益受到损害的行为。网络消费欺诈常见的手段有低价陷阱套取货款、空头承诺骗取订金、销售虚假商品等。网络环境下，在销售商品或提供服务时，经营者对消费者无告知销售动机的义务，消费者只是凭借经验和习惯对经营者的销售动机进行主观判断，消费者很难判定经营者是真实销售商品还是借销售商品之名实施欺诈。

2. 网络虚假广告问题

网络虚假广告是指经营者为达到引诱消费者购买商品或接受服务的目的而发布的关于其商品或服务的不真实的信息内容，如夸大产品性能和功效、虚假价格、虚假服务信息等。网络广告是消费者购物的主要依据，因网络广告的特殊性，相关部门难以进行审查和监督，而消费者很难判别广告信息的真实性和可靠性，其知情权和公平交易权大打折扣。如果消费者因误信网络虚假广告而购买了假冒、伪劣商品，消费者的合法权益就会受到侵害。

3. 网络消费合同履行问题

网络消费合同在履行中会出现延迟履行、瑕疵履行、售后服务无法保证等不适当履行的情形，损害消费者的利益。

4. 网络格式合同问题

网络消费类合同普遍采用的是格式合同形式，大多数交易条款和服务条款是由经营者事先拟订好，消费者一般只能接受或拒绝。消费者在网络交易中经常遇到的格式合同是点击合同，即消费者按照网页的提示，通过双击经营者网站的"同意"或"接受"按钮所订立的合同。还有一种格式合同是浏览包装合同，即经营者作为合同的一方在合同中约定，访问者一旦浏览其网站主页便与该经营者成立了合同。这些格式合同中经常会包含有免除经营者责任或加重消费者责任的条款，如"因网站或网站个别工作人员的过失造成消费者个人资料的丢失或泄露，网站不负责任""用户同意保障和维护网站及其他用户的利益，如因用户违反有关法律、法规或本协议下的任何条款而给网站或任何其他第三人造成损失，用户同意承担由此造成的损害赔偿责任"等，这些条款往往很难被消费者所察觉。

5．网络支付安全问题

网络交易是一种非即时清结交易，通常由消费者通过信用卡或其他支付手段付款，经营者收到货款后才发货或提供服务，这有别于线下交易中即时清结的消费交易。但基于我国金融服务水平和电子化程度限制，网上支付的安全往往难以得到保障。网络的开放性增加了消费者财产遭受侵害的风险。

6．网络隐私权保护问题

网络消费中，大量的私人信息和数据等被信息服务系统收集、储存、传输，消费者的隐私权不可避免地受到威胁，如网络经营者为追求利润和利益使用、买卖消费者个人信息，银行的过错行为或黑客侵犯导致的个人信用卡信息被盗或丢失，大量垃圾邮件的骚扰等。

7．损害赔偿权难以实现问题

消费者的损害赔偿权的实现是以消费者的其他权利遭受侵犯为前提。网络的特性和相关法律的空白使网络经营者和消费者之间产生大量的纠纷，当消费者发现自己的权益遭受侵害后，因无法得知经营者的真实身份或经营者处于其他地区而无法或不便寻求救济。而且过高的诉讼成本、举证的困难性、网络交易纠纷的管辖权与法律适用的不确定性也容易导致消费者放弃救济权。

9.4.2　国家对消费者合法权益的保护

根据《消费者权益保护法》的规定，国家对消费者合法权益的保护主要体现在以下几个方面。

1．立法保护

《消费者权益保护法》是保护消费者合法权益的基本法律。此外，我国制定和颁布的《产品质量法》《反不正当竞争法》《广告法》《食品卫生法》《电子商务法》等也都体现了对消费者合法权益的保护。为体现和保护消费者合法权益，国家制定有关消费者权益的法律、法规、规章和强制性标准，应当听取消费者和消费者协会等组织的意见。

2．行政保护

各级人民政府应当加强领导，组织、协调、督促有关行政部门做好保护消费者合法权益的工作，落实保护消费者合法权益的职责。各级人民政府应当加强监督，预防危害消费者人身、财产安全行为的发生，及时制止危害消费者人身、财产安全的行为。各级人民政府的工商行政管理部门和其他有关行政部门应当依照法律、法规的规定，在各自的职责范围内采取措施，保护消费者的合法权益。有关行政部门应当听取消费者及其消费者协会等组织对经营者交易行为、商品和服务质量的意见，及时调查处理。

有关行政部门在各自的职责范围内，应当定期或者不定期对经营者提供的商品和服务进行抽查检验，并及时向社会公布抽查检验结果。有关行政部门发现并认定经营者提供的商品或者服务存在缺陷，有危及人身、财产安全危险的，应当立即责令经营者采取停止销售、警示、召回、无害化处理、销毁、停止生产或者服务等措施。

3．司法保护

惩处经营者在提供商品和服务质量中侵害消费者合法权益的违法犯罪行为。人民法院应当采取措施，方便消费者提起诉讼。对符合《民事诉讼法》规定的起诉条件的消费者权益争议，必须受理，及时审理，以使消费者权益争议尽快得到解决。

9.4.3 电子商务消费争议的解决

1．电子商务消费争议解决的途径

根据《消费者权益保护法》第三十九条的规定，消费者和经营者发生消费者权益争议的，可以通过下列途径解决：① 与经营者协商和解；② 请求消费者协会或者依法成立的其他调解组织调解；③ 向有关行政部门投诉；④ 根据与经营者达成的仲裁协议提请仲裁机构仲裁；⑤ 向人民法院提起诉讼。

2．电子商务消费争议解决的方法

消费者权益争议的解决方法，按照《消费者权益保护法》的规定主要有以下几种情形。

（1）消费者在购买、使用商品时，其合法权益受到损害的，可以向销售者要求赔偿；消费者或者其他受害人因商品缺陷造成人身、财产损害的，可以向销售者要求赔偿，也可以向生产者要求赔偿；消费者在接受服务时，其合法权益受到损害的，可以向服务者要求赔偿。

（2）消费者在购买、使用商品或者接受服务时，其合法权益受到损害，因原企业分立、合并的，可以向变更后承受其权利义务的企业要求赔偿。

（3）使用他人营业执照的违法经营者提供商品或服务，损害消费者合法权益的，消费者可以直接向其要求赔偿，也可以向营业执照的持有人要求赔偿。

（4）消费者在展销会、租赁柜台购买商品或者接受服务，其合法权益受到损害的，可以向销售者或者服务者要求赔偿。展销会结束或者柜台租赁期满后，也可以向展销会的举办者、柜台的出租者要求赔偿。

（5）消费者通过网络交易平台购买商品或者接受服务，其合法权益受到损害的，可以向销售者或者服务者要求赔偿。网络交易平台提供者不能提供销售者或者服务者的真实名称、地址和有效联系方式的，消费者也可以向网络交易平台提供者要求赔偿；网络交易平台提供者做出更有利于消费者的承诺的，应当履行承诺。网络交易平台提供者赔偿后，有权向销售者或者服务者追偿。网络交易平台提供者明知或者应知销售者或者服务者利用其平台侵害消费者合法权益，未采取必要措施的，依法与该销售者或者服务者承担连带责任。

（6）消费者因经营者利用虚假广告或者其他虚假宣传方式提供商品或者服务，其合法权益受到损害的，可以向经营者要求赔偿。广告经营者、发布者发布虚假广告的，消费者可以请求行政主管部门予以惩处。广告经营者、发布者不能提供经营者的真实名称、地址和有效联系方式的，应当承担赔偿责任。

广告经营者、发布者设计、制作、发布关系消费者生命健康商品或者服务的虚假广告，造成消费者损害的，应当与提供该商品或者服务的经营者承担连带责任。

社会团体或者其他组织、个人在关系消费者生命健康商品或者服务的虚假广告或者其他虚假宣传中向消费者推荐商品或者服务，造成消费者损害的，应当与提供该商品或者服务的经营者承担连带责任。

（7）消费者向有关行政部门投诉的，该部门应当自收到投诉之日起 7 个工作日内，予以处理并告知消费者。

（8）对侵害众多消费者合法权益的行为，中国消费者协会，以及在省、自治区、直辖市设立的消费者协会，可以向人民法院提起诉讼。

> **想一想**
>
> 消费者通过网络交易平台购买商品或者接受服务，其合法权益受到损害的，可以向谁要求赔偿？

第 5 节 电子商务中侵害消费者权益的法律责任

9.5.1 民事责任

1．关于经营者承担民事责任的一般规定

经营者提供商品或服务有下列情形之一的，除《消费者权益保护法》另有规定外，应依照《产品质量法》和其他有关法律、法规的规定承担民事责任：

（1）商品或者服务存在缺陷的；

（2）不具备商品应当具备的使用性能而出售时事先未做说明的；

（3）不符合在商品或者包装上注明采用的商品标准的；

（4）不符合以商品说明、实物样品等方式表明的质量状况的；

（5）生产国家明令淘汰的商品或销售失效、变质的商品的；

（6）销售的商品数量不足的；

（7）服务的内容和费用违反约定的；

（8）对消费者提出的修理、重做、更换、退货、补足商品数量、退还货款和服务费用或者赔偿损失的请求，故意拖延或者无理拒绝的；

（9）法律、法规规定的其他损害消费者权益的情形。

经营者对消费者未尽到安全保障义务，造成消费者损害的，应当承担侵权责任。

2．关于人身伤害的民事责任

经营者提供商品或者服务，造成消费者或者其他受害人人身伤害的，应赔偿医疗费、护理费、交通费等为治疗和康复支出的合理费用，以及因误工减少的收入。造成残疾的，还应当赔偿残疾生活辅助器具费和残疾赔偿金。造成死亡的，还应当赔偿丧葬费和死亡赔偿金。

3. 侵害消费者人格尊严、人身自由或者个人信息的民事责任

经营者侵害消费者的人格尊严、侵犯消费者人身自由或者侵害消费者个人信息依法得到保护的权利的,应当停止侵害、恢复名誉、消除影响、赔礼道歉,并赔偿损失。

经营者有侮辱诽谤、搜查身体、侵犯人身自由等侵害消费者或者其他受害人人身权益的行为,造成严重精神损害的,受害人可以要求精神损害赔偿。

4. 侵犯财产权的民事责任

经营者提供商品或者服务,造成消费者财产损害的,应当依照法律规定或者当事人约定承担修理、重做、更换、退货、补足商品数量、退还货款和服务费用或者赔偿损失等民事责任。

经营者以预收款方式提供商品或者服务的,应当按照约定提供。未按照约定提供的,应当按照消费者的要求履行约定或者退回预付款;并应当承担预付款的利息、消费者必须支付的合理费用。

依法经有关行政部门认定为不合格的商品,消费者要求退货的,经营者应当负责退货。

5. 欺诈行为的民事责任

经营者提供商品或者服务有欺诈行为的,应当按照消费者的要求增加赔偿其受到的损失,增加赔偿的金额为消费者购买商品的价款或者接受服务的费用的 3 倍;增加赔偿的金额不足 500 元的,为 500 元。法律另有规定的,依照其规定。

经营者明知商品或者服务存在缺陷,仍然向消费者提供,造成消费者或者其他受害人死亡或者健康严重损害的,受害人有权要求经营者依照《消费者权益保护法》第四十九条、第五十一条等法律规定赔偿损失,并有权要求所受损失 2 倍以下的惩罚性赔偿。

✓ 9.5.2 行政责任

经营者有下列情形之一,除承担相应的民事责任外,其他有关法律、法规对处罚机关和处罚方式有规定的,依照法律、法规的规定执行;法律、法规未做规定的,由工商行政管理部门或者其他有关行政部门责令改正,可以根据情节单处或者并处警告、没收违法所得、处以违法所得 1 倍以上 10 倍以下的罚款,没有违法所得的,处以 50 万元以下的罚款;情节严重的,责令停业整顿、吊销营业执照:

(1) 提供的商品或者服务不符合保障人身、财产安全要求的;

(2) 在商品中掺杂、掺假,以假充真,以次充好,或者以不合格商品冒充合格商品的;

(3) 生产国家明令淘汰的商品或者销售失效、变质的商品的;

(4) 伪造商品的产地,伪造或者冒用他人的厂名、厂址,篡改生产日期,伪造或者冒用认证标志、名优标志等质量标志的;

(5) 销售的商品应当检验、检疫而未检验、检疫或伪造检验、检疫结果的;

(6) 对商品或者服务做虚假或者引人误解的宣传的;

(7) 拒绝或者拖延有关行政部门责令对缺陷商品或者服务采取停止销售、警示、召回、无害化处理、销毁、停止生产或者服务等措施的;

(8) 对消费者提出的修理、重做、更换、退货、补足商品数量、退还货款和服务费用或者赔偿损失的要求,故意拖延或者无理拒绝的;

(9) 侵犯消费者人格尊严或者侵犯消费者人身自由的,或者侵害消费者个人信息依法

得到保护的权利的;

(10) 法律、法规规定的对损害消费者权益应当予以处罚的其他情形。

经营者有前款规定情形的,除依照法律、法规规定予以处罚外,处罚机关应当记入信用档案,向社会公布。

经营者对行政处罚决定不服的,可以自收到处罚决定之日起 15 日内向上一级机关申请复议,对复议决定不服的,可以自收到复议决定书之日起 15 日内向人民法院提起诉讼,也可以直接向人民法院提起诉讼。

9.5.3 刑事责任

经营者违反《消费者权益保护法》的规定提供商品或者服务,侵害消费者合法权益,构成犯罪的,依法追究刑事责任。

(1) 经营者提供商品或者服务,造成消费者或其他受害人人身伤害或死亡;在商品中掺杂、掺假,冒用他人商标生产国家明令淘汰产品或销售失效、变质商品等情节严重,构成犯罪的,依法追究刑事责任。

(2) 以暴力、威胁等方法阻碍有关行政部门工作人员依法执行职务,构成犯罪的,依法追究刑事责任。

(3) 国家机关工作人员玩忽职守或者包庇经营者侵害消费者合法权益的行为的,由所在单位或上级机关给予行政处分;情节严重,构成犯罪的,依法追究刑事责任。

想一想

电子商务经营者承担刑事责任是否能免除民事责任,为什么?

同步阅读

徐州市消协发布 2016 年侵害消费者权益十大典型案例

"3·15"来临之际,徐州市消费者协会公布了徐州市 2016 年度侵害消费者权益十大典型案例,以警示商家并为消费者维权提供借鉴。市消协提醒广大市民,若消费者有类似经历,可拨打消费者投诉热线"12315"进行投诉。

案例一 利用网络生产、销售假药案

2016 年 6 月,徐州市云龙药监局与云龙公安分局联合成立专案组,对王某某销售假药肉毒素行为进行立案调查,先后在王某某经营场所和存货仓库等处查获注射用 A 型肉毒素等假药 315 盒,从而破获一起特大跨省制售假药团伙,相继端掉假药仓库 3 处,捣毁源头生产点 1 处,查获假药瘦脸针 3 万余支,冻结资金 1 200 万元。该案销售网络涉及 30 个省、自治区、直辖市,涉案货值金额 3 亿元,涉案犯罪嫌疑人 12 人,目前 7 人批捕,5 人取保候审。

案例二 利用淘宝平台销售假冒化妆品案

2014年11月至2016年1月期间,曹某、张某在明知未经注册商标所有人许可的情况下,为牟取私利,通过淘宝网店销售假冒国外知名品牌化妆品,销售额共计820余万元,另有380余万元的假冒品牌化妆品被现场查扣。曹某被判处有期徒刑4年,罚金700万元;张某被判处有期徒刑4年,罚金500万元。

案例三 公共服务企业侵犯消费者合法权益行为系列案

2016年,徐州各地遭遇极端寒潮天气,导致用户水表冻坏不能使用,需更换水表。此时,某些县自来水公司利用自己的独占地位,在明知水表费用应由自己承担的情况下,仍然向消费者收取水表费用。对此,邳州市、睢宁县市场监管部门依据《中华人民共和国消费者权益保护法》《侵害消费者权益行为监督办法》相关规定,责令当事人改正其违法行为,并没收非法所得11.4万元,罚款38.7万元。

案例四 生产销售假药窝点案

2016年3月,徐州市市食品药品监督局将市火车站淮海广场附近某药店销售假药"虫草鹿鞭丸""德国黑金刚"线索移交给市公安局。4月,市公安局立案侦查,5月,市公安局在河南郑州捣毁了这一造假窝点,成功抓获假药生产者李某某夫妇,现场查获西地那非原料38千克,包装盒35种6.9万个,成品、半成品药片170千克,胶囊2.3万粒,成品2500余瓶,以及生产设备一批。该案涉及安徽、江苏等12个省(市、区),非法生产、销售货值达1000余万元。

案例五 旅游公司未尽到合理审查义务导致游客受伤案

2016年3月,张某经付某介绍,参加了徐州某国际旅游有限公司组织的云台山两日游活动并在购物时受伤。法院审查认为,被告旅游公司未提供充分证据证实其在下午安排购物过程中对原告张某尽到安全提醒和安全保障义务,对于原告的受伤应承担一定责任。2016年12月30日,云龙区人民法院判决,被告某国际旅游有限公司对原告张某损失承担60%的赔偿责任,被告某国际旅游有限公司赔偿原告张某医疗费、误工费、住院伙食补助费、营养费、护理费、交通费等共计47610.49元。

案例六 医院利用互联网虚假宣传系列案

自2016年6月以来,徐州某美容医院等4家医院为扩大影响,提高知名度,追逐利益最大化,投入巨额资金,在不同网站网页宣传中使用"中韩顶级专家团技术保证""引进国际顶级整形美容设备""由多名专家组成""省级重点专科""打造百万人造美女,被誉为中国最权威整形美容医院""治愈率达98%"等语言,进行不实宣传,徐州市工商局依法对该系列案进行了查处,责令当事人改正,并罚款合计17万元。

案例七 商场、幼儿园使用未经检验合格电梯系列案

2015年10月,徐州质量技术监督局对8家商场、幼儿园使用未经定期检验和检验不合格的电梯事件进行了查处,依法责令改正,并处罚款5万元。

案例八 屠宰经营未经检疫羊肉案

2016年3月16日,徐州市农委联合市公安局食药环支队等多家部门依法对云龙区大龙湖办事处小坝村内的一处私屠滥宰窝点进行了取缔。现场查获待宰无动物检疫合格证活羊158只、已宰杀的羊胴体13只,肉品288千克,涉案金额8万元。执法人员对该窝点依法进行了取缔,待宰活羊转至火花牛羊定点屠宰厂进行屠宰,对当事人罚款1.6万元。

案例九 某连锁超市违规销售预付卡案

2016年9月,徐州市商务执法支队依法对某连锁超市销售单用途商业预付卡情况进行检查,发现该企业存在接受一次性购买预付卡金额达5 000元以上的单位客户使用现金支付方式购买预付卡的违法行为,并责令其限期整改。2016年10月,执法人员对该企业整改情况进行回访时,发现该企业仍存在接受单位客户使用现金支付方式购买预付卡的违规行为,涉及金额5.4万元,除责令整改外,并处罚款1.5万元。

案例十 假冒实木家具案

2016年,刘某在徐州某实木家具直销处花3万元购买了一套实木家具,后发现该家具是冒牌产品,于是向市消协投诉。经市消协调解,该家具直销处退还刘某货款3万元,并赔偿3万元。

(资料来源:中国质量新闻网)

消费者权益保护案例模拟(表演)

  实训目的

通过实训使学生掌握消费者享有的权利及消费者如何保护自己的合法权利,掌握经营者应承担的法定义务,避免侵权,减少经营者损失。

  实训内容与步骤

(1)学生结合自身的专业背景,针对《消费者权益保护法》相关内容,利用图书馆、网络等资源查阅有关资料,查找确定模拟的消费者权益保护案例。

(2)小组成员角色分配:消费者、经营者、法官(仲裁员或消协调解员等),并熟悉案例内容。

(3)根据案例内容,查询案例所涉及的法律知识,模拟表演消费者哪种合法权益受到了侵害,通过什么途径保护,最终的处理结果怎样等。

对实训的背景材料一定要熟悉,运用的法律知识要准确,案例模拟表演要求完整。

  思考与练习

请在模拟表演的基础上,结合所学的法律知识,完成下述任务:

每位学生根据案例讨论情况,形成书面的分析报告,分析报告作为实训成绩的组成部分。

本章小结

电子商务消费者是指通过互联网络购买、使用商品或者接受服务的消费者。《消费者权益保护法》中的消费者包括电子商务消费者。电子商务消费者与一般消费者之间并没有本质的区别，只不过是购买、使用商品或接受服务的方式不同。

电子商务消费者依法享有安全权、知情权、选择权、公平交易权、求偿权、结社权、获取知识权、获得尊重权、监督权。电子商务经营者依法承担下列义务：依法定或约定履行义务，听取意见和接受监督义务，保障安全义务，提供真实信息义务，标明真实名称和标记的义务，出具相应的凭证和单据义务，质量担保义务，"三包"义务，不得从事不公平、不合理的交易的义务，不得侵犯消费者的人身权的义务，向消费者提供信息的义务，依法或依约定收集、使用信息的义务。

国家通过立法、行政、司法手段保护消费者的合法权益。消费者和经营者发生消费者权益争议的，可以通过下列途径解决：与经营者协商和解；请求消费者协会或者依法成立的其他调解组织调解；向有关行政部门投诉；根据与经营者达成的仲裁协议提请仲裁机构仲裁；向人民法院提起诉讼。电子商务经营者侵害消费者权益时依法应承担民事责任、行政责任、刑事责任。

同步测试

1．单项选择题

（1）《消费者权益保护法》调整的"消费者"主要是指为（　　）而购买、使用商品或者接受服务的人。

  A．生活消费需要
  B．生活消费需要和生产消费需要
  C．生产消费需要
  D．一切消费需要

（2）格式条款、通知、店堂告示等含有对消费者做出的不公平、不合理的规定或者减轻、免除损害赔偿责任等内容的，其内容（　　）。

  A．可撤销
  B．无效
  C．有效
  D．可变更

（3）经营者采用网络、电视、电话、邮购等方式销售商品，消费者有权自收到商品之日起（　　）内退货，且无须说明理由。

  A．5日
  B．10日
  C．7日
  D．15日

（4）网络交易平台提供者明知或者应知销售者或者服务者利用其平台侵害消费者合法权益，未采取必要措施的，依法与该销售者或者服务者承担（　　）。

A. 按份责任
B. 刑事责任
C. 按份责任或连带责任
D. 连带责任

（5）经营者提供商品或者服务有欺诈行为的，应当按照消费者的要求增加赔偿其受到的损失，增加赔偿的金额为消费者购买商品的价款或者接受服务的费用的（　　）。

A. 3倍
B. 1倍
C. 2倍
D. 5倍

2．多项选择题

（1）电子商务消费者享有的合法权利有（　　）。

A. 安全权
B. 知情权
C. 选择权
D. 公平交易权

（2）经营者采用网络、电视、电话、邮购等方式销售商品，消费者有权自收到商品之日起7日内退货，且无须说明理由，但下列（　　）除外。

A. 消费者定做的商品
B. 鲜活易腐的商品
C. 在线下载或者消费者拆封的音像制品、计算机软件等数字化商品
D. 交付的报纸、期刊

（3）采用网络、电视、电话、邮购等方式提供商品或者服务的经营者，应当向消费者提供（　　）等信息。

A. 经营地址
B. 联系方式
C. 安全注意事项和风险警示
D. 售后服务

（4）消费者和经营者发生消费者权益争议的，可以通过下列（　　）途径解决。

A. 与经营者协商和解
B. 请求消费者协会调解
C. 向有关行政部门投诉
D. 向人民法院提起诉讼

（5）经营者提供商品或者服务，造成消费者或者其他受害人人身伤害的，应当赔偿（　　）等为治疗和康复支出的合理费用，以及因误工减少的收入。

A. 医疗费
B. 护理费
C. 交通费
D. 营养费

3．分析题

（1）举例分析电子商务消费者享有的合法权利。
（2）举例分析电子商务经营者依法应承担的义务。

第 10 章

电子商务争议解决法律制度

电子商务争议线下解决方式;在线争议解决机制的概念与特征;电子商务在线争议解决方式;电子证据概念与特征;电子证据收集、保全与审查。

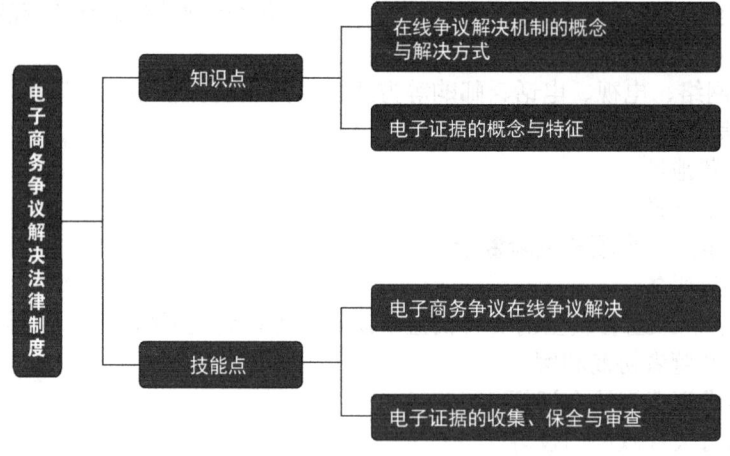

互联网法院第一案:"甄嬛"告网易侵权

2017 年 8 月 18 日,全国首家互联网法院落户浙江杭州。今后,杭州地区涉互联网案件,将全部在互联网法院审理。法院揭牌后,第一案开审。原告为《后宫甄嬛传》作者,被告为网易公司,起诉案由:侵权。此案件的原告是一位名叫吴雪岚的作家,她发现自己以笔名"流潋紫"撰写的小说《后宫甄嬛传》,在未经授权的情况下,被"网易云阅读"平台以收费阅读的方式提供在线阅读服务。原告认为,被告严重侵犯其著作权,要求被告赔偿相关经济损失,并承担全部诉讼费用。被告代理人则表示,原告将该著作授权某文化公司,

第 10 章 电子商务争议解决法律制度

对外可以转授权信息网络传播权,该公司又将图书的信息网络传播权授权给网易。原告终止与该公司的合作网易并不知情。因此请求驳回原告起诉,并建议追加案外的某文化公司为第三人或者是共同被告。双方代理人围绕争议焦点进行了举证和质证,隔空在屏幕上"唇枪舌剑"。最后,根据语音软件的实时转化,庭审记录实时出现在双方当事人的计算机屏幕上,当事人只需点击鼠标即可完成法律上的确认。"鉴于原、被告双方均同意调解,本庭将另行组织双方在线进行调解,若未能达成调解,本案将定期宣判,今天开庭到此结束。"大约 20 分钟后,法官敲响法槌,庭审结束。

引例分析

　　2017 年 8 月 18 日,中国第一家互联网法院在杭州正式揭牌成立,这也是全世界首家互联网法院。其最大特点是案件从当事人起诉到最后宣判,全部通过网络在线进行。这意味着,当事人足不出户就可完成诉讼。案件审理时,原、被告双方代理人没有出现在法庭,而是分处杭州、北京两个城市。审判员王江桥在审判席上熟练地点击鼠标,通过面前的一块大屏幕与诉讼双方交流。大约 20 分钟后,王江桥敲响法槌,庭审结束。如此"便捷"的互联网法院的出现,正是中国司法主动适应互联网发展大趋势的一项重大制度创新。根据中国互联网络信息中心发布数据显示,截至 2017 年 6 月,中国网民规模达 7.51 亿,网络购物用户规模达到 5.14 亿。信息技术高速发展也引发了大量涉网诉讼,但涉网纠纷往往具有虚拟性、跨地域性等特点。例如假货卖家在千里之外、发表在网上的作品被人剽窃等,公众运用传统司法规则和诉讼方式解决涉网纠纷常会面临成本高、流程长的问题。互联网法院以互联网方式审理互联网案件,从起诉、立案、举证、开庭到判决等全部可在网上完成,大大节省了双方当事人及法院系统的诉讼成本和庭审时间。网上诉讼打破了时间和空间概念,把很多原本属于庭审时需要去解决的事情,全部提前了,包括举证、质证,法庭辩论的争议焦点提前推送,从而把评审的时间节省了下来。

　　数据显示,从 2015 年 4 月互联网法院开始试点,到 2017 年 8 月 15 日,互联网法院共立案 2 605 件,审结 1 444 件,平均开庭时间只有 25 分钟。而新诞生的互联网法院,不仅从形式上实现了"互联网+法院";在内容上,也将涉及互联网的案件从现有审判体系中剥离出来,专门审理、研判涉网案件,推进互联网治理的法制化、规范化。杭州互联网法院是一审法院,集中管辖杭州市辖区内基层人民法院有管辖权的涉互联网案件。有关法律专家表示,中国对涉网行为的监督尚处于起步阶段,涉网违法犯罪行为多发、易发,同时也存在法律盲区,通过设立专门的互联网法院,可以有效加强对互联网纠纷的司法实践研究,通过个案审理来形成对网络行为的规则指引。未来,将进一步加强审判团队建设,把不同专业背景的人聚集起来,让法官从法律人才成长为熟悉法律、懂得互联网技术的复合型人才。

第 1 节　电子商务争议解决方式概述

　　随着上网人数、国内电子商务网站急速增加及网上交易数量的激增,一系列电子商务争议也随之产生。面对电子商务争议的激增，选择和建立高效便捷、公平公正的电子商务争议解决机制已成为我国电子商务进一步发展的关键。

10.1.1 电子商务争议概述

1. 电子商务争议的概念

电子商务争议是指当事人通过互联网进行在线交易的过程中产生的争议。电子商务争议从性质上看是一种民事纠纷，其交易主体具有平等地位；双方的网上交易内容与传统的民事交易并无不同；电子商务争议一般以合同纠纷、侵权纠纷等民事纠纷的形式出现，同一般的民事争议并无差异。因此，电子商务争议解决机制也应当是一种民事纠纷解决机制。同时，由于电子商务争议是一种网上争议或在线争议，其交易主体是互不相识的网民，交易中信息的传递、合同的订立、合同的履行等都在网上进行，争议发生后证据的收集及消费者争议的处理也一般在网上进行，电子商务的这一特殊之处也是电子商务争议解决机制必须考虑的重要因素。

2. 电子商务争议的特点

电子商务争议具有空间上跨区域、小额争议居多、当事人地位上不对等、争议的虚拟性等特点。

10.1.2 电子商务争议解决方式

1. 电子商务争议线上解决方式

电子商务争议属于民事纠纷，传统民事纠纷的解决方式，如协商、调解、仲裁、诉讼也同样适用于电子商务争议的解决。《电子商务法》第六十条规定："电子商务争议可以通过协商和解，请求消费者组织或者行业协会或者依法成立的调解组织调解，向有关部门投诉，提请仲裁，或者提起诉讼等方式解决。"由于电子商务争议具有有别于传统民事纠纷的一些新特点，对争议解决的效率、成本、便利性、保密性等方面都提出了较高的要求，因此传统的争议解决方式常常不能满足电子商务争议解决的要求。如当事人之间的协商缺乏必要的沟通平台，需要当事人长途跋涉进行会面，争议的解决成本较高且不够便利；仲裁一般只解决大额的网络民事争议，不能应对数量庞大的以小额争议为主的电子商务争议的解决需求。因此，一方面，需要通过立法或法律修改，使得传统解决机制与电子商务争议解决相衔接；另一方面，需要积极探索新型的服务于电子商务争议的解决模式。《电子商务法》第六十三条规定："电子商务平台经营者可以建立争议在线解决机制，制定并公示争议解决规则，根据自愿原则，公平、公正地解决当事人之间的争议。"

2. 电子商务争议线下解决方式

（1）协商。协商是指电子商务争议当事人在没有第三人的参与下，自行沟通协商，相互谅解达成协议，从而解决争议的方式。这是常见的不伤和气的争议解决方式。

（2）调解。调解是指基于双方当事人自愿，在第三人（消费者组织、行业协会或者其他依法成立的调解组织）的介入下，通过谈判达成协议的争议解决方式。

（3）向有关部门投诉。向有关部门投诉，是解决电子商务争议的常见方式。

（4）仲裁。仲裁是指双方当事人在发生电子商务争议时，提请第三者（仲裁机构）对争议进行审理，居中调解做出裁决的争议解决方式。

（5）诉讼。诉讼是指人民法院在双方当事人和其他诉讼参与人的参加下，依法对电子商务争议进行审理、做出裁决的争议解决方式。

想一想

仲裁与诉讼有什么区别？

第 2 节　电子商务争议在线争议解决机制

10.2.1　在线争议解决机制概述

1．在线争议解决机制的概念

鉴于电子商务争议急需一种高效、公平、快捷、低成本的争议解决机制，于是，替代性争议解决方式（ADR）被引入网络，产生了在线的 ADR 争议解决方式——ODR（Online Dispute Resolution）。

在线争议解决机制（ODR）是指利用互联网进行全部或主要程序的各种争议解决方式的总称，主要包括在线仲裁、在线调解和在线和解等方式。虽然在线争议解决方式基本上沿用了已有的替代性争议解决方式的形式，但由于其运用了网络这一特殊的技术手段而成为一种相对独立的争议解决方式。仅利用网络技术实现文件管理功能，程序的其他部分仍用传统离线方式进行的不属于 ODR 范围。

2．在线争议解决机制的特征

（1）在线特征。电子商务争议解决程序的发动及整个过程都是以在线方式进行的。通过互联网跨越了地域的限制，使当事人可以异地同时或异地异时进行虚拟的面对面协商，节省了时间和费用。

（2）以业界自律为基础的运行机制。大量的企业通过网站徽章、信任标记、商业行为规范等业界自律机制，自愿将自己与消费者之间的争议交予 ODR 服务者处理，并承诺执行 ODR 的处理结果，以建立企业与消费者之间的信任关系，发展自己的电子商务。通过 ODR 这种机制，可跨越国家司法权在全球电子商务环境下解决纠纷的重重障碍，提供另一条有利于网络纠纷快速、便宜、公正地解决的可选择途径。

（3）对中立第三方提出新要求。ODR 对第三方提出了更高的要求，主要是如何建立信任感，以及当事人之间的沟通问题。

（4）适用规则的灵活性。在实践中，ODR 逐步形成了自己的网络法则，制定规则的是单个网络服务提供者，用户可以根据不同需要从中选择使用，并可自主决定进入或退出该 ODR 程序，决定是否接受该规则约束。

10.2.2 电子商务争议在线争议解决方式

1. 在线仲裁

（1）在线仲裁的概念。在线仲裁是指仲裁协议的订立、仲裁申请的提交与受理、仲裁审理、仲裁裁决等仲裁程序的主要环节都在互联网上进行，充分利用现代网络信息技术工具解决争议的一种仲裁方式。

在线仲裁主要用于解决域名争议，运行最成功的是国际互联网名称和数字地址分配机构（ICANN），争议的解决以 ICANN 的《统一域名纠纷处理规则》为依据。解决域名争议的请求可以通过电子邮件提出，也可以通过填写安全网页上的申请表提交。仲裁委员会根据 ICANN 的规则、实施细则等进行审理，在听取当事人的陈述后，仲裁委员会做出具有约束力的裁决。目前，由四家 ADR 机构得到了 ICANN 的授权，受理国际顶级域名争端，采用统一域名争端解决政策及其细则解决国际通用顶级域名争端。这四家机构分别是日内瓦"世界知识产权组织仲裁与调解中心"、美国"国家仲裁论坛"及"CPR（Center of Public Resource）争议解决中心"和中国"亚洲域名争议解决中心"。

（2）在线仲裁的基本程序。在线仲裁的程序因仲裁机构的不同而略有差异，但基本程序大致包含以下几步：申请人提交在线仲裁申请书→仲裁机构在线受理→网上调解（不是必经程序）被申请人在线答辩→在线仲裁庭组成→申请人和被申请人提交相关证据→在线审理→在线裁决。

在线裁决依据多数仲裁员的意见做出，裁决需附有仲裁员的电子签名，经加密邮件传递给双方当事人，并存入案件的专用网址，保存在仲裁机构的电子档案数据库中。裁决的结果，除非当事人一方反对，否则应公布，并要求双方当事人共同遵守。

2. 在线和解

（1）在线和解的概念。在线和解是指争议当事人通过网络平台，在没有第三人介入的情况下，协商谈判解决争议的和解方式。在线和解借助于互联网络平台，没有第三人介入，和解没有强制力，和解协议不具有强制执行力。

（2）在线和解的程序。中国在线争议解决中心（China ODR）是我国第一个专门的在线争议解决机构。

在线争议涉及金钱赔偿事项时，如果当事人就是否应该赔偿已无异议，而仅就具体的赔偿金额有异议时，当事人可以选择使用 China ODR 在线和解方式解决其争议。China ODR 提供的在线协商平台为全自动的运作程序，具体包括以下内容。

① 申请人在 China ODR 上递交电子表格，阐述案情并提出第一次要价，China ODR 通过电子邮件（或其他方式）通知对方当事人（被申请人），且邀请被申请人对申请人的第一次要价做出回应，被申请人选择愿意通过 China ODR 的在线协商方式解决并做出第一次出价。

② 申请人的要价低于被申请人的出价，则依据申请人的要价解决争议。

③ 申请人的要价高于或等于被申请人的出价，且高出部分小于出价的 20%时，则依据要价和出价的平均价解决争议。

④ 申请人的要价高于被申请人的出价，且高出部分大于出价的 20%时，争议未获得解决，双方需要做出第二次要价和出价，直至争议解决。

在整个协商过程中，当事人的要价和出价都是完全保密的，只有在出现符合争议解决条件的情况下，当事人才能看见对方的要价和出价。

⑤ 在线协商的期限为 15 日，如果在 15 日内双方未能成功解决该争议的，则该在线程序终止，双方可以选择重新在线协商或通过 China ODR 在线仲裁或在线调解或其他方式解决。

3．在线调解

（1）在线调解的概念。在线调解是指在第三人（在线调解中心）的协助下，当事人之间、当事人与第三人之间利用网络信息技术所创造的网络争议解决环境，在没有会面的情况下，利用网络信息技术进行纠纷解决的信息传输、交流沟通，最后达成争议解决的协议。

在线调解可以是在线协商失败后的一个后续程序，当事人也可以不经过在线协商而直接启动在线调解程序。

（2）在线调解的程序。China ODR 进行在线调解的程序如下。

① 申请。在 China ODR 网站上单击"提交案件"链接，并填写电子表格的相关内容，提交调解申请书。

② 通知对方当事人。China ODR 将通过电子邮件的形式或其他形式通知对方当事人，所有的交流文件都将在 China ODR 网站设有密码的"案件档案"页面中保存。如果对方当事人是 China ODR 会员，则进入下一步；如果对方当事人不是 China ODR 会员，但同意通过 China ODR 进行调解，则进入下一步；如果对方当事人不是 China ODR 会员，且不同意通过 China ODR 进行调解，则在线调解程序终结。

③ 选定或指定调解员。当事人可以共同约定由调解员名单中的 1 名调解员单独调解案件，如果当事人对担任调解员的人选在 3 天内不能达成一致时，则由 China ODR 为其指定。

④ 调解。China ODR 可利用 China ODR 提供的平台，采用其认为适当的方式（包括但不限于聊天室、电子邮件、BBS、视频会议，案情复杂且必要时也包括离线的一些辅助方式）进行调解。

调解中心使用的工作语言和文字为中文和英文，当事人另有约定的，经 China ODR 同意，从其约定。

双方当事人同意在以后任何诉讼或仲裁程序中不得提供下列各项作为证据：任何一方当事人就涉及可能和解解决争议所表示的见解或提出的建议；调解员提出的任何建议，一方当事人曾表示愿意接受调解员提出的和解建议的事实。

调解员自一方当事人了解到的情况，自行决定是否透露给另一方当事人，但当事人对调解员提供的情况要求保密的，调解员应尊重当事人的要求。

当事人应本着善意、合作的原则真诚地与调解员合作，解决其争议时应按照调解员的要求提交材料和证据，按时回复电子邮件或出席视频调解会议等。

如果调解员认为有必要的，在征得当事人同意后，也可以聘请有关行业的专家参与协助调解工作，所需费用由当事人承担。

⑤ 调解程序终止。出现下列情形时，调解程序终止。调解成功者自调解书做出之日起或当事人之间的和解协议达成之日起终止；调解员认为调解已无成功的可能而以书面声明终止调解程序的，自声明之日起终止；各方或任何一方当事人向调解员书面声明终止调解程序的，自声明之日起终止。

4. 网络庭审

（1）网络庭审的概念。网络庭审是指将涉及网络的案件从现有审判体系中剥离出来，充分依托互联网技术，完成起诉、立案、举证、开庭、裁判、执行全流程在线化，实现便民诉讼，节约司法资源。

（2）网络庭审实践。2015年8月，杭州市中级人民法院首次提出杭州先行先试"互联网＋审判"的改革举措。浙江省高级人民法院确立了杭州市三家基层法院和一家中级人民法院率先试点网上法庭。三家基层法院即滨江法院、西湖法院和余杭法院，一家中级人民法院即杭州市中级人民法院。这四家法院的分工有所不同，对应审判的分别是网上著作权纠纷（滨江法院）、网络支付纠纷（西湖法院）、网上金融交易纠纷（余杭法院），中级人民法院则负责3家基层法院的二审工作。

2017年4月底，最高人民法院批复同意自2017年5月1日起，由杭州铁路运输法院集中管辖杭州地区网络购物合同纠纷，网络购物产品责任纠纷，网络服务合同纠纷，在互联网上签订、履行的金融借款合同纠纷和小额借款合同纠纷，网络著作权纠纷等五类涉网一审民事案件，截至2017年8月15日共收案2 605件。审理中，以"全业务网上办理、全流程依法公开、全方位智能服务"为目标，依托网上诉讼平台，起诉、立案、举证、开庭、裁判等实现全流程在线，当事人"一次都不用跑"即可完成诉讼；注重专业化审判，着力于规则探索和机制创新，配套的网络诉讼规则逐步成型，一批具有典型性、代表性的案例纷纷"出炉"；前置性化解、特邀、专职调解员调解等线上线下相结合的涉网纠纷解决渠道发挥积极作用；积极利用网络优势，开发数据资源，丰富了线上、线下"双维度"的便民方式和手段。

为进一步创新司法主动适应互联网发展趋势，贯彻"网上案件网上审"的审理思维，将涉及网络的案件从现有审判体系中剥离出来，充分依托互联网技术，完成起诉、立案、举证、开庭、裁判、执行全流程在线化，实现便民诉讼，节约司法资源。融合机制创新与网络解纷，构建前置性指导化解、ODR、第三方调解、诉讼等多层次、多元化的涉网纠纷解决体系，专业、高效、便捷地处理涉网纠纷。利用大数据分析技术对涉网案件数据进行多模块比对分析，梳理规律和特点，形成结构化、标准化的互联网司法裁判规则，为营造更安全、更干净、更具人性化的网络空间司法护航。2017年6月26日，中央全面深化改革领导小组第三十六次会议审议通过了《关于设立杭州互联网法院的方案》。会议强调，设立杭州互联网法院，是司法主动适应互联网发展大趋势的一项重大制度创新。要按照依法有序、积极稳妥、遵循司法规律、满足群众需求的要求，探索涉网案件诉讼规则，完善审理机制，提升审判效能，为维护网络安全、化解涉网纠纷、促进互联网和经济社会深度融合等提供司法保障。2017年8月18日，杭州互联网法院挂牌成立，成为全国第一家集中审理涉网案件的试点法院。

根据最高人民法院《关于设立杭州互联网法院的方案》（法（2017）245号），杭州互联网法院集中管辖杭州市辖区内基层人民法院有管辖权的下列涉互联网案件：① 互联网购物、服务、小额金融借款等合同纠纷；② 互联网著作权权属、侵权纠纷；③ 利用互联网侵害他人人格权纠纷；④ 互联网购物产品责任侵权纠纷；⑤ 互联网域名纠纷；⑥ 因互联网行政管理引发的行政纠纷。

第 10 章　电子商务争议解决法律制度

网络庭审和线下诉讼庭审的区别有哪些?

第 3 节　电子证据法律问题

10.3.1　电子证据概述

1. 电子证据的概念

电子证据是指在计算机或计算机系统运行过程中产生的以其记录的内容来证明案件事实的电子数据或信息。由于在电子商务中确定交易各方权利和义务的各种合同单证都采用电子形式,因此电子证据的可采纳性、电子证据的证明力及其审查判断规则就成为亟待解决的法律问题。

2. 电子证据的特征

电子证据较其他类型的证据相比,具有以下特征。

(1) 科技性。电子证据的产生、存储、传输、识别,都必须以计算机技术、存储技术、多媒体技术、网络技术等高技术为依托,并使其能在没有外界蓄意篡改或差错的影响下准确地储存和反映有关案件的真实情况。

(2) 无形性。在计算机内部,所有信息都被数字化了。信息在进行存储、处理的过程中,必须用特定的二进制编码表示。计算机通过把二进制编码转换为一系列的电脉冲来实现某种功能。在进行电子商务交易的过程中,一切信息都由这些不可见的无形编码来传递。因此电子证据也具有这种无形性。

(3) 外在表现形式的多样性。由于多媒体技术的应用,使电子证据综合了文本、图形、图像、动画、声频及视频等多种媒体信息,几乎涵盖了所有传统证据类型。

(4) 易破坏性。计算机信息是用二进制数据表示的,以数字信号的方式存在,而数字信号是非连续性的,因此,如果有人故意或因为差错对电子证据进行截收、监听、窃听、删节、剪接,从技术上讲无法查清,不像录音、录像资料记录的是连续的模拟信号,发生变化可以用技术手段查明。而且计算机操作人员的差错或供电系统、通信网络的故障等环境和技术方面的原因都会使电子证据无法反映真实的情况。计算机登记、处理、传输的资料均以电磁浓缩的形式储存,体积极小,携带方便,而行为人往往具有各种便利条件,极易变更软件资料,随时可以毁灭证据。行为人对电子证据的修改或伪造过程在几分钟甚至几秒钟内就可以完成,不易察觉。在日益普及的网络环境下,数据的通信传输又为操纵计算机提供了更便利的条件。

此外,电子证据还具有收集迅速,易于保存,占用空间少,传送和运输方便,可以反复重现，易于使用、审查、核实，便于操作的特点。而且电子证据能够避免其他证据的一些弊端，如证言的误传、书证的误记等，相对来说比较准确，比较接近事实情况。

3. 电子证据的分类

（1）以电子证据存储的系统为标准进行分类。

① 存储在计算机系统中的电子证据。即此数据是人为输入或者计算机系统自动生成的，采用电磁技术或者光存储等现代计算机存储技术存储于计算机的存储介质上，并且能够通过计算机真实、形象地再现其记录内容。这些证据资料经常表现为：电子文档、软盘、U盘或者计算机系统自动生成并记录的文件（如计算机操作系统的日志记录等）。

② 存储在类似计算机系统之中的电子证据。电子数据除了可以记录在计算机系统中，还可以存储在其他类似计算机的系统中。例如手机短信，就是存储在计算机系统之外的。实践中，很多案件的这类证据对于事实的认定起到了关键的作用，但仔细追究起来，它们又很难被归入传统的七种证据形式之中，而且这种数据除了存储方式与上述第一类电子资料有差别外，其他特征几无二致。因此，此类证据也应列入电子证据之列。

（2）以电子证据运行系统环境为标准进行分类。

① 封闭系统中的电子证据。所谓"封闭系统"，是指由独立的某一台计算机组成的计算机系统，或者由多台以局域网方式连接的计算机组成的系统。其特点是计算机系统不向外界开放，用户相对固定，即便多台计算机同时介入数据交换过程，借助监测手段也可以迅速跟踪查明电子证据的来源。

② 开放系统中的电子证据。"开放系统"可概括为由多台计算机组成的广域网、城域网和校园网系统，其特点是证据来源不确定。常见的开放系统电子证据有电子邮件、电子公告、电子聊天证据等。

③ 双系统中的电子证据。"双系统"是"封闭系统"与"开放系统"的合称。如果某一种电子证据不仅经常在封闭系统中出现，而且也经常在开放系统中出现，那么可将这种电子证据称为"双系统中的电子证据"，常见的有电子签名等。

（3）以电子证据形成过程中所处的环境为标准进行分类。

① 数据电文证据。该证据是指数据电文正文本身，即记载法律关系发生、变更与灭失的数据。

② 附属信息证据。该证据是指对数据电文生成、存储、传递、修改、增删而引起的记录，如电子系统的日志记录、电子文件的属性信息等，它的作用主要在于证明电子数据的真实性。

③ 系统环境证据。该证据是指数据电文运行所处的硬件和软件环境，即某一电子数据在生成、存储、传递、修改、增删的过程中所依靠的电子设备环境，尤其是硬件或软件名称和版本。

上述3种证据在民事诉讼中的证明作用是不同的。数据电文证据主要用于证明法律关系或待证事实，是主要证据；附属信息证据主要用于证明数据电文证据的真实可靠；系统环境证据则主要用于在庭审时或鉴定时显示数据电文的证据，以确保该数据电文证据以其原始面目展现在人们的面前。

（4）以电子证据形成的方式为标准进行分类。

① 电子设备生成证据。该证据是指完全由电子计算机等设备自动生成的证据。这种电子证据的最大特点是完全基于计算机等设备的内部命令运行的，其中没有掺杂人的任何意

志。电子设备生成证据的准确性相当高,影响电子设备生成证据证明力大小的因素主要是其准确性。

② 电子设备存储证据。该证据是指纯粹由电子计算机等设备录制人类的信息而来的证据,如对他人电话交谈进行秘密录音得来的证据,又如由人将有关合同条文输入计算机形成的证据等。对此类证据证明力大小的判断,除了要考虑计算机等设备的准确性外,还要考虑输入时是否发生了影响输入准确性的因素等。

③ 电子设备混成证据。此即计算机存储兼生成证据,是指由电子计算机等设备录制人类的信息后,再根据内部指令自动运行而得来的证据。由于这类证据兼有上述两种证据的性质,因此对其可采性和证明力的判断均要复杂得多。

10.3.2 电子证据的收集与保全

1. 电子证据的收集

(1)国家司法机关认可的专业技术人员收集。

① 网络勘查。网络勘查是指检查人员对由许多计算机构成的数字化网络进行勘验、检查,提取痕迹物证的专门方法。它不仅仅限于刑事案件中具有侦查措施性质的现场勘查,而且在民事案件中亦有广阔前景。例如,陈某诉成都电脑商情报社"戏说MAYA"侵权案中,北京市海淀区人民法院在庭审时就使用了所谓的"网络(现场)勘查"方法,即对网络中存在的网页现场浏览、上传与删除,并获得了成功。

② 强制网络服务商提供电子证据。随着互联网的普及,以及电子签名、电子认证事业的发展,网络服务提供商的地位和作用日益突出。在电子商务纠纷和网络犯罪中,有许多重要的数据信息由网络服务提供商所控制,而这些数据信息往往对纠纷的解决和案件的侦破起着关键作用。

(2)当事人收集。

① 通过一定的技术手段,将电子数据以法定的证据形态或是法庭可以采纳的证据形式固定。法定的证据形态一般是可见、可感知的物质形态,而电子证据原本只是一种磁或者电的脉冲,只有通过一定的技术手段转换为可感知的形态,才能具有证据的形式,也才能在法庭上作为证据展示。有关输出文件必须在以下前提下才具有证据形式:输出该数据的计算机必须是该证据的原始存储处;该数据在输入和输出时计算机的运作状态良好。只有具备了这两个前提,电子数据才被固定为具有证据形式的证据材料。

对于某些非文档(如多媒体视听资料)的电子数据的原件,须借助一种更为可能的高容量载体,如计算机光盘,除了按照严格的取证过程,这种载体介质宜使用一次性只读光盘(CD-ROM)刻制为佳,以最大限度地减小采用多次可写光盘(CD-RWM)的可被擦写、修改的风险,保证这种取证的绝对固化效果,再回归到法庭相关设备的还原举证,系统达到完善的证明信息的司法传递。

② 对于电子商务的贸易双方而言,可以收集并提取网络服务商储存的资料。由于网络服务商具有资料保密和存储的义务,对于用户和数据采用密码方法或其他方法给予特殊保护,所以当贸易双方发生纠纷时,可以将存放在网络服务商那里的电子档案作为有效的诉讼证据。

2. 电子证据的保全

电子证据的保全是证据保全中的一种,是指对于可能灭失或以后难以取得的电子证据,人民法院、公证机关及其他有义务保全的机关或组织根据当事人的申请或主动依职权或义务采取一定的措施先行加以固定和保护的行为。

电子证据的保全措施主要有以下几种。

(1) 电子证据的诉讼保全。我国《民事诉讼法》第八十一条规定:"在证据可能灭失或者以后难以取得的情况下,当事人可以在诉讼过程中向人民法院申请保全证据,人民法院也可以主动采取保全措施。"在网络环境下,为了维护权利人的利益,规范网络环境秩序,除当事人申请外,法院也可以适当地主动采取保全措施。对于电子证据的诉讼保全分为诉前证据保全和诉讼证据保全。

电子证据的诉前保全问题,最高人民法院参照《民事诉讼法》第八十一条,制定了《关于诉前停止侵犯注册商标专用权行为和保全证据适用法律问题的解释》(以下简称"《诉前保全解释》"),其中明确了诉前证据保全的规定,依该规定当事人申请电子证据保全应当具备的条件如下:

① 申请保全电子证据的具体内容、范围、所在地点;
② 请求保全的证据能够证明的对象;
③ 申请的理由,包括证据可能灭失或者难以取得,且因为客观原因不能收集的具体说明。

该解释第十一条规定,"法院对保全申请应审查:被申请人正在实施或者即将实施侵权行为;不采取保全措施会给申请人的合法权益造成难以弥补的损失;提供担保的情况;采取保全措施是否损害社会公共利益。"诉前证据保全的开展,目前处于初始阶段,有许多问题有待进一步研究与完善。因此,最高人民法院对于诉前证据保全的态度是"稳妥、慎重",但并不限制对诉前证据保全的适用。

有关电子证据诉讼保全问题,对于法院来说面临的是一个全新课题。法院除了要选择相关的备份程序、收集磁盘等物质载体,并且对相关的使用人、制作者进行必要的询问外,还应在专家的指导下开展相应的保全工作。在保全过程中不可避免地要碰到各种各样的技术问题,而专业人员能够帮助法院最大限度地获取相关资料,并能进行司法分析,帮助恢复残留数据和其他隐藏或丢失的数据,通过制作镜像拷贝来将被删除的文件或其他残留数据在硬盘驱动器和软盘上得到恢复。

(2) 电子证据的公证保全。公证证据的证明力高于一般证据。我国《民事诉讼法》第六十九条规定:"经过法定程序公证证明的法律事实和文书,人民法院应当作为认定事实的根据。"《最高人民法院关于民事诉讼证据的若干规定》第七十七条规定了公证文书的证明力一般大于其他书证、视听资料和证人证言。在涉及网络电子证据的纠纷案件中,由于电子证据本身具有易复制、易改动、易销毁的特点,当事人搜集证据非常困难,对所取得的电子证据的真实性及搜集证据方式的合法性证明更加困难。因此,越来越多的当事人采取申请国家公证机关公证保全的方式取得电子证据。

网络公证是指由特定的网络公证机构,利用计算机和互联网技术,对互联网上的电子身份、电子交易行为、数据文件等提供增强的认证和证明及证据保全等公证行为。在网络公证保全中,公证人员与申请人不见面,而是借助网络平台,从网络上接受并审查当事人的委托。

(3) 电子档案管理。电子档案管理是专门针对电子文件进行保全的有效措施。电子文件具有很多档案学的特征，如信息的高科技性、信息量大及信息种类多元化、信息与载体的可分离性、信息对系统的依赖性等。对于同一来源、同一全宗内的电子文件，是一个不可分割的有机整体；同时，不同来源、不同卷宗的文件不能混淆。电子档案管理有利于维护电子文件的完整性，并且操作简单，可以保证证据的完整性和真实性。

10.3.3 电子证据的审查

1. 电子证据可采性审查

（1）电子证据关联性审查。电子证据关联性是指电子证据必须与需要证明的案件事实或其他争议事实具有一定的联系。审查电子证据的关联性应考虑以下两点。

① 电子证据与案件事实有无客观联系。这方面应该考虑3个条件：一是电子证据是否能够证明案件某一方面的问题；二是该问题是否为案件事实争议的问题；三是该电子证据对争议问题的解决是否有实际或实质性的意义。电子证据必须同时满足这3个条件才具有关联性。

② 电子证据与案件事实联系的方式、性质、紧密程度和确定程度。一是作为电子证据的事实与案件中待证事实部分或全部相合，这时其证明力较大；二是虽与待证事实不重合，不是案件的主要组成部分，但与案件待证事实有直接或间接的联系，能够为待证事实提供相对应的证明情况，这时其证明力相对较小。

（2）电子证据客观性审查。电子证据客观性是指电子证据是否符合案件的真实情况。对电子证据客观性主要从以下3个方面进行审查：一是审查电子证据的来源；二是审查电子证据的收集、传送和保存的方法；三是审查电子证据的内容。

（3）电子证据合法性审查。电子证据合法性是指审判机关可采用的证据必须是符合法律规定的根据或材料。任何证据的取得都必须遵守合法原则，凡是违反法定程序所收集的证据，在诉讼过程中都不能作为认定案件事实的依据。电子证据合法性主要从以下两个方面进行审查。一是审查取得电子证据的主体是否合法；二是审查电子证据的收集、提取、保存是否符合法定程序和方式。

2. 电子证据证明力审查

电子证据证明力是指电子证据在证明待证事实上体现其价值大小与强弱的状态或程度。审查电子证据证明力，是认定电子证据本身或电子证据与其他证据之结合能否证明待证事实及能在多大程度上证明待证事实。

（1）可靠性审查。对于电子证据的可靠性，一般采用正面审查的方法，即审查其各个运行环节：生成环节、存储环节、传送环节（传送的技术手段或方法是否科学可靠，传递的网络运营商是否公正独立，传递的过程是否有加密措施等）、收集环节（由谁收集，收集人与案件是否有利害关系，收集过程是否合法、收集方法是否科学可靠）。

除了正面的审查方法，还可以采用推定方法，即从计算机系统入手进行侧面审查：一是通过审查电子证据所依赖的计算机具有可靠性，而推定其具有可靠性；二是通过审查电子证据系由诉讼中意图引入该证据的那一当事人在利益上相反的其他当事人保存或提供，而推定其具有可靠性；三是通过审查电子证据系在正常的业务活动中生成并保管，而推定其具有可靠性。

（2）完整性审查。电子证据的完整性，包括电子证据本身的完整性，以及其所依赖的计算机系统的完整性。我国《电子签名法》第五条"……可靠地保证自最终形成时起，内容保持完整、未被更改……"的规定，是对电子证据完整性的强制要求。

计算机系统完整性主要表现为：① 记录该数据的系统必须处于正常的运行状态；② 在正常运行状态下，系统对该项业务必须有完整的记录；③ 该数据记录必须是在该项业务活动的过程中制作或结束后立即制作的。同时，对电子证据完整性的审查也可以采用推定的方式，且推定的条件和电子证据可靠性侧面审查的推定条件基本一致，即：① 根据计算机系统正常运行而推定其完整性；② 根据电子证据系由诉讼中意图引入该证据的那一当事人在利益上相反的其他当事人保存或提供的，来推定计算机系统的完整性；③ 根据电子证据是由第三方在正常的业务活动中保存的，来推定计算机系统的完整性。

想一想

收集电子证据面临哪些困难？

同步阅读

网上官司在网上打！中国首家互联网法院揭牌！

2017年8月18日上午9时，全国首家互联网法院——杭州互联网法院正式成立（见图10-1），用互联网方式审理互联网案件，涉网诉讼将像"网购"一样便利，你相信吗？

这是诉讼平台的演示，当事人可足不出户地完成诉讼。

图10-1　杭州互联网法院

互联网法院设有高科技取号机，根据不同的业务，分配到不同的窗口。

互联网法院有高科技的智能诉讼机，当事人只要扫描身份证，按诉讼问卷依次选择，就能得到一份符合法律规定、条理清晰的诉状。

法庭没有书记员，因为有语音识别！

杭州互联网法院最大的法庭只有8张长椅，因为可以在线旁听。

（资料来源：人民网微信公众号）

第 10 章 电子商务争议解决法律制度

模 拟 法 庭

实训目的

通过实训模拟使学生在掌握电子商务争议解决法律知识的基础上,能对争议解决的诉讼程序有基本的掌握,更好地将所学知识应用到实践中。

实训内容与步骤

(1) 模拟法庭实训面向班级所有学生,以 5~8 位同学为一组,分别扮演法官、律师、当事人,使每个学生都能参与到模拟法庭活动中来。

(2) 实训前准备:学生在掌握了民事诉讼中法庭审判基本流程的基础上,以小组为单位,利用图书馆、网络等资源各自收集案例,注意案例的典型性,掌握案例中各方面细节、信息和事实,并查阅相关资料和法律、法规条文,对案例中涉及的法理知识点进行梳理。

(3) 学生以法官、律师、当事人的身份在课堂上进行模拟演示,由同学和教师对小组的表现进行打分。

(4) 教师对学生的整体表现进行点评,总结经验和心得体会。

实训提示

(1) 要求认真查找相关案例(第一审电子商务纠纷案例),课前分组做好模拟演练。

(2) 在实训中学生应充分发挥团队合作精神,一定要主动思考,积极参与。

思考与练习

在小组模拟开庭和教师点评的基础上,形成实训心得和体会,撰写实训报告。

实训报告要求包括两方面内容:第一,要求总结通过实训是否掌握了民事审判的一审程序;第二,是否掌握了争议案件涉及的相关法律知识。

 本章小结

电子商务争议是指当事人通过互联网进行在线交易的过程中产生的争议。电子商务活动当事人之间发生争议的,可以通过协商和解,请求消费者组织、行业协会或者其他依法成立的调解组织调解,向有关部门投诉,提请仲裁机构仲裁,或者向人民法院提起诉讼等方式解决。鉴于电子商务争议急需一种高效、公平、快捷、低成本的争议解决机制，于是，替代性争议解决方式（ADR）被引入网络，产生了在线的 ADR 争议解决方式——ODR（Online Dispute Resolution）。在线争议解决机制（ODR）是指利用互联网进行全部或主要程序的各种争议解决方式的总称，主要包括在线仲裁、在线调解、在线和解和网络庭审等方式。

电子证据是指在计算机或计算机系统运行过程中产生的以其记录的内容来证明案件事实的电子数据或信息。由于在电子商务中确定交易各方权利和义务的各种合同单证都采用电子形式，电子证据的可采纳性、电子证据的证明力及其审查判断规则就成为亟待解决的法律问题。

1. 单项选择题

（1）双方当事人在发生电子商务争议时，提请第三者对争议进行审理，居中调解做出裁决的争议解决方式是（　　）。

    A．和解

    B．调解

    C．仲裁

    D．诉讼

（2）在线协商和解的期限为（　　），如果在此期限内双方未能成功解决该争议的，则该在线程序终止，双方可以选择重新在线协商或通过 China ODR 在线仲裁或在线调解或其他方式解决。

    A．15 日

    B．5 日

    C．10 日

    D．30 日

（3）2017 年 8 月 18 日（　　）挂牌成立，成为全国第一家集中审理涉网案件的试点法院。

    A．北京互联网法院

    B．杭州互联网法院

    C．上海互联网法院

    D．深圳互联网法院

（4）对数据电文生成、存储、传递、修改、增删而引起的记录，如电子系统的日志记录、电子文件的属性信息等，它的作用主要在于证明电子数据的真实性。这种电子证据是（　　）。

    A．数据电文证据

    B．附属信息证据

    C．系统环境证据

    D．电子设备生成证据

（5）电子证据必须与需要证明的案件事实或其他争议事实具有一定的联系，是指电子证据的（　　）。

　　A．客观性

　　B．可靠性

　　C．合法性

　　D．关联性

2．多项选择题

（1）电子商务活动当事人之间发生争议的，可以通过（　　）等方式解决。

　　A．协商和解

　　B．请求消费者组织调解

　　C．向有关部门投诉

　　D．向人民法院提起诉讼

（2）网络庭审是指将涉及网络的案件从现有审判体系中剥离出来，充分依托互联网技术，完成（　　）裁判、执行全流程在线化，实现便民诉讼，节约司法资源。

　　A．起诉

　　B．立案

　　C．举证

　　D．开庭

（3）以电子证据形成的方式为标准进行分类，电子证据可以分为（　　）。

　　A．电子设备生成证据

　　B．电子设备存储证据

　　C．系统环境证据

　　D．电子设备混成证据

（4）在下列各项中，出现（　　）情形之一时，在线调解程序终止。

　　A．调解成功者自调解书做出之日起或当事人之间的和解协议达成之日起终止

　　B．调解员认为调解已无成功的可能而以书面声明终止调解程序的，自声明之日起终止

　　C．各方或任何一方当事人向调解员书面声明终止调解程序的，自声明之日起终止

　　D．调解员认为调解已无成功的可能而以口头声明终止调解程序的，自声明之日起终止

（5）电子证据客观性主要从（　　）方面进行审查。

　　A．审查电子证据的来源

　　B．审查电子证据的收集、传送和保存的方法

　　C．审查取得电子证据的主体是否合法

　　D．审查电子证据的内容

3．分析题

（1）分析电子商务在线争议解决机制的优点。

（2）分析电子证据在电子商务争议解决中的作用。

第 11 章

跨境电子商务法律制度

 **本章重点/难点**

跨境电子商务的概念与常见模式；跨境电子商务相比国内电子商务的特殊之处，以及由此带来的法律方面的问题；我国在跨境电子商务税收、检验检疫、个人信息和商业数据法律保护等方面存在的问题和解决办法。

 **本章导图**

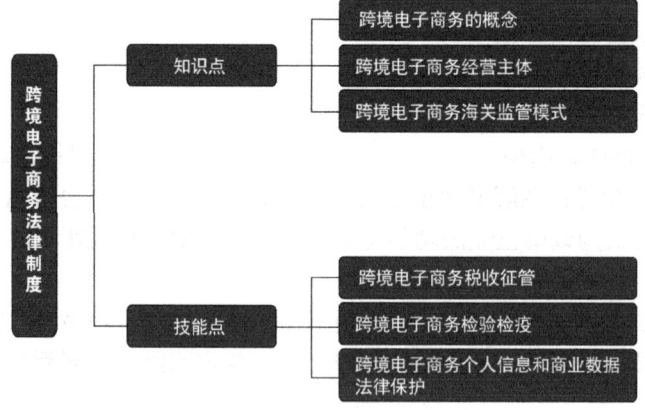

 引例

日本核辐射区食品通过跨境电商、海外购等渠道流入我国

央广网深圳 2017 年 3 月 16 日消息（记者肖源） 据中国之声《新闻纵横》报道，随着互联网的兴盛，网络也成了越来越多的老百姓购物的主要渠道，尤其是一些国外产品，通过互联网，可以实现"足不出户，买遍全球"。大米、奶粉等国外食品占据了国内消费者跨境购物的相当一部分份额。

但是，这些国外食品，真的安全吗？据记者调查发现，有相当数量来自日本核辐射区的食品，正在通过跨境电商、海外购等渠道流入我国。而我国政府主管部门早在 2011 年，就明令禁止核辐射区的日本10个都县的食品、农产品进入我国销售。

2017年2月，我国外交部就日本福岛核辐射问题，多次发出安全提醒。外交部新闻发言人表示，对日本福岛核泄漏及其对海洋环境、食品安全和人类健康产生的影响，任何一个负责任的政府都会持续高度关注。

产自日本栃木县的"卡乐比"牌麦片淘宝在售，月售数十万包

2011年3月11日，日本福岛核电站发生重大核泄漏事故，事件备受国际舆论的关注。"福岛后遗症"的阴影一直难以散去。当年，国家质检总局就下发文件，来自日本福岛、栃木、东京都等10个都县的食品、食用农产品和饲料，不得进口入境。

但记者调查发现，国内相当数量的电商平台，都有销售涉嫌来自日本核辐射地区的食品。来自深圳市市场稽查局方面的信息，包括京东商城、淘宝、1号店、亚马逊中国、当当网、中粮我买网、国美在线、苏宁易购、虹领巾等电商平台，都在销售一款产于日本的"卡乐比"牌麦片（图11-1），其中相当一部分的产地来自东京都——禁止进口的10个都县之一。

根据深圳市市场稽查局方面的统计，近5年来，仅在深圳，通过淘宝平台销售"卡乐比"麦片就达百万包，而淘宝平台全国此类麦片销售店铺达到上千家，月销量数十万包。

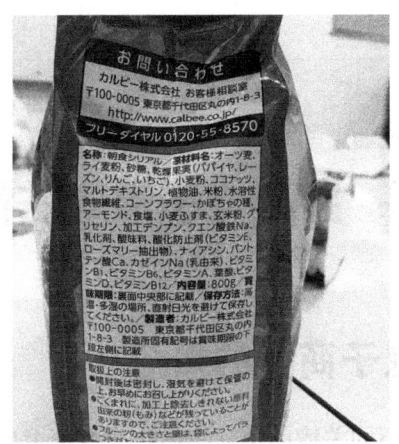

图11-1 产自日本东京都的"卡乐比"牌麦片

在电商平台上销售的涉嫌来自日本核辐射区的食品，"卡乐比"麦片只是其中一例。根据深圳市市场稽查局发起的"清云行动"，网上销售的日本核辐射区食品种类繁多，有大米、啤酒、饮料、膨化食品，甚至还有婴儿奶粉（图11-2）。

图11-2 产自日本栃木的"和光堂"牌婴幼儿奶粉

跨境电商是主要流入途径，保税仓无须经过检疫检验

深圳市市场稽查局的执法人员表示，据他们调查，跨境电商是这些核辐射区食品流入国内的主要途径。主要是通过保税区的仓库销售及海外直邮两种形式。目前的政策是，产品进入保税仓时，不需要经过检验检疫，基本上处于空白监管范围。通过这种方式，产品再销售给消费者时，是没有经过国家检验检疫部门进行食品安全检验检疫的。

目前，深圳市市场稽查局已经对涉嫌售卖来自日本核辐射区食品的100多家营业主体，正式立案调查。

引例分析

跨境电商的发展让国内的消费者有机会足不出户就买遍全球，给国内消费者带来了便利与实惠，但与此同时，部分跨境电商平台及从业者违规违法售卖进口产品等问题时有发生，这不免让热衷于从跨境电商渠道购买进口食品的消费者忧心忡忡。深圳市市场稽查局调查发现，国内涉嫌销售日本核污染食品的网上商家初步统计已达13 000多家。一边是因媒体曝光，电商们急忙下架；一边是海淘产品暴露出的安全问题引发社会共同关注。跨境电商进口食品多从境外市场采购，产品来源追溯难，给进口食品安全监管带来了巨大考验。

第1节 跨境电子商务法律制度概述

11.1.1 跨境电子商务的概念

跨境电子商务是指分属不同关境的交易主体，通过跨境电子商务平台达成交易、进行支付结算，并通过跨境物流送达商品、完成交易的一种国际商业活动。简单地说，消费者在国内就可以通过电子商务平台购买到境外各地的商品，在线完成支付结算，通过跨境物流收到购买的商品，整个交易均在线上完成。

1. 跨境电子商务的发展状况

在国家"一带一路"倡议及自贸试验区等国家战略背景下，跨境电子商务已成为外贸产业中的一匹"黑马"，成为推动中国外贸增长的重要力量。据不完全统计，中国境内各类平台企业超过5 000家，通过平台开展跨境电子商务的外贸企业超过20万家。

2013年，中国跨境电商交易规模已达2.7万亿元，并呈现逐年快速增长态势。2015年，中国跨境电商交易规模突破5万亿元。到了2017年，中国跨境电商交易规模增长至7.6万亿元，同比增长20.63%。截止至2018年底，中国跨境电商交易规模超过9万亿元，达到9.1万亿元，同比增长19.5%。预测2019年中国跨境电商交易规模将突破10万亿元。

从结构上看，跨境出口电商的比例高于跨境进口电商的比例，中国跨境电商的发展以出口为主，进口为辅。2018年以来，跨境电商行业迎来利好，中国 国际进口博览会及相关政策出台都促进了跨境电商行业发展，尤其是《电子商务法》更进一步促进了跨境电的规范化发展，明确了电子商务经营者的义务，包括依法取得许可的义务、保障商品或者服务质量安全的义务等。

未来随着跨境物流、支付等环节问题的进一步突破和跨境电商企业盈利能力的进一步提升，跨境电商行业将迎来黄金发展期。

2．跨境电子商务的特征

（1）全球性。互联网是一个没有边界的媒体，具有全球性和非中心化的特征。以互联网为基础的跨境电子商务也因此相应地具有全球性和非中心化的特性，任何人只要具备相应互联网条件，在任何时候、任何地方都可以让商业信息接入网络，相互联系进行交易，与此同时也必须面对因不同文化、政治和法律等因素而产生的交易风险。

（2）无边界。跨境电子商务是一种无边界的交易，丧失了传统国际商务交易所具有的地理因素。跨境电子商务不仅冲破了国家间的障碍，使国际贸易走向无国界贸易，同时它也正在引起世界经济贸易的巨大变革。对企业来说，跨境电子商务构建的开放、多维、立体的多边经贸合作模式，极大地拓宽了进入国际市场的路径，大大促进了多边资源的优化配置与企业间的互利共赢。对于消费者来说，跨境电子商务使他们非常容易地获取其他国家的信息并买到物美价廉的商品。因此，跨境电子商务对推动经济一体化、贸易全球化具有非常重要的战略意义。

（3）以消费者为主导。跨境电子商务主要解决的是消费者在国内买不到的东西，是贸易增量。跨境电商平台让全球同类产品同台亮相，性价比成为消费者购买决策的重要因素。这是一种以消费者为导向，强调个性化的交易方式，消费者拥有更大选择自由，不受地域限制。以"订单投票"，已成为跨境电商发展趋势。

（4）小批量、高频度。跨境电子商务通过电子商务交易与服务平台，实现多国企业之间、企业与最终消费者之间的直接交易。由于是单个企业之间或单个企业与单个消费者之间的交易，相对于传统贸易而言，大多是小批量，甚至是单件，而且一般是即时按需采购、销售和消费，交易的次数和频率较高。

（5）数字化、监管难。随着信息网络技术的深化应用，数字化产品（如游戏、软件、影视作品等）的品类和贸易量快速增长，且通过跨境电子商务进行销售或消费的趋势日趋明显，而传统应用于实物产品或服务的国际贸易监管模式已经不适用于新型的跨境电子商务交易，尤其是数字化产品的跨境贸易更是没有纳入海关等政府有关部门的有效监管、统计和关税收缴范围。

 想一想

比较一下，相比传统国际贸易和国内电商，跨境电子商务有哪些异同？

3．跨境电子商务的不同商业模式

跨境电子商务包含了较多的要素，主要有交易对象、交易渠道、货物流通、监管方式、资金交付、信息和单据往来等多个方面，按照这些要素的不同，可以将跨境电子商务分为不同的类型。

（1）跨境电子商务按进出境货物流向分为出口跨境电子商务和进口跨境电子商务。进口跨境电子商务（海外购）主要有两种方式，即海外直邮和保税区直邮模式。海外直邮是从海外直接代顾客采购，然后通过快递发货，并清关入境。保税区直邮则是先从海外大批量采购商品并运至保税区存放，当用户购买时再清关发货，到货时效快。目前，大多数电商平台采取的都是保税与直邮相结合的混合采购模式。

（2）跨境电子商务按交易模式可分为企业对企业（B2B）跨境电子商务、企业对消费者（B2C）跨境电子商务和消费者之间（C2C）跨境电子商务。B2B 跨境电子商务主要应用于企业之间的采购与进出口贸易等；B2C 跨境电子商务主要应用于企业直接销售或消费者全球购活动；C2C 跨境电子商务主要应用于消费者之间的个人拍卖等行为。

（3）跨境电子商务根据日常监管需要可分为 5 种类型：跨境保税区模式、跨境第三方商家模式、一般进口自营模式、国内第三方卖家模式、亚马逊海外购模式。

跨境保税区模式，一般是指由跨境电子商务企业向国外品牌商采购货品，并将货品储存在"境内关外"的保税区，消费者在电商平台上购买后，由保税区直接发货。

跨境第三方商家模式又可分为两种，即由境外企业入驻国内电子商务平台和境外个人代购。

一般进口自营模式是传统意义上的一般进口贸易模式。电子商务企业从国内代理商进货，即该货品是由国内代理商从境外采购，并通过海关按照货物进口手续入关。

国内第三方卖家模式与传统意义上的第三方卖家相似，由国内的商家与电子商务平台签署协议，在电子商务平台上销售由该商家从境外代购的商品。

亚马逊海外购与国内跨境电子商务企业均不同，其依托于美国亚马逊，提供的主要是消费者能够用中文直接浏览和购买的美国亚马逊销售的境外原装商品。

11.1.2 跨境电子商务经营主体

当前的跨境电子商务主要存在 3 种发展模式：一是传统制造业、商贸企业、经纪人通过大型跨境电商平台网站发布商品信息，寻找商机，开展网站大额或小额在线支付国际贸易批发业务。二是在第三方跨境电商平台上开设店铺，通过这些平台以在线零售的方式销售商品到国外的企业和全球终端消费者。三是企业建立一个独立的跨境网站，如兰亭集势，以在线零售的方式将商品直接销售到全球终端消费者。而跨境电子商务经营主体则主要包括跨境电商平台，通过跨境电商平台交易的卖家和买家，以及为交易双方提供服务的一些第三方主体，如跨境支付、通关、跨境物流等。

1. 跨境电商平台

跨境电商平台有多种不同类型，如 B2B 信息服务类，包括阿里巴巴国际站、中国化工网英文版、环球资源、中国制造网、MFG.com、聚贸等。B2B 交易服务类，包括易唐网、大龙网、敦煌网等。B2C 平台服务类，包括阿里速卖通、eBay、亚马逊、Wish 等。B2C 自营服务类，包括兰亭集势、DX、米兰网、环球易购、百事泰、傲基国际、执御、小笨鸟等。还包括像一达通、易单网、四海商周等第三方服务企业。

（1）速卖通 AliExpress（图 11-3）：作为阿里巴巴未来国际化的重要战略产品，速卖通这几年的发展可谓风生水起。2009 年 9 月 9 日正式上线的速卖通平台已经成为目前全球最活跃的跨境平台之一，速卖通依靠阿里巴巴庞大的会员基础，已经成为目前全球产品品类最丰富的平台之一。速卖通市场的侧重点在于新兴市场，特别是俄罗斯和巴西。

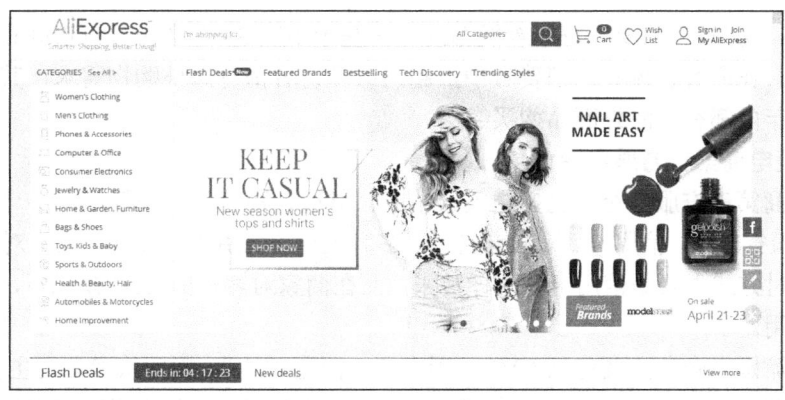

图 11-3　速卖通

（2）亚马逊（图 11-4）：作为电子商务的鼻祖，亚马逊对于整个世界的影响力是巨大的，中国外贸人选择跨境 B2C 首先认识的也是亚马逊，那时候还没有速卖通等其他新兴平台。其实阿里巴巴和亚马逊也有很多相似之处，都已经打造了庞大的客户群和数据基础设施，亚马逊对于卖家的要求是比较高的，特别是产品品质，对于产品品牌也有一定的要求，手续也比速卖通等平台复杂。

图 11-4　亚马逊

（3）eBay：对于 eBay 的理解基本可以等同于国内的淘宝，对于国际零售的外贸人来说，eBay 的潜力是巨大的，因为 eBay 的核心市场在美国和欧洲，应该是比较成熟的市场。

（4）Wish：Wish 是一个这几年新兴的基于 App 的跨境平台，主要靠价廉物美吸引客户，在美国市场有非常高的人气和市场追随者，核心的产品品类包括服装、珠宝、手机礼品等，大部分都是通过中国发货。Wish 的主要吸引力就是价格便宜，Wish 利用智能推送技术，为 App 客户推送他们喜欢的商品，但是因为 Wish 平台个性的推荐方式，产品品质往往比较好，这也是平台在短短几年发展起来的核心因素。Wish 平台是个人卖家的最好选择，是一款根据用户喜好，通过精确的算法推荐技术，将商品信息推送给感兴趣用户的移动优先购物 App。

2．跨境电商的卖家和消费者

目前，我国跨境电商平台企业已超过 5 000 家，境内通过各类平台开展跨境电子商务的企业已超过 20 万家。

2016年"双11"前夕，尼尔森发布的一份基于中国31个省份、自治区和直辖市的调研报告显示，在所有被调查的消费者中，超八成受访者都有海外购物需求，其中超过七成的人最近半年内都有过海外商品购买经历。

3. 跨境电商第三方服务企业

跨境电商第三方服务企业包括通关、结汇、退税、物流、金融等。

目前，银行转账、信用卡、第三方支付等多种支付方式并存，其中在商家对商家的B2B模式下，支付方式主要是信用卡、银行转账，而在商家对客户的B2C模式下，第三方支付工具广泛应用。

跨境物流国内企业主要包括EMS、顺丰和"四通一达"，国际快递公司主要有DHL、TNT、UPS和FedEx等，以及海外仓储服务。海外仓储服务是指为卖家在销售目的地进行货物仓储、分拣、包装和派送的一站式控制与管理服务。确切来说，海外仓储应该包括头程运输、仓储管理和本地配送3个部分。

11.1.3 跨境电子商务海关监管模式

海关是国家进出关境的监督管理机关，负责监管进出境运输工具、货物、物品、征收关税和其他税费、查缉走私等工作。跨境电子商务是一种新型的交易方式，通关仍是跨境电子商务交易的最大壁垒。

1. 跨境电商海关监管难题

传统的贸易方式一直主导着世界的发展，它主要是指各地区之间的货物贸易交往，往往具有交易时间长、频率低、交易数量大等特点。不过，电子商务与客户是一种直接的交易关系，这为跨境电子商务产业链的更新提供了保障与开端。基于此可以发现，单一的供应商与单一的客户之间的贸易量比较小，其对应的频率也就比较低，但通过跨境电子商务模式可以提高交易频率与通关效率。正是基于这个原因，使得现代海关监管工作不断增加，由于跨境电子商务交易中存在海关通过监管与征税环节，所以当大量的交易货物通过快递的方式进入境内时，海关就必须严格地对其进行监督、管理、审查、征税。跨境电子商务交易的货物存在退货或者更换的问题，这也给海关的监督管理工作带来了新的难题。在现实的跨境电子商务贸易交易中，一旦出现了问题，往往就会卡在海关部门，影响货物的交运效率，从而引发社会各界对海关效率低下的不满。

跨境电商这几年的迅猛发展，让海关备感监管压力，原监管手段已经远远无法跟上市场发展的步伐。在进口跨境电商中，很少有商品能按一般贸易方式入境，因为跨境进口中主要涉及的消费品是婴儿食品、用品、服饰箱包等小批量分散式商品，若按一般贸易进口，无一例外均需要进行商检，部分还涉及许可证、进口配额等，报关单也有商品项目数量的限制，这对于小型电商而言无力负担，小型电商也根本没有足够的资金去应付国内消费者的多类需求。为了规避海关监管，很多海淘都从灰色渠道入境。海关不仅要面临新型跨境进口的形势难题，更要进一步破解跨境出口新政实施问题，两者须双管齐下，缺一不可。

2. 跨境电商海关监管新政

（1）增列海关监管方式代码。《中华人民共和国海关法》是海关实施监管的首要之法，该法于1987年7月1日生效，最后一次系经全国人大常委会修订后于2001年1月1日颁布实施。而当时电子商务并没有大行其道，跨境电商也仅仅限于一般的进出口贸易。在传统国际贸易框架和国际销售代理的框架下，进出口手续繁杂，监管严格。海关总署于 2014 年 2 月发布《关于增列海关监管方式代码的公告》（海关总署公告〔2014〕第 12 号），增列了海关监管方式代码"9610"，全称"跨境贸易电子商务"，简称"电子商务"，适用于境内个人或电子商务企业通过电子商务交易平台实现交易，并采用"清单核放、汇总申报"模式办理通关手续的电子商务零售进出口商品。自 2014 年 8 月 1 日起，海关又增列海关监管方式代码"1210"（俗称"海关 57 号文"），全称"保税跨境贸易电子商务"，简称"保税电商"，适用于境内个人或电子商务企业在经海关认可的电子商务平台实现跨境交易。

（2）海关 56 号文。2014 年 8 月 1 日，海关总署颁布《关于跨境贸易电子商务进出境货物、物品有关监管事宜的公告》（俗称"海关 56 号文"），目的就是促进跨境电子商务健康发展，根据该公告，电商企业采取"清单核放、汇总申报"模式，个人采取"清单核放"模式办理电子商务进出境货物报关手续，同时，公告还就企业注册登记及备案管理，电子商务进出境货物、物品通关管理，货物、物品物流监控等进行了规定。海关 56 号文对监管对象及监管方式进行了界定，让"海淘"有了合法身份，也对如朋友圈海外代购等行为予以管制。

（3）统一跨境贸易电子商务零售出口通关系统。跨境贸易电子商务零售出口统一版通关系统于 2014 年 7 月 1 日正式上线运行，并率先在广东东莞启用，当日海关通过该系统完成 10 496 票跨境电商出口商品通关手续。在跨境电商通关服务平台上，进境商品通关的最高标准是"三单对比"，三单是指跨境电商公司提供的报关单、支付企业提供的支付清单及物流企业提供的物流运单，三单数据确认无误后即可放行进境。在三单对比模式下，消费者一旦点击购买，海关、检验检疫等部门就开始审核订单，实现迅速通关。海关总署统一跨境贸易电子商务零售出口通关系统，有利于各地跨境平台执行统一的跨境服务标准，能应对外贸订单碎片化趋势，提升消费服务体验。

3．跨境电商海关监管的四种模式

（1）一般出口。一般出口的定义和适用范围是"指采用清单核放、汇总申报"的模式，电商出口商品以邮件、软件方式分批运送，海关凭清单核放出境，定期为电商把已核放清单数据汇总形成出口报关单，电商凭此办理结汇、退税手续，并纳入海关统计。

（2）特殊区域出口。特殊区域出口就是电商把整批商品按一般贸易报关进入海关特殊监管区域，企业实现退税，对于已入区退税的商品，境外网购后，海关凭清单核放，由邮件、快件企业送出离境，海关定期将已放行清单归并形成出口报关单，电商凭此办理结汇手续，并纳入海关统计。

（3）直购进口。直购进口指符合条件的电子商务平台与海关联网，境内个人跨境交易后，相关企业将交易信息、支付信息、物流信息等传输给海关，海关将交付信息、支付信息、物流信息与申报信息进行比对，按照货物征税，并纳入海关统计。这部分商品按货物退税，但按个人物品监管。

（4）网购保税进口。网购保税进口指电商将整批商品运入海关特殊监管区域内，由海关保管，海关建立电子商务电子账册，境内个人网购区内商品后，电商向海关申请清单，海关将交易信息、支付信息、物流信息与清单进行比对，相符时海关按货物征税，验放后账册自动核销，并纳入海关统计。目前有上海、杭州、重庆、郑州、福州、宁波等城市享有保税备货模式。

第 2 节　跨境电子商务主要法律制度

跨境电商所涉及的公共政策范围非常广泛，包括贸易、运输、安全等方面，参与包括商务、税务、交通运输、邮政等各个部门。跨境电商在交易方式、货物运输、支付结算等方面与传统贸易方式差异较大。现行管理体制、政策、法规及现有环境条件已无法满足其发展要求，主要问题集中在海关、检验检疫、税务和收付汇等方面。

2015年6月，国务院办公厅印发《关于促进跨境电子商务健康快速发展的指导意见》指出，近年来我国跨境电子商务快速发展，已经形成了一定的产业集群和交易规模。支持跨境电子商务发展，有利于用"互联网＋外贸"实现优进优出，发挥我国制造业大国优势，扩大海外营销渠道；有利于增加就业，推进大众创业、万众创新，打造新的经济增长点；有利于加快实施共建"一带一路"倡议等国家战略，推动开放型经济发展升级。针对制约跨境电子商务发展的问题，有必要加快建立适应其特点的政策体系和监管体系，营造更加便利的发展环境，促进跨境电子商务健康快速地发展。

为落实中央的一系列重要指示精神，海关和相关部门出台了一系列政策、法规，支持跨境电商健康、有序发展。但是，跨境电商作为新型贸易主体类型，贸易结构、特征比较独特，给贸易制度和海关监管制度带来很大的挑战。

11.2.1　跨境电子商务税收制度

1. 跨境电子商务税收面临的问题

（1）税收流失。据海关统计，2015年，7个试点城市跨境电商合计进口155亿元人民币，是2014年的14.5倍。而2015年中国消费者在境外消费1.2万亿元，与2014年相比增长了43%。按照计划，跨境电商将成为中国财政收入的一个重要来源。然而，实际情况的发展却与计划产生了重大偏差。

跨境电子商务将本应通过口岸批量进口的商品，通过互联网转变为向分散在境内的用户交货，其结果是，将原批量集中进口、价值较高、应缴关税的货物，变成分散的、单一价值较低、免税或低税的个人物品或货样进口，由于货样、个人物品有免税或起征点的规定，从而引发"蚂蚁搬家"式的避税。

跨境电子商务的发展，给税收部门制造了许多困难。税收权力只能严格地在一国范围内实施，跨境电子商务给税务机关对超越一国的在线交易行使税收管辖权带来了困难。在传统商业交易模式下，商家往往需要一个有形的销售网点的存在，如通过书店将图书卖给读者，而在线书店可以代替实体书店的有形销售网点直接完成整个交易。而问题是，税务部门往往要依靠这些销售网点获取税收所需要的基本信息，代扣代缴所得税等，如果没有这些销售网点，则税收权力的行使便会发生困难。

（2）与一般贸易之间的税负不公平。对跨境电商课以行邮税，是当时税制不完善情势下的权宜之计。海关总署规定，行邮税以商品实际销售价格作为完税价格，参照行邮税税率征收。应征税额在 50 元（含 50 元）以内的予以免征，如果征税额超过 50 元则按实际税额征收，税款部分直接划入海关指定账号。但是，几年试点下来，行邮税 50 元以下的免税额度导致这种清关模式下跨境电商的缴税率过低。假设要购买价格为 100 元人民币的进口奶粉，现在奶粉最惠国进口关税率约为 4%，增值税 17%，消费税 10%，货物税＝关税 4 元＋增值税 17 元＋消费税 10 元＝31 元，按一般贸易进口计，价格为货物 100 元＋货物税费 31 元＝131 元。而在跨境电商平台购买 100 元人民币的奶粉，按行邮税率计算是 10 元，行邮税应征税额低于 50 元免收，而跨境电商进口商品，据海关总署规定免征关税、增值税和消费税，则总的奶粉价格还是 100 元。这就导致大量进口商品分拆后通过电商渠道进入国内市场，既规避关税、增值税和消费税，也少缴或不缴行邮税。这不仅会造成试点城市与非试点城市间很大的不公平，还会造成跨境电商和一般贸易之间的税负不公平。

（3）退税问题。所谓退税，实际上就是指将出口货物在国内生产与流通中缴纳的增值税、营业税、消费税等众多的税种进行全额退还。出口获取退税制度是国家税收制度中的重要一环，是不可或缺的组成部分，通过对相关企业退还在国内已经缴纳的各种税款，让其不含任何税收成本走进国际市场，使其与国外产品具有同台竞争的实力，进而扩大出口总量，提高收益规模。当前跨境电子商务依托快递行业为主要货物中转者，所以很多卖家都无法得到报关单，也就无法向国家提供报关单，从而无法享受国家制定的退税政策。

2．跨境电商税收新政

伴随着跨境电商快速发展的是行业乱象丛生、税负流失，这一方面是由乱而治的需要，另一方面是平衡各种进口模式利差的需要，税改就成了必然。

2016 年 3 月 24 日，中国财政部发布《关于跨境电子商务零售进口税收政策的通知》，跨境电子商务零售进口商品将按货物征收关税和进口环节增值税、消费税，以推动跨境电商健康发展。

新政对跨境电商所适用的税种、税率、免税限额进行了新的调整。其中，最重要的转变就是跨境电商从过去套用"行邮税"，向一般贸易的税收转变，这也将使跨境贸易与一般贸易在税收上更加公平。

新政对于跨境电商企业，最大的影响主要集中在正面清单制度和通关单制度。一方面，正面清单实施后，商品的种类明显变窄；另一方面，有关化妆品、奶粉等商品必须获得检验检疫部门出具的通关单后，才能向海关报关，造成备案时间过长或有些条件难以执行，影响产品销售。

此次新政也提出了免税限额问题，跨境电商零售进口商品的单次交易限额为 2 000 元，全年为 2 万元。超过部分将按照一般贸易方式全额征税。

进口跨境电商实行新税收政策后行邮税继续存在于原有的适用领域中，也即对"入境旅客行李物品和个人邮递物品"的征税。区别跨境电商商品和"入境旅客行李物品和个人邮递物品"的关键是三单对接，也即是否向监管机构推送了订单、运单、支付单信息。

3．正面清单制度

在 2016 年 4 月 8 日跨境电商新税制实行前夕，财政部、发展和改革委员会等 11 个部门共同公布了《跨境电子商务零售进口商品清单》。随后，海关总署也发布《关于跨境电子商务零售进出口商品有关监管事宜的公告》。至此，业界期盼已久的跨境电商零售进口"正面清单"终于出炉。这一批正面清单包括 1 142 个 8 位税号商品，涵盖了部分食品饮料、服装鞋帽、家用电器，以及部分化妆品、纸尿裤、儿童玩具、保温杯等商品。但多款热销的产品，包括液态奶、生鲜、保健品等都未被包含在内。

2016 年 4 月 15 日，财政部、发展和改革委员会、商务部等 13 个部门共同发布了第二批正面清单，此次新增了 151 个税号产品，并对此前备注模糊的"医疗器械相关产品""保健食品相关产品"，以及"特殊医学用途配方食品相关产品"进行了解释。

经国务院批准，清单自 2016 年 5 月 11 日起给予一年的过渡期，而到了 2016 年 11 月 15 日，商务部表示，为稳妥推进跨境电商零售进口监管模式过渡，过渡期限将延长至 2017 年底。

财政部在公告中指出，为避免工业原材料等商品通过跨境电子商务零售进口渠道进境，扰乱正常贸易秩序，同时便于日常征管操作，跨境电子商务零售进口税收政策实施清单管理。这也是延续了此前征收行邮税时"个人自用"的规定。

清单内的商品将免予向海关提交许可证件，检验检疫监督管理按照国家相关法律法规的规定执行；直购商品免予验核通关单，网购保税商品"一线"进区时需按货物验核通关单、"二线"出区时免予验核通关单。

这份清单对于跨境进口电商行业来说，等于有了一本清晰的工作指南，无论是企业还是海关、商检等主管部门，都有了明确指引，能够有效推进跨境电商进口的阳光化，对于提高通关效率，促进跨境进口电商健康发展具有巨大的积极作用。

✔ 11.2.2 跨境电子商务检验检疫制度

跨境电子商务在给生产商和消费者带来便利与实惠的同时，部分不能保障质量的商品或假劣商品也可能流入市场，给消费者带来伤害。

2015 年，质检总局对通过跨境电商渠道进口的儿童用品，包括玩具、服装、纸尿裤、餐厨具、湿巾等进行了质量抽查，总计抽样 654 批，检出不合格产品 217 批，不合格率为 33%。其中，进口玩具共抽查 124 批，检出 28 批产品存在小零件（容易导致儿童窒息）或物理安全性能不合格，产品主要来自泰国、韩国、德国、美国等国。

检验检疫的职责，除了日常产品安全检验之外，还有另外两个重要职能：第一是防止人类传染病跨境传播；第二是防止病虫害的跨境传播，也就是检疫。所以在跨境风口上，生物安全风险非常厉害。除了生物安全风险，还有质量安全风险。另外就是政策的风险，需要检验检疫进行监管。

1. 跨境电商通关单制度

按照新政规定，2016 年 4 月 8 日以后发运的商品，必须按照一般贸易要求提供通关单，化妆品、保健品等商品还需在食药总局注册备案。

作为关键的"通关单"，也就是入境货物通关单，是指国家质量监督检验检疫总局授权的出入境检验检疫机构依法对列入《检验检疫法检目录》，以及虽未列入《检验检疫法检目录》但国家有关法律、行政法规明确需实施检验检疫的进境货物及特殊物品等签发的进口货物收货人或其代理人已办理报验手续的证明文书。

涉及法检的货物（监管条件下监管代码为 A 的），需要向国检部门报检，填报《入境货物报检单》。以化妆品为例，需要提供原产地证、合同、发票、装箱单、提（运）单、进口化妆品标签检验相关资料（化妆品中文标签样张和外文原标签及翻译件及化妆品成分配比等)、国家食品药品监督管理总局进口化妆品卫生许可批件(备案证书)、报检委托书等十多项外贸单证。

完成报检后,国检部门出具通关单(无纸化通关后,出具的是通关单号),再向海关进行报关。在海关通关系统录制报关单的时候,涉及法检的货物如果没有通关单,会退单(申报不通过)。

2. 检验检疫模式的杭州版本

检验检疫现有两种监管模式:第一种是一般贸易,也就是常说的"大贸",外贸企业产品抽样、检测之类;第二种是海关认为数量合理的,就归于个人自用产品(针对个人自用产品现在只需要检疫不需要检验)。

以一罐奶粉为例,传统贸易对于奶粉的监管有很多前置条件。

(1) 境外生产企业需要经过国家认监委注册认可才可以,需要进行评估;

(2) 进出口商、经销商需要进行备案;

(3) 它所生产的奶粉必须符合中国的相关标准。

(4) 包装必须加贴中文标签。

进境电商四步走:首先是提前申报备案,由于只需检疫不需检验,所以进行入区集中检疫,客户下单后出区有个出区分批核销,中间要做质量抽测,进行质量安全追溯。

针对出境电商,检验检疫也是简化手续,分四步走:先出后报、集中办理、提前介入、检疫为主。

跨境电商是新生事物,跨境电商的监管更是一个全新的课题。设立综合试验区(图11-5)的目的主要就是希望杭州在监管模式和制度创新上做出示范,把跨境电商的杭州版本升级为中国版本。

对于杭州版本的取向,是推进贸易的便利化,主要是四个原则:加快发展、加强管理、有效监管、便利进出;和海关实现"三个一":一次申报、一次查验、一次放行;和相关职能部门实现"三个互":信息互换、监管互认、执法互助。

图 11-5 杭州跨境电子商务综合试验区

杭州版本的核心是"一二三四"模式;"一"是指一个平台,"二"是指两个清单,"三"是指三种机制,"四"是指通关四步走。

一个平台:跨境一步达(www.kjeport.com)是综试区单一窗口的前身,它连通了海关、商检、电商平台、电商企业等,所有信息都能在平台上找到。

两个清单:分别是负面清单和风险目录清单,分别指不能通过电子商务交易的出口商品清单和需进行安全卫生项目评估的进口商品清单。

三个机制:备案机制、风险监测机制(总局批准建立风险监测中心)、质量追溯和问题处理机制。

通关四步走：商家确定跨境电商业务经营模式、进口模式和经营场所，获得园区管委会及口岸监管部门认可，海关注册、备案，进行数据对接。

3．检验检疫制度新的探索

目前对跨境电商的监管仍在过渡期，过渡期结束后如何监管仍需调研，如果纳入货物管理，检验检疫部门就要对准入、注册、许可等方面实行全链条监管。

检验检疫部门积极引导供应链各方建立食品安全责任共担机制，合理界定平台企业、生产经营企业、境内物流仓储企业等各方的食品安全责任，健全跨境电商进口食品安全责任配置；大力推动进口食品安全治理体系落地，有效落实食品供应链各方的责任义务，加强风险管理，全面推广监督抽检，通过合格评定代替批批检测，切实保障跨境电商进口食品的质量安全。

此外，加强国际共治是确保跨境电商食品质量安全的有效途径。检验检疫部门应积极与商务部、卫计委、食药监总局等相关部门保持密切合作，推进适应跨境电商发展的食品进口准入前置审批改革创新；同时，检验检疫部门还应主动与主要食品输入国家和地区的食品安全监管部门合作，明确跨境电商进口食品原产国的官方责任，倡导推动建立双边、多边等跨境电商食品安全国际共治新机制。

 想一想

谈谈你所了解的生物安全风险，以及跨境电商检验检疫对于防范生物安全风险方面的意义。

✓ 11.2.3 跨境电子商务个人信息和商业数据法律保护

目前，在我国跨境电商实践中与消费者有关的是跨境"海淘"或代购。跨境代购是指由商家（国内）帮助国内消费者购买境外商品的行为，一般分为现货的商品代购和非现货的商品代购。前者一般是商家已经购买到境外商品再向消费者加价销售；后者一般是消费者按照商家所提供的境外商品目录、图片、名称等下单购买，由商家统一在境外采购后收取代购服务费。

在现货的商品代购情况下，消费者与代购商家形成了普通的货物买卖合同关系，商家将其所有的境外商品转卖给消费者。在非现货的商品代购情况下，消费者实际购买的是一种服务，即消费者基于对商家代购能力的信任要求商家在境外代为购买特定商品，消费者支付代购服务费。

现在一些海淘平台不仅要求用户输入身份证号，还要上传身份证的正反面照片，这让消费者有些不安。用户个人信息保护已成电商行业的"顽疾"，用户信息泄露几乎是当下电商行业的一大"通病"。跨境电商平台上普遍出现了用户信息采集过度、用户信息安全保护缺失、用户信息被滥用等问题。

1．跨境电商个人信息收集与保护存在的问题

当下网络环境中，用户个人信息泄露成了电商行业的"顽疾"，消费者个人信息几乎处

在"裸奔"状态。中国跨境电商平台普遍存在对用户信息采集过度、利用过度等问题。

由于利益的驱动,以虚拟网络为载体的电子商务中的商业个人数据正逐渐演变成商家疯狂追逐的核心竞争力,商业个人数据信息的收集、整理、贩卖已经逐渐形成一个链条。特别是随着电子商务中跨境交易的日益活跃,跨境网络隐私权将是重要商业化规则。如何协调统一跨境交易中各国和地区的数据传输规则和标准,实现跨境电子交易中商业个人数据的有效保护已经引起研究者和相关机构的广泛关注。

例如,跨境电商平台几乎都要求消费者充分授权采集信息,强调只要同意了平台提供服务,就要用户提供完整的个人信息。这些要求授权的信息超出了必要的限度,有过度收集个人信息的嫌疑。例如,消费者网购其实往往只需要提供30%的个人信息,但平台要求他们授权100%的个人信息。

这是平台利用格式条款的强势地位,达到形式上合法的行为。电商平台收集了个人信息之后,不排除有泄露的可能。实践中,有些电商平台甚至在合同条款中公然表示,将用户的个人信息用于其关联公司使用。

此外,几乎大部分跨境电商平台都有这样的条款:"本平台尽量保护用户信息安全,但如有其他第三方原因,包括黑客入侵导致泄露则不承担责任。"从法律角度来说,大型网站平台拥有海量的用户数据,这些有科技实力的公司必然要投入更多精力来保障责任,但他们往往通过格式条款,把平台应承担的责任先规避掉。在这些强势条款下,难保消费者信息不被泄露。

根据用户投诉及监测发现,不少大型互联网公司、平台公司存在重大内部管理漏洞,其内部人员故意泄露、贩卖网站用户个人信息资料,侵犯网络交易用户的隐私权。

为了增强消费者参与电子商务的信心,提高电子商务交易的效率,在电子商务领域建立跨境个人数据隐私权保护机制已刻不容缓。

2. 跨境电商商业数据跨境流动的安全问题

个人信息跨境流动存在一系列安全问题,比如公民个人的财产安全,甚至还包括网络安全等。

个人信息在跨境流动过程中,信息泄露带来的影响主要有两类,其中最直接的一类影响是,公民最重要、最敏感的个人信息一旦泄露,会给公民带来个人财产的损失;个人隐私信息的泄露,可能会导致公民的社会声望和地位下降,造成名誉上的损失。另一类影响是,非核心的个人信息,如个人的姓名和地址、电话、网购信息等信息,这类信息带来的损失就是人们经常看到的,一些不法分子利用这些信息进行诈骗。

有了大数据后,收集信息、加工信息变得更容易。比如上网行为记录、购物习惯,可以通过大数据与其他的数据结合分析加工,可能给国家安全、公共利益、公共安全方面带来潜在影响和危险。

在生活中,一些国外的互联网企业、手机设备厂商在中国国内没有服务器,但它收集了很多中国国内用户的个人信息,如用户的账号信息、信用卡信息、设备使用习惯、地理位置等(有些公司直接将这些个人信息传输到境外)。这些个人信息,可能不涉及国家的金融安全、经济安全或国家安全,但如果境外机构没有妥善保管这些信息,因为安全技术漏洞或者管理漏洞导致数据泄露,或把这些信息非法转移,对中国国内用户的个人信息安全也将造成严重影响。

3. 跨境电商商业信息保护的薄弱环节

我国在个人信息保护方面存在两个问题：一是缺少专门的执法部门，二是缺少专门法律。涉及个人信息保护的法律有很多，但是根本性的法律像个人信息保护法还没有出台。我们的法律规定和执行个人信息保护的真正主管部门不是很明确。

个人信息分很多种，如银行账号、密码、安全码、银行存款等，这些属于个人信息中最需要保护的。除此之外，还有个人隐私信息，特别是未成年人的个人信息，这类信息是在所有个人信息中需要保护力度最大的，原则上一般就是本地处理原则。

涉及跨境电商必须提交一些信息时，针对此类敏感个人信息应加强绝对保护、境外保护，尤其注重国家间法律的协调和执法的协调。

数据的跨境流动，立法上的规定操作起来会有难度。在现实空间中，对物品的运输或者人员的流动，比较容易发现问题。基于网络和信息流动本身的特点，数据的流动是在线的、保密的，加上网络的开放性，监管难度比较大。监管难度主要来自技术和成本两个方面。

从国内的个人信息保护来说，难点主要体现在两个方面：一是，行政监管力度不够，近几年个人信息保护领域的行政执法案例不多；二是，在个人信息保护的民事法律方面，最大的困难就在于没有设置举证责任倒置，绝大部分用户很难证明信息是谁泄露的。所以，用户因信息泄露诉至法院的案件很少并且都败诉了，都是基于同样的原因。

可以想象，我国公民个人信息流动到国外，监管非常难；数据若被泄露，取证更难；想消除泄露后的影响，更是难上加难。

如果一个公司的服务器不在中国境内，中国境内也没有实体；或者中国境内有实体，但数据已经转移到境外；或者收集信息是另外一个公司，在这些情况下，取证、维权很难。

就执法而言，某种机构在中国存在经营的实体，可以进行监管、处罚。但是，如果有些机构在中国没有经营实体存在，对其进行管辖、处罚就会非常困难。

就取证而言，个人信息流动到中国境外后，由于服务器不在中国境内，对方是否尽到了安全保障义务、是否遵守中国的法律等问题，都没有办法获取相应的证据。

个人信息跨境保护最主要的难点与中国国内的个人信息保护有所不同。其特殊性在于，信息跨境流动既涉及国家间的关系，还涉及贸易保护问题。

质检总局关于进一步发挥检验检疫职能作用促进跨境电子商务发展的意见

各直属检验检疫局：

为贯彻落实国务院《关于大力发展电子商务 加快培育经济新动力的意见》（国发〔2015〕24号）精神，进一步发挥检验检疫职能作用，促进跨境电子商务健康快速发展，现提出如下意见：

1. 构建符合跨境电子商务发展的检验检疫工作体制机制

电子商务是国民经济和社会信息化的重要组成部分。加快电子商务发展，特别是跨境电子商务发展，对于促进外贸转型升级、提高国际竞争力、催生新兴产业、激发经济发展活力，推动大众创业、万众创新，均具有重要意义。要顺应跨境电子商务健康快速发展的新态势新要求,按照加快发展与完善管理相结合、有效监管与便利进出相结合的原则,改革创新,主动作为,着力解决现行检验检疫监管制度与跨境电子商务发展不适应、不协调问题,加快建立符合跨境电子商务发展要求的检验检疫工作体制机制。要大力支持中国(杭州)跨境电子商务综合实验区发展,对试验区所在地的检验检疫机构进一步下放审批事权和评审权限,鼓励先行先试,加大制度创新、管理创新和服务创新力度,尽快创造可复制可推广经验。

2. 建立跨境电子商务清单管理制度

除以下禁止以跨境电子商务形式入境外,全面支持跨境电子商务发展:

(1)《中华人民共和国进出境动植物检疫法》规定的禁止进境物;

(2) 未获得检验检疫准入的动植物源性食品;

(3) 列入《危险化学品名录》《剧毒化学品目录》《易制毒化学品的分类和品种名录》和《中国严格限制进出口的有毒化学品目录》的;

(4) 除生物制品以外的微生物、人体组织、生物制品、血液及其制品等特殊物品;

(5) 可能危及公共安全的核生化等涉恐及放射性产品;

(6) 废旧物品;

(7) 以国际快递或邮寄方式进境的电商商品,还应符合《中华人民共和国禁止携带、邮寄进境的动植物及其产品名录》的要求;

(8) 法律法规禁止进境的其他产品和国家质检总局公告禁止进境的产品。

3. 构建跨境电子商务风险监控和质量追溯体系

(1) 构建跨境电子商务风险监控体系。加强对跨境电子商务商品的风险评估,制定重点商品和重点项目监管清单,不断建立完善质量风险信息采集机制、风险评估分析机制和风险预警处置机制。特别是涉及人身安全、健康和环保项目,通过现场查验、抽样检测和监督抽查等,加强风险监控和预警。对达不到质量安全要求的,采取风险通报、停止销售、强制召回、退运销毁等措施,保障质量安全。

(2) 构建跨境电子商务质量追溯体系。充分运用信息化手段,建立以组织机构代码和商品条码为基础的电子商务产品质量追溯制度,通过加贴防伪溯源标识、二维码、条形码等手段,实现跨境电子商务商品"源头可溯、去向可查"。加强与质监部门的合作,探索建立"风险监测、网上抽查、源头追溯、属地查处"的质量监测机制,对发生的质量安全事故或投诉,及时组织开展调查,实现质量安全可追溯、责任可追究。

4. 创新跨境电子商务检验检疫监管模式

(1) 对跨境电子商务商品实行全申报管理。收发货人或其代理人通过地方政府建立的跨境电商公共信息平台向检验检疫机构申报商品信息、订单信息、支付信息、物流信息、收发货人信息等,对低风险商品审核放行,高风险商品可逐步采信第三方检测结果合格放行。

(2) 对出境跨境电子商品实行集中申报、集中办理放行手续。不断完善以检疫监管为主,基于风险分析的质量安全监督抽查机制。加大第三方检验鉴定结果采信力度,监督具有资质的第三方检测机构实施检验检测,进行产品质量安全的合格评定。对一般工业制成品,以问题为导向,加强事后监管。

(3) 对入境跨境电子商务商品实行集中申报、核查放行。对通过国际快递或邮寄方式进境、收货人为个人、以自用为目的的,按照快件和邮寄物相关检验检疫监管办法管理。

对整批入境、集中存放、电商经营企业按订单向国内个人消费者销售的，实施以风险分析为基础的质量安全监管，依据相应产品国家标准的安全卫生项目进行监测。

5．实施跨境电子商务备案管理

检验检疫机构对跨境电子商务经营主体及跨境电子商务商品实施备案管理，落实跨境电子商务经营主体商品质量安全责任，推动规范跨境电子商务经营秩序，实现质量安全责任可追溯。跨境电子商务经营主体包括：跨境电子商务经营企业（电商经营企业）、跨境电子商务平台企业（电商平台企业）和跨境电子商务商品物流仓储企业。备案内容包括：企业基本制度和经营商品名称、品牌、HS 编码、规格型号、原产国别、供应商名称等。跨境电子商务经营企业应仔细核对商品信息，确保信息准确、真实。

6．加强跨境电子商务信息化建设

（1）推进跨境电子商务申报"单一窗口"综合服务体系建设。参与地方政府牵头的跨境电子商务平台建设，实现关检"一次申报、一次查验、一次放行"。加强与商务、海关、工商、港务、民航、税务、外汇管理、邮政等部门的协作，实现与跨境电子商务平台、物流企业和相关部门的数据对接和信息共享。

（2）推进跨境电子商务信用体系建设。加强企业信用管理，利用好总局电子商务产品质量信息公共服务平台，发挥好全国电子商务产品质量信息共享联盟作用，建立跨境电子商务企业信用数据库，推进诚信分类管理，促进信用等级互认。将企业信用等级与分类监管相结合，给予诚信企业更多便利措施，提升跨境电子商务商品的通关便利化水平。

各检验检疫机构要主动在地方政府的统一领导下，加强与相关部门的沟通与合作，及时通报检验检疫部门促进跨境电子商务发展的政策措施。要加大宣传力度，引导相关企业规范开展跨境电子商务进出口业务，促进跨境电子商务健康快速发展。

（资料来源：质检总局）

实训 1　跨境贸易进口商品税收计算

实训目的

了解跨境电商税收新政，能够分析新税率对跨境电商进口商品成本的影响。

实训内容与步骤

（1）认真阅读《关于跨境电子商务零售进口税收政策的通知》。

（2）查阅资料，了解一般贸易下商品税率、跨境电商新税率、跨境电商行邮税。

（3）完成以下计算分析。

① 一般贸易模式下，2016 年配方奶粉的关税是 5%，增值税为 17%，如果 CIF 价为 100 元/罐，那么应纳税额为多少？

② 跨境电商（新税率）下，配方奶粉关税为零，增值税为 17%×70%=11.9%，无消费税，如果零售价格为 200 元/罐，那么应纳税额为多少？

③ 以新税率对比之前的跨境电商行邮税，分析对于母婴类商品、化妆品类、奢侈品类整体成本的影响。

实训提示

完成本次实训需要领会跨境电商税收新政对税收的最新调整，了解不同类型贸易形式商品税收的计算方式，以及同一类商品不同价值新旧税率在成本方面的不同。

实训 2　案例分析

据媒体公开发表的《消费者因代购奶粉无中文标签状告跨境电商 法院认定"全球购"属委托关系驳回诉求》一文，消费者状告跨境电商企业销售的代购奶粉没有中文标签说明，违反我国《食品安全法》第六十七条之规定，即预包装食品没有中文标签的不得进口，要求退货赔偿。

法院通过审理认为，跨境电子商务是一种新型的国际贸易方式，其与传统的进出口贸易有重大区别。第一，消费者在订购时应当向跨境电商公司提供完整、准确的个人信息；第二，跨境电商是以消费者本人名义向海关报关、纳税；第三，跨境电商商品通关性质是消费者个人行邮物品，而不是贸易商品。据此，法院认为该案的核心要素是跨境电商企业是以消费者的名义处理事务，即消费者与跨境电商企业之间是委托合同关系，而非买卖合同关系。本案中，消费者作为委托人，跨境电商企业作为受托人，跨境电商企业出售的是服务，而非商品本身，亦不承担《食品安全法》中销售者的法律责任。且该消费者未证明因电商企业的过错造成了自己的损失。故法院判决驳回原告的诉讼请求。

实训目的

通过对实训材料的阅读，能够深入理解跨境电商的不同模式，尤其是跨境代购模式，能够分析委托合同与买卖合同的区别及法律责任的承担。

实训内容与步骤

（1）阅读案例资料。
（2）分析案例中原、被告的纠纷。
（3）查阅资料，了解相关的法理依据。
（4）结合法院判决，分析案例纠纷的解决。

实训提示

案例分析一定要在认真阅读案例资料的基础上提炼案例的关键信息，然后结合法理对案例中的争议进行详细合理的分析。

 思考与练习

在查阅资料的基础上分析回答以下问题:
(1) 进口跨境电商实行新税收政策后行邮税的适用情况。
(2) 国际组织在跨境电商法律协调方面所做的努力,如 APEC 在跨境商业个人隐私权保护方面所做的工作。
(3) 查阅跨境电子商务零售进口商品清单,分析其可能带来的潜在影响。
(4) 比较一般贸易(货物)、行邮模式(个人物品:行李、快件、邮件)、保税模式(个人货物)的税收计算方式。
(5) 登录跨境一步达(http://www.kjeport.com),了解跨境电子商务通关服务。

本章首先简单地介绍了跨境电商的概念,在概念解析的基础上分析了跨境电商的特点和常见模式。在跨境电商的主要法律制度部分,主要分析了跨境电商税收、检验检疫、个人信息和商业数据的保护问题。

跨境电商经过几年的发展,已经渐趋成熟,然而实际中还是存在诸多问题。跨境电商总体上仍处于"试验"阶段,并依赖于国家政策而非法律予以维系。如跨境食品中文标签问题、海外商品质量标准适配问题、跨境税费问题、消费者权益保护问题等,在立法上都是模棱两可,更造成了行政执法和司法裁判的脱节。虽然我国《电子商务法》专设一章节对跨境电商进行了规定,但也仅限于对跨境电商模式的肯定,可操作性仍不强,跨境电商法律亟待完善。

1. 单项选择题
(1) 以下不属于 B2C 跨境电商平台的是( )。
   A. 阿里速卖通
   B. eBay
   C. Wish
   D. 环球资源
(2) 中国跨境电商交易模式中( )占据绝对优势。
   A. 跨境电商 B2C 交易
   B. 跨境电商 B2B 交易
   C. 跨境电商 C2C 交易
   D. 跨境电商 O2O 交易

(3)（　　）一般是指由跨境电子商务企业向国外品牌商采购货品，并将货品储存在"境内关外"的保税区，消费者在电商平台上点击购买后，由保税区直接发货。

　　A．一般进口自营模式

　　B．跨境第三方商家模式

　　C．跨境保税区模式

　　D．亚马逊海外购模式

(4) 跨境电商税收新政也提出了免税限额问题，跨境电商零售进口商品的单次交易限额为（　　）元，全年为2万元。超过部分将按照一般贸易方式全额征税。

　　A．1 000

　　B．2 000

　　C．3 000

　　D．5 000

(5) 在跨境电商通关服务平台上，进境商品通关的最高标准是"三单对比"，三单是指跨境电商公司提供的（　　）、支付企业提供的支付清单，以及物流企业提供的物流运单，三单数据确认无误后即可放行进境。

　　A．订单

　　B．货运单

　　C．报检单

　　D．报关单

2．多项选择题

(1) 跨境电子商务的特点有（　　）。

　　A．全球化

　　B．无边界

　　C．小批量

　　D．难监管

(2) 跨境电子商务包含了较多的要素，主要有（　　）等多个方面。

　　A．交易对象

　　B．交易渠道

　　C．货物流通

　　D．资金转移

(3) 跨境电子商务按交易模式可分为（　　）、（　　）和（　　）。

　　A．企业对企业（B2B）跨境电子商务

　　B．企业对消费者（B2C）跨境电子商务

　　C．消费者之间（C2C）跨境电子商务

　　D．企业对政府（B2G）跨境电子商务

(4) 跨境电子商务按进出境货物流向分为（　　）。

　　A．出口跨境电子商务

　　B．进口跨境电子商务

　　C．跨境保税区模式

　　D．跨境第三方商家模式

（5）跨境电子商务经营主体包括（　　）等不同类型的主体。

　　A．跨境电商平台

　　B．跨境电商的卖家

　　C．跨境电商的买家

　　D．跨境物流服务提供商

3．分析题

（1）简述"海关56号文"及其影响。

（2）了解我国跨境电商综合试验区的建设，分析跨境电商综合试验区建设对我国促进跨境电商发展的积极意义。

第 12 章
电子商务法律责任

本章重点/难点

法律责任的概念、分类、构成、归责、免责；电子商务活动中，各行为主体基于自身利益考量的相当一些商务行为不符合相关法律规范的规定，需要承担相应法律责任；根据其违法行为所违反的法律性质，法律责任分为民事责任、行政责任、刑事责任等；电子商务法律责任的区分和承担。

本章导图

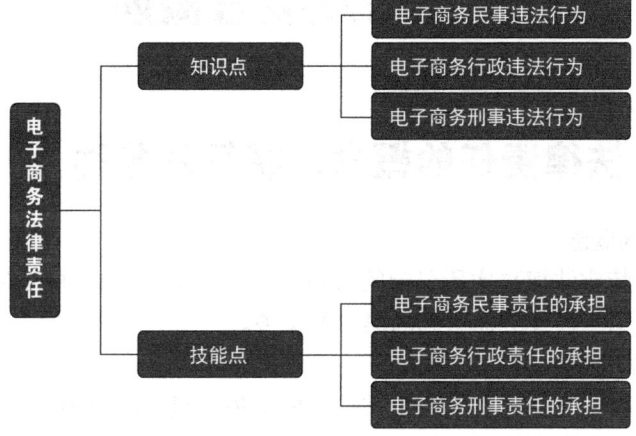

引例

2017年6月20日上午，"组织刷单入刑"第一案在杭州市余杭区人民法院公开宣判。被告人李某某因犯非法经营罪被一审判决有期徒刑5年6个月，连同原判有期徒刑9个月并罚，决定执行有期徒刑5年9个月。

"90后"刷单组织者李某某在2013年2月，通过创建"零距网商联盟"网站和利用YY语音聊天工具建立刷单炒信平台，吸纳淘宝卖家注册账户成为会员，并收取300～500

元不等的会员费和 40 元的平台管理维护费。李某某通过制定刷单炒信规则与流程，组织及协助会员通过平台发布或接受刷单炒信任务，在淘宝网上进行虚假交易并给予虚假好评，进而提升淘宝店铺的销量和信誉，欺骗淘宝买家。截至 2014 年 6 月，李某某非法获利 90 余万元。

李某某在炒信过程中非法获利的途径主要有以下几个方面：一是会员费和培训费，每名会员需交 540 元；二是卖任务点的收入，以每个点 5 元的价格出售获利；三是帮助别人炒信获利；四是销售空包获利，通过代售空包的差价获取利益。

2014 年初，阿里巴巴运用大数据手段发现"零距网商联盟"网站在淘宝网上存在刷单行为。同年 5 月，阿里巴巴向杭州市经侦支队报案，李某某后被传唤到案。2016 年 6 月，李某某被公诉机关以涉嫌非法经营罪起诉至余杭区法院。

引例分析

杭州市余杭区法院一审审理认为，李某某明知是虚假的信息仍通过网络有偿提供发布信息等服务，扰乱市场秩序，且属情节特别严重。法院当庭宣判，李某某因犯非法经营罪判处有期徒刑 5 年 6 个月，并处罚金 90 万元，连同原判有期徒刑 9 个月（在取保候审期间，李某某又在江西犯案，因侵犯公民个人信息，被判有期徒刑 9 个月），并处罚金 2 万元，予以并罚，决定执行有期徒刑 5 年 9 个月，并处罚金 92 万元。

第 1 节　法律责任概述

12.1.1　法律责任的概念、特征及分类

1. 法律责任的概念

法律责任是由特定法律事实所引起的对损害予以补偿、强制履行或接受惩罚的特殊义务，亦即由于违反第一性义务而引起的第二性义务。

2. 法律责任的特征

（1）法律责任首先表示一种因违反法律上的义务（包括违约等）关系而形成的责任关系，它是以法律义务的存在为前提的。

（2）法律责任还表示为一种责任方式，即承担不利后果。

（3）法律责任具有内在逻辑性，即存在前因与后果的逻辑关系。

（4）法律责任的追究是由国家强制力实施或者潜在保证的。

3. 法律责任的分类

根据违法行为所违反的法律性质，一般可以把法律责任分为民事责任、刑事责任、行政责任、违宪责任和国家赔偿责任。

（1）民事责任。民事责任是对民事法律责任的简称，是指民事主体在民事活动中，因实施了民事违法行为，根据民法所承担的对其不利的民事法律后果或者基于法律特别规定

而应承担的民事法律责任。

民事责任属于法律责任的一种,是保障民事权利和民事义务实现的重要措施,是民事主体因违反民事义务所应承担的民事法律后果,它主要是一种民事救济手段,旨在使受害人被侵犯的权益得以恢复。

2017年10月1日起施行的《民法总则》规定:"十八周岁以上、智力正常的自然人为成年人,为完全民事行为能力人,可以独立实施民事法律行为。十六周岁以上的未成年人,以自己的劳动收入为主要生活来源的,视为完全民事行为能力人。八周岁以上的未成年人为限制民事行为能力人,实施民事法律行为由其法定代理人代理或者经其法定代理人同意、追认,但是可以独立实施纯获利益的民事法律行为或者与其年龄、智力相适应的民事法律行为。不满八周岁的未成年人为无民事行为能力人,由其法定代理人代理实施民事法律行为。"

《民法总则》规定的承担民事责任的方式主要有以下几种:停止侵害,排除妨碍,消除危险,返还财产,恢复原状,修理、重做、更换,继续履行,赔偿损失,支付违约金,消除影响、恢复名誉,赔礼道歉等。上述承担民事责任的方式,可以单独适用,也可以合并适用。

(2)刑事责任。刑事责任是依据国家刑事法律规定,对犯罪分子依照刑事法律的规定追究的法律责任。我国《刑法》规定,故意犯罪,应当负刑事责任;过失犯罪,法律有规定的才负刑事责任。

刑事责任包括两类问题:一是犯罪,二是刑罚。

关于犯罪,我国《刑法》的规定:"一切危害国家主权、领土完整和安全,分裂国家、颠覆人民民主专政的政权和推翻社会主义制度,破坏社会秩序和经济秩序,侵犯国有财产或者劳动群众集体所有的财产,侵犯公民私人所有的财产,侵犯公民的人身权利、民主权利和其他权利,以及其他危害社会的行为,依照法律应当受刑罚处罚的,都是犯罪;但是情节显著轻微危害不大的,不认为是犯罪。"

犯罪有四个构成要件,即犯罪的客体、犯罪的客观方面、犯罪的主体、犯罪的主观方面。

犯罪的客体是指中国刑事法律所保护而为犯罪行为所侵犯的社会关系。任何犯罪都必然要侵犯某一客体,不侵犯客体的犯罪是不存在的。

犯罪的客观方面是指《刑法》所规定的犯罪活动的客观事实特征,包括危害社会的行为、危害后果及其因果关系等。危害社会的行为包括作为和不作为。作为是指不当为而为的积极行为,即实施法律所禁止的行为,如杀人。不作为是指当为而不为的消极行为,是指行为人有条件、有义务实施某些行为而不实施,以至于使《刑法》所保护的客体受到严重危害的行为,如玩忽职守。

犯罪的主体是指实施犯罪行为依法应当承担刑事责任的自然人或者单位。第一,关于自然人,《刑法》规定只有达到一定年龄并且精神正常的人,才能成为犯罪的主体。第二,关于单位犯罪主体,是指为牟取单位的非法利益,由单位负责人或者经单位集体讨论决定,实施了《刑法》明文规定的单位犯罪的公司、企业、事业单位、机关团体,其中包括法人单位和非法人单位。《刑法》对单位犯罪基本上实行两罚制,既处罚单位,比如判处罚金,又处罚直接负责的主管人员和其他直接责任人员。只有法律有明文规定的,才实行单罚制。

犯罪的主观方面是指《刑法》规定的成立犯罪必须具备的犯罪主体对其实施的危害行

为及其危害后果所持的心理态度，包括犯罪的故意、犯罪的过失、犯罪的目的和动机。犯罪的故意是指明知自己的行为会发生危害社会的结果，并且希望或者放任这种结果发生的心理态度，分为直接故意和间接故意。犯罪的过失是指应当预见自己的行为可能发生危害社会的结果，因为疏忽大意而没有预见，或者已经预见而轻信能够避免，以致发生这种结果的心理态度，分为疏忽大意的过失和过于自信的过失。

刑罚是由国家最高立法机关在《刑法》中确定的，由人民法院对犯罪分子适用并由专门机构执行的最为严厉的国家强制措施。根据《刑法》的规定，刑罚分为主刑和附加刑。

其中，主刑包括管制、拘役、有期徒刑、无期徒刑、死刑。主刑是对犯罪分子适用的主要刑罚方法，只能独立适用，不能附加适用，对犯罪分子只能判一种主刑。附加刑包括罚金、剥夺政治权利、没收财产、驱逐出境等。附加刑是既可以独立适用又可以附加适用的刑罚方法。也就是说，对同一犯罪行为既可以在主刑之后判处一个或两个以上的附加刑，也可以独立判处一个或两个以上的附加刑。对犯罪的外国人，也可以独立或者附加适用驱除出境。

《刑法》规定的行为人对自己实施的犯罪行为负刑事责任的年龄，称为刑事责任年龄。《刑法》规定："已满十六周岁的人犯罪，应当负刑事责任，称完全刑事责任年龄；已满十四周岁不满十六周岁的人，只有在犯故意杀人、故意伤害致人重伤或者死亡、强奸、抢劫、贩卖毒品、放火、爆炸、投放危险物质罪的，才应当负刑事责任，称不完全刑事责任年龄；不满十四周岁的人实施任何危害社会的行为，都不负刑事责任；已满十四周岁不满十八周岁的人犯罪，应当从轻或者减轻处罚。审判的时候已满七十五周岁的人故意犯罪，可以从轻或者减轻处罚；过失犯罪的，应当从轻或者减轻处罚。犯罪的时候不满十八周岁的人和审判的时候怀孕的妇女，不适用死刑。"

（3）行政责任。行政责任是指因违反行政法规定或因行政法规定而应承担的法律责任。行政责任分为行政处分（内部制裁措施）和行政处罚两种。行政处分包括警告、记过、记大过、降级、撤职、开除。行政处罚包括警告、罚款、没收违法所得、没收非法财物、责令停产停业、暂扣或吊销许可证、暂扣或者吊销执照、行政拘留；法律、行政法规规定的其他行政处罚。

行政责任与刑事责任的不同之处：一是追究的违法行为不同，追究刑事责任的是犯罪行为，追究行政责任的是一般违法行为；二是追究责任的机关不同，追究刑事责任只能由司法机关依照《刑法》的规定决定，追究行政责任由国家特定的行政机关依照有关法律的规定决定；三是承担法律责任的后果不同，追究刑事责任是最严厉的制裁，可以判处死刑，比追究行政责任严厉得多。

（4）违宪责任。违宪责任是一种特殊的法律责任，它是指国家机关及其工作人员、各政党、社会团体、企事业单位和公民的言论或行为违背宪法的原则、精神和具体内容因而必须承担相应的法律责任。违宪通常是指有关国家机关制定的某种法律、法规和规章，以及国家机关、社会组织或公民的某种行为与宪法的规定相抵触。违宪责任的特殊性主要表现在它是一种政治上的、领导上的责任。在我国，全国人民代表大会常务委员会负责监督宪法实施，认定违宪责任。

（5）国家赔偿责任。国家赔偿责任是指在国家机关行使公共权力时由于国家机关及其工作人员违法行使职权所引起的由国家作为承担主体的赔偿责任。

首先，产生国家赔偿责任的原因是国家机关及其工作人员在执行职务过程中的不法侵害行为；其次，国家赔偿责任的主体是国家；最后，国家赔偿责任的范围包括行政赔偿与刑事赔偿两部分。

人民法院在民事、行政诉讼过程中，违法采取对妨害诉讼的强制措施、保全措施或者对判决、裁定及其他生效法律文书执行错误，侵犯公民、法人和其他组织合法权益造成损害的，依法应由国家承担赔偿责任。

12.1.2 法律责任构成及归责免责

1．法律责任的构成

法律责任的构成要件是指构成法律责任必须具备的各种条件或必须符合的标准，它是国家机关要求行为人承担法律责任时进行分析、判断的标准。根据违法行为的一般特点，可把法律责任的构成要件概括为主体、主观过错、违法行为或违约行为、损害事实和因果关系5个方面。

（1）主体。法律责任主体是指违法主体或者承担法律责任的主体。责任主体不完全等同于违法主体。

（2）主观过错。主观过错即承担法律责任的主观故意或者过失。

（3）违法行为或违约行为。违法行为是指违反法律所规定的义务、超越权利的界限行使权利及侵权行为的总称，通常认为违法行为包括犯罪行为和一般违法行为。

（4）损害事实。损害事实即受到的损失和伤害的事实，包括对人身、对财产、对精神（或者三方面兼有）的损失和伤害。

（5）因果关系。因果关系即行为与损害之间的因果关系，它是存在于自然界和人类社会中的各种因果关系的特殊形式。

2．法律责任的归责

法律责任的认定和归结简称"归责"，法律责任的归责是指对违法行为所引起的法律责任进行判断、确认、归结、缓减及免除的活动。

法律责任的归责一般必须遵循四个法律原则。归责原则体现了立法者的价值取向，是责任立法的指导方针，也是指导法律适用的基本准则。

（1）责任法定原则。首先，违法行为发生后应当按照法律事先规定的性质、范围、程度、期限、方式追究违法者的责任；其次，作为一种否定性法律后果，它应当由法律规范预先规定；最后，排除无法律依据的责任，即责任擅断和"非法责罚"。在一般情况下要排除对行为人有害的既往追溯。

（2）因果联系原则。在认定行为人违法责任之前，一要确认行为与危害或损害结果之间的因果联系，这是认定法律责任的重要事实依据。二要确认意志、思想等主观方面因素与外部行为之间的因果联系，有时这也是区分有责任与无责任的重要因素。二要区分这种因果联系是必然的还是偶然的，是直接的还是间接的。

（3）责任相称原则。一方面，法律责任的性质与违法行为性质相适应；另一方面，法律责任的轻重和种类应当与违法行为的危害或者损害相适应，还应当与行为人主观恶性程度相适应。

（4）责任自负原则。责任自负的含义是违法行为人应当对自己的违法行为负责；不能让没有违法行为的人承担法律责任，即反对株连或变相株连；要保证责任人受到法律追究，也要保证无责任者不受法律追究，做到不枉不纵。

3. 法律责任的免责

法律责任的免责是指行为人实施了违法行为，应当承担法律责任，但由于法律的特别规定，可以部分或全部免除其法律责任，即不实际承担法律责任。

从我国的法律规定和法律实践来看，主要存在以下几种免责形式。

（1）时效免责。法律责任经过一定的期限后而免除。

（2）不诉及协议免责。它是指如果受害人或有关当事人不向法院起诉要求追究行为人的法律责任，行为人的法律责任就在实际上被免除，或者受害人与加害人在法律允许的范围内协商同意的免责。

（3）自首、立功免责。它是指对那些违法之后有立功表现的人，免除其部分和全部的法律责任。

（4）有效补救免责。对于那些实施违法行为，造成一定损害，但在国家机关归责之前采取及时补救措施的人，免除其部分或全部责任。

（5）协议免责或意定免责。它是指双方当事人在法律允许的范围内通过协商所达成的免责，即所谓"私了"。

（6）自助免责。自助免责是对自助行为所引起的法律责任的减轻或免除。所谓自助行为，是指权利人为保护自己的权利，在情势紧迫而又不能及时请求国家机关予以救助的情况下，对他人的财产或自由施加扣押、拘束或其他相应措施，而为法律或公共道德所认可的行为。

（7）人道主义免责。在权利相对人没有能力履行责任或全部责任的情况下，有关的国家机关或权利主体可以出于人道主义考虑，免除或部分免除有责主体的法律责任。

想一想

行政法律责任和刑事法律责任都有哪些区别？

第 2 节 电子商务民事责任概述

12.2.1 电子商务民事违法行为

1. 民事违法行为含义

民事违法行为是指违反民事法律规定，损害他人民事权利的行为。

其构成条件主要有两个：一是侵犯他人受到民事法律保护的权利和利益；二是行为具有违法性，即违反民事法律的规定。

民事违法行为分为违反合同行为和侵权行为两大类，违反合同行为是指合同当事人没有合法事由不履行或不完全履行合同义务的行为,侵权行为是指合同以外的,非法侵犯他人民事权利的行为。

2. 电子商务民事违法行为和民事侵权行为

(1) 电子商务活动中违反合同的民事违法行为。在电子商务活动中,合同依法成立后,双方必须正确、全面地履行合同规定的义务。

在电子商务活动中买卖的标的主要有三个:一是商品交易,二是知识产权交易,三是提供约定的服务,而其中最常见、最主要的是商品交易。支付价款和交付货物是各自的主要责任,是合同履行的核心,任何一方不履行合同义务或者履行合同义务不符合约定的,均构成违约,应按照《合同法》的规定承担继续履行、采取补救措施、赔偿损失等违约责任,在这一点上电子商务合同与普通合同区别不大。

电子商务合同违约责任的归责原则以严格责任为归责原则。严格责任意味着只要有违约行为发生就得承担违约责任,而不以违约人是否存在过错,守约人是否因此受到损害为要件。当然,如果电子商务合同中没有事先约定违约金,当事人如果没有实际损失,违约人也无须承担损失赔偿责任。在严格责任原则下,唯有存在免责事由的情况,违约人才可以免予承担违约责任。

电子商务合同违约的免责事由应包括不可抗力、法律的特殊规定、债权人的过错和约定的免责条款。所谓不可抗力,是指不能预见、不能避免并不能克服的客观情况。因不可抗力不能履行合同或造成他人损害的,不承担民事责任。针对电子商务合同的特性,在电子商务合同履行过程中,下述情况应视为不可抗力。

① 文件感染病毒。文件染毒的原因可能是遭到恶意攻击也可能是被意外感染。但不论是何种原因,如果许可方采取了合理与必要的措施防止文件遭受攻击,如给自己的网站安装了符合标准或业界认可的保护设备,有专人定期检查防火墙等安全设备,但是仍然不能避免被攻击,由此导致该文件不能使用或无法下载的违约行为,许可方不承担违约责任。换言之,许可方尽到了合理注意的义务后,不承担责任。但这并不排除许可方返还对方价款的义务。

② 非因自己原因的网络中断。网络传输中断,则无法访问或下载许可方的信息。网络传输中断可因传输线路的物理损害引起,也可由病毒或攻击造成。如果当事人对此无法预见和控制,则应属于不可抗力。

③ 非因自己原因引起的电子错误。例如,消费者购物通过支付网关付款,由于支付网关的错误未能将价款打到商家的账户上,虽然消费者对此毫不知情,但商家由于未能收到价款而不履行,不应承担违约责任。

④ 因遭受攻击而不能履行合同的,也应免责。

因不可抗力不能履行电子商务合同或者造成他人损害的,不承担民事责任。

(2) 电子商务活动中的民事侵权行为。电子商务带给人们便利的同时,电子商务活动中的侵权行为也随之而来。电子商务活动中的侵权行为,顾名思义,是指在电子商务活动过程中发生的侵权行为。该种侵权行为与传统侵权行为在本质上是相同的,即行为人由于过错侵害他人的财产和人身权利,依法应当承担民事责任的行为,以及依法律特别规定应当承担民事责任的其他致人损害行为。

例如,电子商务活动网页链接中的商标侵权和搜索引擎中的商标侵权。在因特网上,处于不同服务器上的文件可以通过超文本标记语言链接起来。只要上网浏览者在网页上点击超链接部分（又称"锚"），另一个网页或者网页的另一部分内容就呈现在用户的计算机屏幕上。合理设置的链接，在网络上都是允许的，因为链接技术是互联网存在的基础。但是，如果在自己网页上将他人注册商标或驰名商标设为链接，采用深度链接或加框链接技术，绕开被链接网站的主页，这种行为属于网页链接中的商标侵权行为。

12.2.2 电子商务民事责任

电子商务民事责任是电子商务活动中，保障电子商务活动主体民事权利和民事义务实现的重要措施，是电子商务活动中违反民事义务一方应承担的民事法律后果。它主要是一种民事救济手段，旨在使受害人，被侵犯的权益得以恢复。如上网页链接中的商标侵权和搜索引擎中的商标侵权的民事法律责任，参照《民法总则》《民法通则》应包括：停止侵害行为；赔礼道歉、消除影响和赔偿损失。

1. 电子商务主体违反民事义务需要承担相应的民事法律责任

（1）电子商务主体违反电子商务合同约定的义务时，对守约方的违约救济措施主要有实际履行、停止使用、中止访问和损害赔偿等措施。

① 实际履行。实际履行可以让许可方继续得到所需要的信息。有利于减少当事人尤其是接受方的利益损失。这种方式给守约方的选择空间较大。在守约方没有明确反对的前提下，法院和仲裁机构判定违约方实际履行，有其现实和积极的意义。

② 停止使用。停止使用是指因被许可方的违约行为，许可方在撤销许可或解除合同时，请求对方停止使用并交回有关信息。停止使用对电子信息产品而言有着特殊的意义，因为电子商务合同终止后，交回的如果只是信息产品的载体，则没有实际意义，只有停止使用才能保护许可方的利益。但如果被许可的信息在许可过程中已发生改变或与其他信息混合，使之无法分离，则无须也无法交回。

③ 中止访问。中止访问是对信息许可访问合同的救济，当被许可方有严重违约行为时，许可方可以中止其获取信息。中止访问是对电子信息产品许可访问合同的救济，当被许可方有严重违约行为时，许可方可以中止其获取信息。中止访问是许可方对被许可方的一种抗辩行为，是履行中的抗辩。传统的实际履行或者继续履行是法的强制，属于责任的范畴，不具有抗辩的性质。

④ 损害赔偿。损害赔偿是最基本和最重要的违约救济方式，一般指违约方以支付金钱的方式弥补受害方因违约行为所减少的财产或者所丧失的利益。这种基本方式与上述 3 种违约救济方式互补，一方违约后，除了要求其采取特定补救方式外，对于已造成的损害还应予以赔偿。根据我国法律规定，损害赔偿不得与违约金并用。

（2）根据《电子商务法》和《消费者权益保护法》的相关规定，相关电子商务主体违反相应民事义务需要承担的民事法律责任。

① 商品生产者、销售者（电子商务平台经营者和平台内经营者）应当对其提供的商品质量负责，服务提供者应当对其提供的服务质量负责。消费者通过电子商务第三方平台购买商品或者接受服务，其合法权益受到损害的，可以向商品生产者、销售者或者服务提供者要求赔偿。《电子商务法》第三十七条第二款规定："电子商务平台经营者对其标记为自营的业务依法承担商品销售者或者服务提供者的民事责任。"

《电子商务法》第三十八条规定:"电子商务平台经营者知道或者应当知道平台内经营者销售的商品或者提供的服务不符合保障人身、财产安全的要求,或者有其他侵害消费者合法权益行为,未采取必要措施的,依法与该平台内经营者承担连带责任。对关系消费者生命健康的商品或者服务,电子商务平台经营者对平台内经营者的资质资格未尽到审核义务,或者对消费者未尽到安全保障义务,造成消费者损害的,依法承担相应的责任。"

另外,《消费者权益保护法》第四十四条规定:"消费者通过网络交易平台购买商品或者接受服务,其合法权益受到损害的,可以向销售者或者服务者要求赔偿。网络交易平台提供者不能提供销售者或者服务者的真实名称、地址和有效联系方式的,消费者也可以向网络交易平台提供者要求赔偿;网络交易平台提供者做出更有利于消费者的承诺的,应当履行承诺。网络交易平台提供者赔偿后,有权向销售者或者服务者追偿。网络交易平台提供者明知或者应知销售者或者服务者利用其平台侵害消费者合法权益,未采取必要措施的,依法与该销售者或者服务者承担连带责任。"

《电子商务法》第七十四条规定:"电子商务经营者销售商品或者提供服务,不履行合同义务或者履行合同义务不符合约定,或者造成他人损害的,依法承担民事责任。"

② 《电子商务法》第八十七条规定:"依法负有电子商务监督管理职责的部门的工作人员,玩忽职守、滥用职权、徇私舞弊,或者泄露、出售或者非法向他人提供在履行职责中所知悉的个人信息、隐私和商业秘密的,依法追究法律责任。亦即上述人员给电子商务经营主体和消费者造成财产损害的,须承担相应民事赔偿责任。"

③ 《电子商务法》加大了电子商务平台经营者的知识产权保护责任。

第四十一条规定:"电子商务平台经营者应当建立知识产权保护规则,与知识产权权利人加强合作,依法保护知识产权。"

第四十二条规定:"知识产权权利人认为其知识产权受到侵害的,有权通知电子商务平台经营者采取删除、屏蔽、断开链接、终止交易和服务等必要措施。通知应当包括构成侵权的初步证据。"

电子商务平台经营者接到通知后,应当及时采取必要措施,并将该通知转送平台内经营者;未及时采取必要措施的,对损害的扩大部分与平台内经营者承担连带责任。

因通知错误造成平台内经营者损害的,依法承担民事责任。恶意发出错误通知,造成平台内经营者损失的,加倍承担赔偿责任。

第四十五条规定:"电子商务平台经营者知道或者应当知道平台内经营者侵犯知识产权的,应当采取删除、屏蔽、断开链接、终止交易和服务等必要措施;未采取必要措施的,与侵权人承担连带责任。"

④ 电子支付服务提供者应承担的民事责任。

《电子商务法》第五十七条规定:"用户应当妥善保管交易密码、电子签名数据等安全工具。用户发现安全工具遗失、被盗用或者未经授权的支付的,应当及时通知电子支付服务提供者。未经授权的支付造成的损失,由电子支付服务提供者承担;电子支付服务提供者能够证明未经授权的支付是因用户的过错造成的,不承担责任。电子支付服务提供者发现支付指令未经授权,或者收到用户支付指令未经授权的通知时,应当立即采取措施防止损失扩大。电子支付服务提供者未及时采取措施导致损失扩大的,对损失扩大部分承担责任。"

(3)《电子签名法》中有关电子商务主体违反民事义务需要承担民事法律责任。《电子签名法》第三十二条规定："伪造、冒用、盗用他人的电子签名，给他人造成损失的，依法承担民事责任。"

① 电子签名人的赔偿责任。电子签名人知悉电子签名制作数据已经失密或者可能已经失密未及时告知有关各方并终止使用电子签名制作数据，未向电子认证服务提供者提供真实、完整和准确的信息，或者有其他过错，给电子签名依赖方、电子认证服务提供者造成损失的，承担赔偿责任。电子签名依赖方，是指基于对电子签名认证证书或者电子签名的信赖从事有关活动的人。

② 电子认证服务机构的赔偿责任。电子签名人或者电子签名依赖方因依据电子认证服务提供者提供的电子签名认证服务从事民事活动遭受损失，电子认证服务提供者不能证明自己无过错的，承担赔偿责任。我国法律对电子认证服务机构的法律责任实行的是过错推定原则。

③ 伪造、冒用、盗用他人电子签名的民事法律责任。伪造、冒用、盗用他人的电子签名，给他人造成损失的，依法承担民事责任。

2. 违反《中华人民共和国网络安全法》等相关电子商务安全法的民事责任

电子商务法各类主体违反电子商务交易安全相关法律规范需要承担相应民事责任。《维护互联网安全的决定》第六条第二款规定："利用互联网侵犯他人合法权益，构成民事侵权的，依法承担民事责任。"《计算机信息系统安全保护条例》第二十五条规定："任何组织或者个人违反本条例的规定，给国家、集体或者他人财产造成损失的，应当依法承担民事责任。"

违反电子商务安全法民事责任的责任承担方式如下：

（1）违反电子商务安全法的违约责任承担方式主要有继续履行，采取补救措施，损害赔偿，支付违约金，定金责任等。

（2）违反电子商务安全法的侵权责任承担方式主要有停止侵害、排除妨碍和消除危险，返还财产和恢复原状，赔偿损失，消除影响、恢复名誉和赔礼道歉等。

想一想

电子商务活动中违反合同的民事违法行为与民事侵权行为有哪些区别？

第 3 节　电子商务行政责任概述

12.3.1　电子商务行政违法行为

行政违法有狭义与广义之分，狭义的行政违法仅指行政主体的违法，广义的行政违法还包括行政相对人的违法。行政违法行为是指行政主体和行政相对人违反行政法律规范但尚未构成犯罪的行为。

各级人民政府有关部门及其工作人员、电子商务第三方平台、电子支付服务提供者、快递物流服务提供者等各类电子商务经营主体在电子商务活动中违反行政法律规范但尚未构成犯罪的各种行政违法行为都必须依法承担行政责任。

12.3.2 电子商务行政责任

电子商务行政责任是指电子商务各类主体因违反《电子商务法》以及行政法律规范应承担的法律责任。

1. 依法负有电子商务监督管理职责的部门的工作人员在电子商务数据信息保护中的行政责任

《电子商务法》第八十七条规定："依法负有电子商务监督管理职责的部门的工作人员，玩忽职守、滥用职权、徇私舞弊，或者泄露、出售或者非法向他人提供在履行职责中所知悉的个人信息、隐私和商业秘密的，依法追究法律责任。"即对于上述人员的上述行为尚不构成犯罪的依法承担相应行政责任。

2. 电子商务经营主体在电子商务活动中的行政责任

根据《电子商务法》第十二条、十三条、二十五条、四十六条、七十五条、八十三条、八十五条的相关规定，电子商务经营主体违反以下事项的，应依照有关法律、行政法规的规定处罚。

（1）电子商务经营主体从事经营活动应当取得相关行政许可；

（2）电子商务经营主体不得销售或者提供法律、行政法规禁止交易的商品或者服务；

（3）电子商务平台经营者为经营者之间的电子商务活动提供服务须遵守法律、行政法规和国家有关规定，不得采取集中竞价等集中交易方式进行交易；

（4）电子商务平台经营者对平台内经营者侵害消费者合法权益行为须采取必要措施，或者对平台内经营者须尽到资质资格审核义务，或者对消费者尽到安全保障义务；

（5）对平台内经营者在平台内的交易、交易价格或者与其他经营者的交易不应进行不合理限制或者附加不合理条件，不应向平台内经营者收取不合理费用；

（6）电子商务经营者销售的商品或者提供的服务必须符合保障人身、财产安全的要求，不得实施虚假或者引人误解的商业宣传等不正当竞争行为，不得滥用市场支配地位，不得实施侵犯知识产权、侵害消费者权益等行为；

（7）根据《电子商务法》第七十六条的规定，电子商务经营者有下列行为之一的，由市场监督管理部门责令限期改正，可以处一万元以下的罚款。

① 未在首页显著位置公示营业执照信息、行政许可信息、属于不需要办理市场主体登记情形等信息，或者上述信息的链接标识的；

② 未在首页显著位置持续公示终止电子商务的有关信息的；

③ 未明示用户信息查询、更正、删除以及用户注销的方式、程序，或者对用户信息查询、更正、删除以及用户注销设置不合理条件的。

④ 电子商务平台经营者对违反前款规定的平台内经营者未采取必要措施的，由市场监督管理部门责令限期改正，可以处二万元以上十万元以下的罚款。

（8）据《电子商务法》第八十一条之规定，电子商务平台经营者有下列行为之一的，由市场监督管理部门责令限期改正，可以处二万元以上十万元以下的罚款；情节严重的，处十万元以上五十万元以下的罚款：

① 未在首页显著位置持续公示平台服务协议、交易规则信息或者上述信息的链接标识的；

② 修改交易规则未在首页显著位置公开征求意见，未按照规定的时间提前公示修改内容，或者阻止平台内经营者退出的；

③ 未以显著方式区分标记自营业务和平台内经营者开展的业务的；

④ 未为消费者提供对平台内销售的商品或者提供的服务进行评价的途径，或者擅自删除消费者的评价的。

（9）根据《电子商务法》第四十二条、四十五条、八十四条之规定，电子商务平台经营者应对平台内经营者实施侵犯知识产权行为依法采取必要措施，例如采取删除、屏蔽、断开链接、终止交易和服务等。其对平台内经营者实施侵犯知识产权行为未依法采取必要措施的，由有关知识产权行政部门责令限期改正，逾期不改正的，处五万元以上五十万元以下的罚款；情节严重的，处五十万元以上二百万元以下的罚款。

3. 电子商务经营主体在电子商务网络安全中的行政责任

依据《电子商务法》第七十九条之规定，电子商务经营者违反法律、行政法规有关个人信息保护的规定依照《中华人民共和国网络安全法》等法律、行政法规的规定处罚。不履行以下网络安全保障义务的，依照《中华人民共和国网络安全法》等法律、行政法规的规定处罚。

（1）电子商务平台经营者应当采取技术措施和其他必要措施保证其网络安全、稳定运行，防范网络违法犯罪活动，有效应对网络安全事件，保障电子商务交易安全。

（2）电子商务平台经营者应当制定网络安全事件应急预案，发生网络安全事件时，应当立即启动应急预案，采取相应的补救措施，并向有关主管部门报告。

想一想

哪些主体有可能需要承担电子商务行政责任？

第4节 电子商务刑事责任概述

12.4.1 电子商务刑事违法行为

电子商务领域聚集了巨额社会财富，对社会生活的影响越来越大，而电子商务系统正处于规范化形成中，缺乏完备的技术、管理支持和健全的法律保护，垂涎电子商务领域的各种违法犯罪行为不断产生。

电子商务刑事违法行为主要有危害电子商务信息系统安全的违法行为和以电子商务运

行模式为作案工具的违法行为。

1．涉及电子商务安全的刑事违法行为

（1）侵入国家事务、国防建设、尖端科学技术领域的计算机信息系统；

（2）故意制作、传播计算机病毒等破坏性程序，攻击计算机系统及通信网络，致使计算机系统及通信网络遭受损害；

（3）违反国家规定，擅自中断计算机网络或者通信服务，造成计算机网络或者通信系统不能正常运行。

2．涉及国家安全和社会稳定的刑事违法行为

（1）利用互联网造谣、诽谤或者发表、传播其他有害信息，煽动颠覆国家政权、推翻社会主义制度，或者煽动分裂国家、破坏国家统一；

（2）通过互联网窃取、泄露国家秘密、情报或者军事秘密；

（3）利用互联网煽动民族仇恨、民族歧视，破坏民族团结；

（4）利用互联网组织邪教组织、联络邪教组织成员，破坏国家法律、行政法规实施。

3．涉及市场经济秩序和社会管理秩序的刑事违法行为

（1）利用互联网销售伪劣产品或者对商品、服务做虚假宣传；

（2）利用互联网损坏他人商业信誉和商品声誉；

（3）利用互联网侵犯他人知识产权；

（4）利用互联网编造并传播影响证券、期货交易或者其他扰乱金融秩序的虚假信息；

（5）在互联网上建立淫秽网站、网页，提供淫秽站点链接服务，或者传播淫秽书刊、影片、音像、图片。

4．涉及人身和财产等合法权利的刑事违法行为

（1）利用互联网侮辱他人或者捏造事实诽谤他人；

（2）非法截获、篡改、删除他人电子邮件或者其他数据资料，侵犯公民通信自由和通信秘密；

（3）利用互联网进行盗窃、诈骗、敲诈勒索。

✓ 12.4.2 电子商务刑事责任

电子商务活动中，相应主体的上述刑事违法行为，构成犯罪的，依照《刑法》有关规定追究刑事责任。涉及的相应罪名为非法侵入计算机信息系统罪，破坏计算机信息系统罪，制作、传播计算机病毒等破坏性计算机程序罪，生产、销售伪劣商品罪，破坏金融管理秩序罪，扰乱市场秩序罪等。

1．侵犯公民个人信息罪需要承担的刑事责任（《刑法修正案九》）

《刑法》第二百五十三条之一规定，违反国家有关规定，向他人出售或者提供公民个人信息，情节严重的，处 3 年以下有期徒刑或者拘役，并处或者单处罚金；情节特别严重的，处 3 年以上 7 年以下有期徒刑，并处罚金。

违反国家有关规定，将在履行职责或者提供服务过程中获得的公民个人信息，出售或者提供给他人的，依照前款的规定从重处罚。

窃取或者以其他方法非法获取公民个人信息的，依照第一款的规定处罚。

单位犯前三款罪的，对单位判处罚金，并对其直接负责的主管人员和其他直接责任人员，依照各该款的规定处罚。

2. 拒不履行信息网络安全管理义务罪需要承担的刑事责任（《刑法修正案九》）

《刑法》第二百八十六条之一规定，网络服务提供者不履行法律、行政法规规定的信息网络安全管理义务，经监管部门责令采取改正措施而拒不改正，有下列情形之一的，处3年以下有期徒刑、拘役或者管制，并处或者单处罚金：

（1）致使违法信息大量传播的；

（2）致使用户信息泄露，造成严重后果的；

（3）致使刑事案件证据灭失，情节严重的；

（4）有其他严重情节的。

单位犯前款罪的，对单位判处罚金，并对其直接负责的主管人员和其他直接责任人员，依照前款的规定处罚。

有前两款行为，同时构成其他犯罪的，依照处罚较重的规定定罪处罚。

3. 非法利用信息网络罪、帮助信息网络犯罪活动罪需要承担的刑事责任（《刑法修正案九》）

非法利用信息网络罪。根据《刑法》第二百八十七条之一的规定，利用信息网络实施下列行为之一，情节严重的，处3年以下有期徒刑或者拘役，并处或者单处罚金：

（1）设立用于实施诈骗、传授犯罪方法、制作或者销售违禁物品、管制物品等违法犯罪活动的网站、通信群组的；

（2）发布有关制作或者销售毒品、枪支、淫秽物品等违禁物品、管制物品或者其他违法犯罪信息的；

（3）为实施诈骗等违法犯罪活动发布信息的。

单位犯前款罪的，对单位判处罚金，并对其直接负责的主管人员和其他直接责任人员，依照第1款的规定处罚。

有前两款行为，同时构成其他犯罪的，依照处罚较重的规定定罪处罚。

帮助信息网络犯罪活动罪。根据《刑法》第二百八十七条之二的规定，明知他人利用信息网络实施犯罪，为其犯罪提供互联网接入、服务器托管、网络存储、通信传输等技术支持，或者提供广告推广、支付结算等帮助，情节严重的，处3年以下有期徒刑或者拘役，并处或者单处罚金。

单位犯前款罪的，对单位判处罚金，并对其直接负责的主管人员和其他直接责任人员，依照第一款的规定处罚。

有前两款行为，同时构成其他犯罪的，依照处罚较重的规定定罪处罚。

4. 编造、故意传播虚假信息罪需要承担的刑事责任（《刑法修正案九》）

《刑法修正案九》在《刑法》第二百九十一条之一中增加一款作为第二款："编造虚假的险情、疫情、灾情、警情，在信息网络或者其他媒体上传播，或者明知是上述虚假信息，故意在信息网络或者其他媒体上传播，严重扰乱社会秩序的，处3年以下有期徒刑、拘役或者管制；造成严重后果的，处3年以上7年以下有期徒刑。"

5. 伪造公司、企业、事业单位、人民团体印章罪

《电子签名法》第三十二条规定："伪造、冒用、盗用他人的电子签名，构成犯罪的，依法追究刑事责任。"

伪造他人的电子签名是指未经电子签名合法持有人的授权而创制电子签名或者创制一

个认证证书列明但实际并不存在用户的签名等。冒用他人的电子签名是指非电子签名持有人未经电子签名人的授权以电子签名人的名义实施电子签名的行为。盗用他人的电子签名是指秘密窃取并使用他人电子签名的行为。

根据《刑法》第二百八十条的规定,关构成该条的犯罪,必须具备以下条件:一是主观上是故意;二是客观上实施了伪造他人的电子签名的行为。伪造公司、企业、事业单位、人民团体的印章的,处3年以下有期徒刑、拘役、管制或者剥夺政治权利并处罚金。

 想一想

我们是否可以在微信等载体随意转发未经证实的灾情、疫情?

最高人民法院　最高人民检察院
关于办理侵犯公民个人信息刑事案件适用法律若干问题的解释

《最高人民法院、最高人民检察院关于办理侵犯公民个人信息刑事案件适用法律若干问题的解释》已于2017年3月20日由最高人民法院审判委员会第1712次会议、2017年4月26日由最高人民检察院第十二届检察委员会第63次会议通过,现予公布,自2017年6月1日起施行。

最高人民法院　最高人民检察院
2017年5月8日

最高人民法院　最高人民检察院
关于办理侵犯公民个人信息刑事案件适用法律若干问题的解释

为依法惩治侵犯公民个人信息犯罪活动,保护公民个人信息安全和合法权益,根据《中华人民共和国刑法》《中华人民共和国刑事诉讼法》的有关规定,现就办理此类刑事案件适用法律的若干问题解释如下:

第一条　刑法第二百五十三条之一规定的"公民个人信息",是指以电子或者其他方式记录的能够单独或者与其他信息结合识别特定自然人身份或者反映特定自然人活动情况的各种信息,包括姓名、身份证件号码、通信通信联系方式、住址、账号密码、财产状况、行踪轨迹等。

第二条　违反法律、行政法规、部门规章有关公民个人信息保护的规定的,应当认定为刑法第二百五十三条之一规定的"违反国家有关规定"。

第三条　向特定人提供公民个人信息,以及通过信息网络或者其他途径发布公民个人信息的,应当认定为刑法第二百五十三条之一规定的"提供公民个人信息"。

未经被收集者同意,将合法收集的公民个人信息向他人提供的,属于刑法第二百五十三条之一规定的"提供公民个人信息",但是经过处理无法识别特定个人且不能复原的除外。

第四条　违反国家有关规定,通过购买、收受、交换等方式获取公民个人信息,或者在履行职责、提供服务过程中收集公民个人信息的，属于刑法第二百五十三条之一第三款规定的"以其他方法非法获取公民个人信息"。

第五条　非法获取、出售或者提供公民个人信息，具有下列情形之一的，应当认定为刑法第二百五十三条之一规定的"情节严重"：

（一）出售或者提供行踪轨迹信息，被他人用于犯罪的；

（二）知道或者应当知道他人利用公民个人信息实施犯罪，向其出售或者提供的；

（三）非法获取、出售或者提供行踪轨迹信息、通信内容、征信信息、财产信息五十条以上的；

（四）非法获取、出售或者提供住宿信息、通信记录、健康生理信息、交易信息等其他可能影响人身、财产安全的公民个人信息五百条以上的；

（五）非法获取、出售或者提供第三项、第四项规定以外的公民个人信息五千条以上的；

（六）数量未达到第三项至第五项规定标准，但是按相应比例合计达到有关数量标准的；

（七）违法所得五千元以上的；

（八）将在履行职责或者提供服务过程中获得的公民个人信息出售或者提供给他人，数量或者数额达到第三项至第七项规定标准一半以上的；

（九）曾因侵犯公民个人信息受过刑事处罚或者二年内受过行政处罚，又非法获取、出售或者提供公民个人信息的；

（十）其他情节严重的情形。

实施前款规定的行为，具有下列情形之一的，应当认定为刑法第二百五十三条之一第一款规定的"情节特别严重"：

（一）造成被害人死亡、重伤、精神失常或者被绑架等严重后果的；

（二）造成重大经济损失或者恶劣社会影响的；

（三）数量或者数额达到前款第三项至第八项规定标准十倍以上的；

（四）其他情节特别严重的情形。

第六条　为合法经营活动而非法购买、收受本解释第五条第一款第三项、第四项规定以外的公民个人信息，具有下列情形之一的，应当认定为刑法第二百五十三条之一规定的"情节严重"：

（一）利用非法购买、收受的公民个人信息获利五万元以上的；

（二）曾因侵犯公民个人信息受过刑事处罚或者二年内受过行政处罚，又非法购买、收受公民个人信息的；

（三）其他情节严重的情形。

实施前款规定的行为，将购买、收受的公民个人信息非法出售或者提供的，定罪量刑标准适用本解释第五条的规定。

第七条　单位犯刑法第二百五十三条之一规定之罪的，依照本解释规定的相应自然人犯罪的定罪量刑标准，对直接负责的主管人员和其他直接责任人员定罪处罚，并对单位判处罚金。

第八条　设立用于实施非法获取、出售或者提供公民个人信息违法犯罪活动的网站、通信群组，情节严重的，应当依照刑法第二百八十七条之一的规定，以非法利用信息网络

罪定罪处罚;同时构成侵犯公民个人信息罪的,依照侵犯公民个人信息罪定罪处罚。

第九条　网络服务提供者拒不履行法律、行政法规规定的信息网络安全管理义务,经监管部门责令采取改正措施而拒不改正,致使用户的公民个人信息泄露,造成严重后果的,应当依照刑法第二百八十六条之一的规定,以拒不履行信息网络安全管理义务罪定罪处罚。

第十条　实施侵犯公民个人信息犯罪,不属于"情节特别严重",行为人系初犯,全部退赃,并确有悔罪表现的,可以认定为情节轻微,不起诉或者免予刑事处罚;确有必要判处刑罚的,应当从宽处罚。

第十一条　非法获取公民个人信息后又出售或者提供的,公民个人信息的条数不重复计算。

向不同单位或者个人分别出售、提供同一公民个人信息的,公民个人信息的条数累计计算。

对批量公民个人信息的条数,根据查获的数量直接认定,但是有证据证明信息不真实或者重复的除外。

第十二条　对于侵犯公民个人信息犯罪,应当综合考虑犯罪的危害程度、犯罪的违法所得数额以及被告人的前科情况、认罪悔罪态度等,依法判处罚金。罚金数额一般在违法所得的一倍以上五倍以下。

第十三条　本解释自 2017 年 6 月 1 日起施行。

小学二年级的小李同学,在某购物网站以他父亲李某的身份证号码注册了客户信息,并且以货到付款方式订购了一台价值 1 000 元的智能手机。但是当该网站将货物送到李某家中时,曾经学过一些法律知识的李某却以"其子未满 10 周岁,是无民事行为能力人"为由,拒绝接收手机并拒付货款。由此交易双方产生了纠纷。

李某主张,电子商务合同订立在虚拟的世界,但却是在现实社会中得以履行,应该也能够受现行法律的调控。依据我国现行《民法通则》的规定,不满 8 周岁的未成年人无民事行为能力,由其法定代理人代理实施民事活动。其子刚刚上小学二年级,7 周岁,不能独立订立货物买卖合同,所以该智能手机网络购销合同无效;其父母作为其法定代理人有权拒付货款。

对此,网站主张:由于小李同学是使用其父亲李某的身份证号码登录注册客户信息的,从网站所掌握的信息来看,与其达成智能手机网络购销合同的当事人是一个有完全民事行为能力的正常人,而并不是小李同学。由于网站是不可能审查身份证来源的,也就是说网站已经尽到了自己的注意义务。

 实训目的

通过对实训材料的阅读,能够结合所学的法律知识进行分析,以检验对所学知识的理解和掌握。

 电子商务法律法规

 实训内容与步骤

（1）阅读实训背景材料。
（2）查询实训材料涉及的法律知识。
（3）运用相关的法律知识分析解决问题。

 实训提示

对实训的背景材料一定要熟悉，运用的法律知识要准确。

 思考与练习

请在熟悉实训材料的基础上，结合所学的法律知识，回答下列问题：
（1）该智能手机网络购销合同效力如何？
（2）双方的民事权利义务如何界定？

 本章小结

根据电子商务违法行为所违反法律的性质，电子商务法律责任一般分为民事责任、刑事责任、行政责任、违宪责任和国家赔偿责任。

电子商务民事违法行为主要有电子商务活动中违反合同的民事违法行为和电子商务活动中的民事侵权行为两大类。

各级人民政府有关部门及其工作人员、电子商务平台经营者、电子支付服务提供者、快递物流服务提供者等各类电子商务经营主体在电子商务活动中违反行政法律规范但尚未构成犯罪的各种行政违法行为都必须依法承担行政责任。行政责任分为行政处分（内部制裁措施）和行政处罚两种。其中行政处分包括警告、记过、记大过、降级、撤职、开除。行政处罚包括警告、罚款、没收违法所得、没收非法财物、责令停产停业、暂扣或吊销许可证、暂扣或者吊销执照、行政拘留；法律、行政法规规定的其他行政处罚。

电子商务刑事违法行为主要有危害电子商务信息系统安全的违法行为和以电子商务运行模式为作案工具的违法行为。

 同步测试

1．单项选择题

（1）《中华人民共和国网络安全法》于（　　）开始实施。

    A．2014 年 4 月 1 日
    B．2016 年 11 月 7 日
    C．2017 年 6 月 1 日
    D．2015 年 5 月 1 日

(2) 在我国，16 周岁以上不满 18 周岁的自然人，以自己的劳动收入为主要生活来源的，视为（　　）。

　　A．限制行为能力人

　　B．无民事行为能力人

　　C．部分民事行为能力人

　　D．完全民事行为能力人

(3)《中华人民共和国刑法》规定：已满（　　）周岁的人犯罪，应当负刑事责任，称完全刑事责任年龄。

　　A．14

　　B．16

　　C．18

　　D．男性 22、女性 20

(4) 行政违法行为是指（　　）违反行政法律规范但尚未构成犯罪而依法须承担行政责任。

　　A．行政机关

　　B．行政主体

　　C．行政相对人

　　D．行政主体和行政相对人

(5) 以下不属于我国《刑法》规定的主刑的是（　　）。

　　A．管制、拘役

　　B．有期徒刑、无期徒刑

　　C．驱逐出境、没收财产

　　D．死刑

2．多项选择题

(1)《刑法》第二百五十三条之一规定的"公民个人信息"，是指以电子或者其他方式记录的能够单独或者与其他信息结合识别特定自然人身份或者反映特定自然人活动情况的各种信息，包括（　　）。

　　A．姓名

　　B．身份证件号码

　　C．通信通信联系方式或住址

　　D．账号密码或财产状况

　　E．行踪轨迹等

(2) 犯罪的构成要件包括（　　）。

　　A．犯罪的客体

　　B．犯罪的客观方面

　　C．犯罪的主体

　　D．犯罪的主观方面

　　E．犯罪的想法

(3) 电子合同违约的免责事由应包括（　　）。

　　A．不可抗力

B．法律的特殊规定

C．债权人的过错

D．约定的免责条款

E．没装防火墙，网站被恶意攻击

（4）在电子合同履行过程中，下述情况应视为不可抗力（　　）。

A．采取了合理与必要的措施后文件感染病毒

B．非因自己原因的网络中断

C．非因自己原因引起的电子错误

D．因遭受攻击而不能履行合同的

E．没装防火墙，网站被恶意攻击

（5）从2017年10月1日起，以下选项属于限制民事行为能力人的有（　　）

A．9周岁四年级小学生

B．17周岁高二学生

C．10周岁小学五年级学生

D．某男，30岁，患间歇性精神病

E．物理学家霍金

3．分析题

（1）分析我国《刑法》规定的刑事责任年龄和电子商务刑事责任年龄异同。

（2）阅读刘某犯非法获取公民个人信息罪，沈某犯出售、非法提供公民个人信息罪一审刑事判决书一份。分析电子商务活动中如何更好地避免刑事违法行为和刑事责任的产生。

杭州市西湖区人民法院
刑 事 判 决 书

（2015）杭西刑初字第1091号

公诉机关杭州市西湖区人民检察院。

被告人刘某，无业。因本案于2014年11月7日被刑事拘留，同年12月5日被取保候审。

被告人沈某，杭州睿苒电子商务有限公司员工。因本案于2014年11月13日被刑事拘留，同年12月9日被取保候审。

杭州市西湖区人民检察院以"西检公诉刑诉（2015）1040号"起诉书指控被告人刘某犯非法获取公民个人信息罪，被告人沈某犯出售、非法提供公民个人信息罪，于2015年11月26日向本院提起公诉。本院依法适用简易程序，实行独任审判，公开开庭审理了本案。杭州市西湖区人民检察院代理检察员罗曼特，被告人刘某、沈某到庭参加诉讼。现已审理终结。

杭州市西湖区人民检察院指控，2014年9月至11月，被告人沈某利用其此前在淘宝三彩官方旗舰店[由卓尚服饰（杭州）有限公司开设]工作期间掌握的账户信息，登录交易平台软件，非法获取公民个人信息6 000余条，后转手出售给被告人刘某，非法获利人民币9 497元。

2014年9月至11月，被告人刘某通过网络从被告人沈某及其他人处购买公民个人信息共计100 455条。

上述事实，被告人刘某、沈某在开庭审理过程中亦无异议，并有证人乔某的证言，

搜查证、搜查笔录及照片、扣押决定书、扣押清单及照片、调取证据通知书、调取证据清单、离职证明、招商银行卡交易明细、前科劣迹查询记录、户籍证明等书证及电子证据检查笔录、提取电子证据清单及照片、电子证据审查说明及光盘、辨认笔录等证据证实，足以认定。

本院认为，被告人刘某以非法方式获取公民个人信息，被告人沈某违反国家规定，向他人出售、非法提供公民个人信息，情节严重，其行为分别构成非法获取公民个人信息罪和出售、非法提供公民个人信息罪。公诉机关的指控成立。被告人刘某、沈某自愿认罪，且被告人沈某已退回全部违法所得，均酌情从轻处罚。根据二被告人的犯罪情节、悔罪表现，以及没有再犯罪的危险，适用缓刑对其居住的社区没有重大不良影响，故依法对二被告人宣告缓刑。据此，依照《中华人民共和国刑法》第二百五十三条之一第一款、第二款，第七十二条第一款、第三款，第七十三条第二款、第三款，第六十四条，第五十二条，第五十三条和《最高人民法院关于适用财产刑若干问题的规定》第二条第一款之规定，判决如下：

一、被告人刘某犯非法获取公民个人信息罪，判处有期徒刑十个月，缓刑一年，并处罚金人民币一万元（缓刑考验期限，从判决确定之日起计算；罚金限判决生效后十日内缴纳）。

二、被告人沈某犯出售、非法提供公民个人信息罪，判处有期徒刑六个月，缓刑一年，并处罚金人民币五千元（缓刑考验期限，从判决确定之日起计算；罚金限判决生效后十日内缴纳）。

三、被告人沈某退至本院的违法所得人民币九千四百九十七元予以没收，并上缴国库。

如不服本判决，可在接到判决书的第二日起十日内，通过本院或直接向浙江省杭州市中级人民法院提出上诉。书面上诉的，应当提交上诉状正本一份，副本两份。

审判员　郑　颖
二〇一五年十二月十一日
书记员　周燕芳

反侵权盗版声明

电子工业出版社依法对本作品享有专有出版权。任何未经权利人书面许可，复制、销售或通过信息网络传播本作品的行为；歪曲、篡改、剽窃本作品的行为，均违反《中华人民共和国著作权法》，其行为人应承担相应的民事责任和行政责任，构成犯罪的，将被依法追究刑事责任。

为了维护市场秩序，保护权利人的合法权益，我社将依法查处和打击侵权盗版的单位和个人。欢迎社会各界人士积极举报侵权盗版行为，本社将奖励举报有功人员，并保证举报人的信息不被泄露。

举报电话：（010）88254396；（010）88258888

传　　真：（010）88254397

E-mail：　　dbqq@phei.com.cn

通信地址：北京市万寿路 173 信箱
　　　　　电子工业出版社总编办公室

邮　　编：100036

参 考 文 献

[1] 唐晓东. 电子商务中的信息安全[M]. 北京：清华大学出版社，2006.
[2] 邓顺国. 网上银行与网上金融服务[M]. 北京：北京交通大学出版社，清华大学出版社，2004.
[3] 张爱菊. 电子商务安全技术[M]. 北京：清华大学出版社，2006.
[4] 钟诚. 电子商务安全[M]. 重庆：重庆大学出版社，2004.
[5] 张波. 电子商务安全[M]. 上海：华东理工大学出版社，2006.
[6] 管有庆. 电子商务安全技术[M]. 北京：北京邮电大学出版社，2009.
[7] 宋文官. 电子商务与网络营销[M]. 大连：东北财经大学出版社，2003.
[8] 陈新林. 电子支付与网络银行[M]. 大连：大连理工大学出版社，2008.
[9] 胡静. 电子商务认证法律问题：电子商务安全与 CA 认证[M]. 北京：北京邮电大学出版社，2001.
[10] 孙百鸣. 电子商务概论[M]. 北京：清华大学出版社，2008.
[11] 李海泉，李健. 计算机网络安全与加密技术[M]. 北京：科学出版社，2001.
[12] 令晓静，田红心. SSL 协议的分析及实现[J]. 计算机与信息技术，2005(10).
[13] 曹娟. 电子商务的安全体系结构及安全技术研究[J]. 中国烟草科技信息中心.
[14] 王鲲. 浅析当前第三方支付平台[J]. 商业价值中国网.
[15] 刘鹤. 我国移动电子商务发展现状及对策研究[N]. 四川师范大学学报（社会科学版），2007(12).
[16] 傅杰勇. 我国移动电子商务应用安全问题探析[J]. 中华会计网校，2009.
[17] 李思辉，陈桦. 移动电子商务模式下安全问题的研究[J]. 商场现代化，2008(11).
[18] 江耘，谢军，黄水源. 移动电子商务的信息安全[J]. 南昌大学信息工程学院，2008(3).
[19] 相成久，齐新. 电子商务应用与运营[M]. 北京：中国人民大学出版社，2010.
[20] 蔡剑，叶强，廖明玮. 电子商务案例分析[M]. 北京：北京大学出版社，2011.
[21] 胡娟. 电子商务支付与安全[M]. 北京：北京邮电大学出版社，2018.
[22] 杨立钒，杨坚争. 电子商务安全与电子支付[M]. 北京：机械工业出版社，2016.
[23] 梁婵卓. 移动电子商务实务[M]. 北京：化学工业出版社，2019.
[24] 才书训，王雷震. 电子商务概论[M]. 北京：科学出版社，2019.